BIBLIOTHÈQUE
DE PHILOSOPHIE CONTEMPORAINE

LA PHILOSOPHIE
ET LA SOCIOLOGIE
D'ALFRED FOUILLÉE

PAR

AUGUSTIN GUYAU

PARIS
LIBRAIRIE FÉLIX ALCAN
108, BOULEVARD SAINT-GERMAIN, 108

LA PHILOSOPHIE ET LA SOCIOLOGIE

D'ALFRED FOUILLÉE

LA PHILOSOPHIE

ET LA SOCIOLOGIE

D'ALFRED FOUILLÉE

PAR

Augustin GUYAU

AVEC BIOGRAPHIE, PORTRAIT ET EXTRAITS INÉDITS

PARIS
LIBRAIRIE FÉLIX ALCAN
108, BOULEVARD SAINT-GERMAIN, 108
—
1913

Tous droits de reproduction, de traduction et d'adaptation
réservés pour tous pays.

L'être qui pense et qui aime
ne peut être pleinement heureux
que si tous les autres le sont,
ou si, pour sa part il contribue
à les rendre heureux.

Alf Fouillée

L'être qui pense et qui aime
ne peut être pleinement heureux
que si tous les autres le sont,
ou si pour sa part il contribue
à [les rendre] heureux.

        Alf[red] Fouillée

PRÉFACE

En publiant les pages qu'on va lire, j'accomplis un devoir doublement filial. J'ai été élevé et formé par Alfred Fouillée comme le fut mon père lui-même. Ce qu'Alfred Fouillée fit pour mon père, je voudrais le faire pour lui à mon tour, je voudrais offrir de son œuvre une sorte de vue d'ensemble, du moins dans la mesure de mes forces.

Les détails biographiques contenus dans ce volume, je les tiens de ma grand'mère, Mme Alfred Fouillée, qui d'ailleurs s'est chargée d'écrire, pour la majeure partie, la biographie du philosophe.

Autrefois, afin de faciliter ma tâche d'étudiant en philosophie, Alfred Fouillée avait extrait à mon usage les fragments de ses nombreux livres qu'il jugeait les plus caractéristiques et les plus utiles à la compréhension des grands problèmes, il avait en outre fait des résumés de sa propre philosophie. Pour en donner un aperçu, je n'ai guère eu qu'à puiser dans ces extraits, ainsi que dans les souvenirs des leçons ou entretiens dont mon grand-père se montrait prodigue. Je crois cet aperçu fidèle, puisque c'est celui même qu'il me donna. Alfred Fouillée a de plus laissé beaucoup de notes et de fragments où sa pensée intime se fait visible. Je me bornerai à n'être que l'écho de cette pensée et, mieux encore, toutes les fois qu'il sera en mon pouvoir, je lui laisserai la parole.

Ce travail aura donc été modeste et j'ai essayé de le rendre aussi minime qu'il est possible en m'effaçant moi-même. Est-il besoin de dire que je n'ai pas eu la prétention de juger et de critiquer une œuvre aussi puissante et aussi multiple ? J'ai dû d'ailleurs me restreindre dans mon exposition aux points les plus importants, laissant dans l'ombre beaucoup de parties qui offrent cependant un grand intérêt. Je ne parlerai pas davantage des œuvres posthumes qui vont paraître prochainement. Alfred Fouillée, si soudainement enlevé, avait en préparation deux grands ouvrages de philosophie, qui étaient l'aboutissement dernier de la « théorie des Idées-forces » : *Esquisse de l'Interprétation du Monde* et *Equivalents philosophiques des religions*. En même temps, il préparait un ouvrage de sociologie : *Humanitaires et Libertaires*. M. Boirac, dont le nom est bien connu dans le monde philosophique et qui fut un des plus brillants élèves d'Alfred Fouillée, a consenti à se charger de mettre en ordre ces manuscrits. Je n'ai voulu ici qu'inspirer le désir de lire ou de relire le philosophe en condensant le principal de son œuvre à l'aide des termes mêmes qu'il a employés, et d'en rendre enfin l'esprit et la lettre plus accessibles.

A.-G.

INTRODUCTION

UNE VIE DE MÉDITATION PHILOSOPHIQUE ALFRED FOUILLÉE (1)

Tous les philosophes dignes de ce nom ont conformé leur vie à leurs idées ; comment n'en serait-il pas ainsi de celui qui considéra les idées comme les forces par excellence et mit à leur service une vie entière de méditation ? Un des biographes d'Alfred Fouillée a dit avec raison : — « Peu de carrières furent aussi vaillantes que la sienne et aussi dignes d'être proposées en exemple » (2).

I

Alfred Fouillée naquit le 18 octobre 1838 à la Pouèze (Maine-et-Loire), près d'une carrière d'ardoises dont son père était directeur. Ce père, d'origine bretonne (3), avait épousé une jeune fille d'origine normande. Alfred Fouillée passa à la Pouèze les années de son enfance. Son père surveillait la carrière du haut d'une cabine suspendue au-dessus du précipice. L'enfant, tranquille et n'aimant pas les jeux bruyants, passait là ses journées, regardant parfois avec terreur le gouffre, puis revenant s'asseoir pour lire et faire ses devoirs.

... « Un des plus vivants souvenirs de mon enfance,

---

(1) Cette biographie est due, pour la plus large part, à Mme Alfred Fouillée. Nous l'avons complétée et nous y avons ajouté diverses notes.
(2) François Maury, *Figures et Aspects de Paris* (Didier, 1910).
(3) *La fouillée*, en Bretagne, signifie *la feuillée*.

a-t-il écrit dans ses notes intimes, c'est le jour où la maison paternelle fut assiégée par l'émeute. Des cris de mort retentissaient : on essayait d'enfoncer les portes. Mère et enfants tremblaient de terreur. Mon père s'efforçait de nous rassurer. Enfin, après avoir mis sa ceinture de maire, il ouvrit lui-même, s'offrant aux coups des insurgés, mais leur demandant pour quelle raison ils voulaient frapper un homme qui les aimait, qu'ils aimaient eux-mêmes. Il les harangua avec un tel mélange de fermeté indomptable et de bonté que les émeutiers se retirèrent. En rentrant, mon père disait : — « Il faut excuser ces hommes, ils sont à plaindre : ils gagnent si peu ! Comment, dans leur ignorance, comprendraient-ils que moi, simple directeur, je ne puis changer tout d'un coup leur situation ? Et comment pourrais-je leur révéler que l'entreprise elle-même est menacée de ruine ? Patrons et ouvriers sont des amis qui se méconnaissent. »

Toutes les économies du ménage, ou à peu près, avaient été placées en actions sur la carrière d'ardoises, dont l'exploitation ne répondit pas aux espérances. On dut l'abandonner après bien des déboires. Le ménage ruiné quitta l'Anjou pour venir dans le Maine. Le plus jeune des enfants, Alfred, fut placé au lycée de Laval. Sachant quels sacrifices sa famille faisait pour son éducation, il voulut s'en montrer digne et fit d'excellentes études classiques. Il écrivit alors beaucoup de vers français et traduisit en vers les belles poésies du professeur d'allemand Ludwig Wihl, Prussien réfugié en France, ami de Henri Heine et auteur d'un volume de vers très estimé : *Les Hirondelles*.

Au moment où Alfred Fouillée cherchait sa voie et terminait ses études, son père, brusquement, mourut d'une phtisie galopante, ne laissant aucune fortune à sa veuve et à ses enfants. Fouillée, aussitôt, se chargea de l'entretien de sa mère. Après de brillants examens de licence il dut entrer, dès l'âge de dix-neuf ans, dans le professorat. Trop pressé de gagner le pain quotidien pour songer à l'Ecole normale, il professe d'abord la rhétorique au modeste collège d'Ernée, puis vient à Paris pour solliciter une position meilleure, qui se fait attendre. Il entre alors parmi les collaborateurs du *Dictionnaire des Contemporains*. M. Vapereau, profitant de ce que le jeune homme connaît les langues vivantes, lui donne à faire des biographies d'étrangers. Enfin, on nomme Fouillée à Louhans, puis à Dôle et à Auxerre.

C'est alors que Charles Glachant, ancien professeur de rhétorique à Louis-le-Grand (1), et qui connaissait le jeune Fouillée, corrige de loin ses devoirs pour l'agrégation des lettres. Il lui écrit : — « Vos obligations familiales, toujours croissantes, vous ayant empêché de passer par l'Ecole normale supérieure, vous trouverez sur votre chemin des difficultés particulières ; mais tout serait changé si, au concours d'agrégation, vous étiez reçu avant les élèves de l'Ecole ; il *faut* donc que vous obteniez le premier rang. Vous le pouvez. Travaillez avec courage, tout votre avenir est en jeu. »
— Au moment où le jeune homme préparait l'agrégation des lettres, Victor Duruy rétablit l'agrégation de philosophie. Aussitôt Fouillée, qui venait d'être nommé professeur de philosophie à Carcassonne, fait volte-face et prépare l'agrégation nouvelle. Réduit cette fois à lui-même, il n'a plus personne pour lui donner des conseils ; il n'a d'autres livres que les éditions grecques à bon marché de Leipzig, un Descartes, un Leibniz et un Kant. A la fin de l'année, il reçoit une nouvelle lettre de Glachant : — « D'où en êtes-vous ? Vous allez avoir de redoutables concurrents, je vous en préviens : le meilleur élève de l'Ecole normale, Ollé-Laprune se présente (2) ; M. E. Charles, professeur de philosophie au Collège Rollin, déjà connu par une excellente thèse de doctorat sur Roger Bacon, se présente aussi. Et il vous faut passer avant eux. » Inquiet, Fouillée envoie une de ses dissertations à M. Jeannel, professeur de philosophie à la Faculté de Montpellier, homme distingué, mais fantasque et paradoxal, qui renvoie le devoir en le criblant d'épigrammes. « Je conseille au subtil auteur, disait-il en terminant, de se consacrer à l'analyse des rayons de Sirius. » Le jeune candidat est quelque peu découragé. Puis l'idée lui vient de soumettre la même dissertation à un ami de Gla-

---

(1) Son fils, Victor Glachant, a publié de beaux travaux sur Victor Hugo.
(2) Ollé-Laprune devint plus tard le confrère d'Alfred Fouillée à l'Institut.

chant, M. E. Leune, professeur de philosophie au collège Rollin, lequel la lui renvoie avec les plus grands éloges.

Au concours d'agrégation, le jeune provincial obtint le premier rang auquel on lui avait tant recommandé de viser. M. Adolphe Franck et M. Caro l'invitent alors à venir les voir dans leur famille. M. Francisque Bouillier le reçoit à bras ouverts et célèbre « la province ». Victor Cousin, qui, du fond de sa bibliothèque de la Sorbonne, s'intéressait aux événements universitaires, demande à voir cet « autodidacte » qui n'avait eu d'autres maîtres que les Platon et les Leibniz. Le jeune homme va trouver le vieux philosophe. « J'ai vu Cousin, écrit-il à un ami, je l'ai vu dans la grande salle de la bibliothèque qu'il a donnée à la Sorbonne. Il prenait son repas à une petite table. Le déjeuner était simple : une côtelette, des haricots verts et une poire. Tout en mangeant, Cousin ne cesse de me parler ; les yeux remplis de flamme, il raconte ses souvenirs de jeunesse et me montre avec orgueil ses livres soigneusement reliés, surtout un Platon. » — Victor Cousin finit par signaler à Fouillée, comme l'avait déjà fait M. Franck, les deux importants concours ouverts par l'Académie des sciences morales, l'un sur la *Théorie des Idées de Platon* (prix Bordin), l'autre, pour l'année suivante, sur la *Philosophie de Socrate* (prix Victor Cousin). Le nouvel agrégé promet de concourir pour *Platon* et se promet à lui-même de concourir aussi pour *Socrate*. Il est nommé à Douai, puis à Montpellier, puis à Bordeaux et, quoique souffrant, entreprend la double tâche ; il est couronné deux fois de suite par l'Académie des sciences morales, pour Platon, puis pour Socrate. M. Charles Lévêque, dans son rapport, affirme que la *Philosophie de Platon* n'est rien moins qu'un chef-d'œuvre ; M. Vacherot, dans le sien, déclare que la doctrine des idées-forces et de la liberté, exposée dans la conclusion, est un renouvellement des grands problèmes (1).

Ces succès semblaient assurer enfin l'avenir. Mal-

---

(1) Le livre sur la *Philosophie de Platon* fut accueilli avec enthousiasme par les lettrés de Grèce. M. Braïlas Armeni, ministre de Grèce à Londres, publia aussitôt sur l'œuvre d'Alfred Fouillée un ouvrage en grec moderne et vint lui-même en faire hommage au jeune philosophe, qu'il appelait « le Platon français ».

heureusement, ces travaux accomplis coup sur coup avaient épuisé le jeune philosophe. Les veilles finirent par lui occasionner une maladie d'yeux (décollement de la rétine), qui faillit le rendre aveugle. On devine son désespoir. Cependant le pronostic ne se réalise pas ; il peut lire de l'œil qui lui reste, mais on lui défend de s'en servir pour de trop longues lectures. C'est alors que le jeune Guyau, âgé de quinze ans, lui prête ses yeux et son aide, corrigeant les épreuves, écrivant de nouvelles pages sous sa dictée, mêlant parfois ses phrases aux siennes dans cette *Conclusion* de *La Philosophie de Platon* qui, couronnée en 1867 et publiée en 1869, devait aussitôt devenir classique et assurer du premier coup à l'auteur la célébrité. Ernest Bersot demande Fouillée comme Maître de conférences à l'Ecole normale ; Jules Simon signe la nomination. Fouillée part pour Paris, avec sa thèse déjà prête sur la *Liberté et le Déterminisme*, un nouveau chef-d'œuvre de pensée et de style. Sa thèse latine était intitulée : *Hippias Minor, sive Socratica contra liberum arbitrium argumenta*. Avant la soutenance, Fouillée demanda au jeune Guyau de chercher toutes les objections que les juges seraient tentés d'élever contre sa thèse française, et Guyau s'acquitta consciencieusement de la tâche. « Il accumula, dit Fouillée, toutes les objections possibles et même impossibles ». Mais qui eût pu prévoir comment la discussion allait tourner, surtout vers la fin, par l'intervention inattendue de l'excellent M. Adolphe Franck ? Le docte professeur au Collège de France, qui avait encouragé avec tant de bienveillance les débuts du jeune philosophe, avait demandé, pour lui faire honneur, de prendre part à la soutenance et de s'asseoir parmi le jury de la Sorbonne. M. Franck prit la parole après M. Janet et M. Caro, au sujet de la « méthode de conciliation ». Se laissant, selon son habitude, emporter par son ardeur, le vieux maître du spiritualisme orthodoxe déclara qu'il ne fallait pas « concilier », mais réfuter, abattre même, du moins dans l'ordre social, les ennemis des « saines doctrines ». On était alors, au point de vue politique, dans une période de réaction et il semblait que M. Franck, oublieux pour un instant de son très réel libéralisme, appelât les répressions sociales sur tous ceux qui rêvaient un ordre de choses meilleur. Ainsi vigoureusement interpellé, Alfred Fouillée répondit en montrant avec éloquence qu'il faut « sympathiser avec ses adversaires », qu'il ne faut « rien détruire », n' « abattre » personne, mais s'élever soi-même à un point de vue qui domine toutes les contradictions et toutes les haines. « Il faut aimer pour comprendre ». Il y eut dans cette réplique un tel accent de foi, de bienveillance envers tous, d'espérance dans le triomphe final de la vérité et de la justice, que la salle enthousiasmée, oubliant les usages universitaires, éclata en applaudissements.

Parmi les auditeurs, sans que Fouillée s'en doutât, se trouvaient Gambetta et Challemel-Lacour, attirés par le renom que s'était déjà acquis le nouveau maître de l'Ecole normale.

Les journaux de Paris s'émurent des doctrines que Fouillée n'avait point craint d'émettre. Une vive polémique s'engagea dans diverses feuilles sur la liberté, sur le déterminisme, sur la valeur morale et sociale de ces deux notions, sur la conciliation que le jeune docteur avait eu l'audace de tenter et sur les théories sociales qu'il avait soutenues. Les journaux de la droite, s'imaginant que Fouillée était un ami de Gambetta, l'attaquèrent avec violence. L'une des feuilles les plus répandues, jugeant que la « liberté » était toujours mauvaise et croyant que le mot « déterminisme » désignait un gouvernement *déterminé*, tonna contre la liberté au profit du déterminisme, ce qui amusa la galerie. Du haut de la chaire de l'église de la Sorbonne, l'excellent théologien Maret anathématisa la nouvelle doctrine dont avaient « retenti les vieux murs de Gerson ». Des journaux monarchistes représentèrent Fouillée se promenant et conspirant avec Gambetta « sous les orangers de Saint-Sébastien », qui n'a pas d'orangers et où Fouillée n'avait jamais mis les pieds.

Au milieu de cet orage, Ernest Bersot, l'auteur de *La Philosophie de Voltaire*, recommanda à Fouillée le silence le plus absolu. Les discussions n'en continuèrent pas moins et prirent une tournure de plus en plus politique.

« Ce matin, écrivait alors Fouillée à un de ses amis, pendant que je faisais ma conférence, un garde de Paris à cheval arrive dans la cour de l'Ecole normale, porteur d'un message du Ministre de l'Instruction publique. M. Jules Simon est, paraît-il, menacé d'une interpellation à la Chambre par Mgr Dupanloup, qui, pour renverser le ministère, se propose de signaler mes théories à l'animadversion de la droite. Jules Simon, dans son message, me demandait de lui envoyer immédiatement des extraits de la *Liberté et le Déterminisme*, propres à rétablir la vraie doctrine de l'auteur. Professeur et élèves, nous nous sommes mis aussitôt à la besogne. Nous avons réuni les pages les plus caractéristiques du livre, que le garde de Paris a remportées au Ministère ». L'évêque d'Orléans renonça d'ailleurs à son interpellation.

Gambetta, qui avait été frappé de l'extraordinaire talent de parole du nouveau docteur en philosophie, demanda à le voir : — « Puisqu'on prétend que nous nous connaissons, écrivait-il, faisons en effet connaissance. » Il proposa à Fouillée un siège de député : « Vous entraînerez la Chambre entière », prétendait-il. — « La politique n'est point ma voie, répondit Fouillée : mais j'espère servir mon pays autrement. » Ils se quittèrent après quelques minutes d'entretien et n'eurent plus occasion de se revoir.

Par ses convictions profondes et ardentes, jointes à un tempérament d'apôtre, par sa parole émue et entraînante, toute au service des idées qu'il voulait répandre et faire aimer, Fouillée charma et conquit ses élèves, qui devenaient pour lui des amis et des admirateurs. D'après leur témoignage, chacune de ses leçons, « où il mettait tout son cœur avec toute sa pensée », était « comme une méditation à haute voix, une poursuite et une découverte progressive du vrai, à laquelle les assistants se figuraient prendre part ». Les images les plus hardies, souvent empruntées aux sciences, se mêlaient aux abstractions philosophiques, sans le moindre effort et par une naturelle inspiration. Fouillée avait surtout « un ton de sincérité sans apprêt oratoire, qui attirait la sympathie. » On disait de lui: « Il pense, il sent, et la parole suit » ; c'étaient une aisance et une pureté classique qui ne se démentaient jamais même au sein des improvisations rapides.

Parmi ses admirateurs, Alfred Fouillée, de même que Guyau, comptait Renan et Taine. C'est chez Berthelot que Fouillée fit la connaissance de Renan. Tous les trois passèrent une soirée entière en discussions philosophiques. Renan et Berthelot soutenaient que la métaphysique est une science de l'idéal ; Fouillée soutenait qu'elle est aussi et avant tout la science de la réalité, de ce qui *est*, *agit* et *vit*. Ils finirent par tomber d'accord que l'idéal et le réel pouvaient également rentrer dans le « platonisme éternel », grâce aux trois étages de cette grande doctrine : Vie universelle du monde, Pensée aux Idées multiples, enfin, Unité suprême.

Fouillée et Guyau furent cordialement accueillis par Taine dans sa villa de Menthon, sur le lac d'Annecy. Ils s'entretinrent du « double aspect », physique et mental, que Taine prêtait à toutes choses ; Fouillée et Guyau soutenaient qu'il n'y a qu'une seule réalité, qui est de nature appétitive et mentale, ou, selon Guyau, vitale, et qu'il existe un seul aspect, tout *extérieur*, de cette réalité, aspect qui est le *physique*.

II

Fouillée ne put longtemps rester à Paris et y faire admirer ce don d'éloquence dont Renouvier disait que, « en comparaison d'un tel fonds d'idées et d'une telle forme, les leçons si vantées de Cousin étaient méprisables ». Après trois années d'un éclatant et fécond enseignement à l'Ecole normale, sa santé ébranlée par un labeur excessif, des suffocations (causées par une maladie de cœur dont on ne se doutait pas alors), sa vue toujours menacée, ses maux de tête continuels et violents jusqu'à causer le vertige et à rendre la marche difficile obligèrent Fouillée, sur les conseils du Dr Potain, à une retraite prématurée (1875). Il vécut alors, avec Guyau, — malade lui aussi, — d'abord à Pau et à Biarritz, puis à Nice et à Menton. Quoique toujours souffrant, il ne cessa de produire et d'étonner ses lecteurs par son inépuisable fécondité.

A Menton, que Fouillée et Guyau finirent par préférer à Nice, la vie était des plus calmes. Ils travaillaient tous les matins ; l'après-midi ils philosophaient encore durant de longues promenades sur le bord de la mer ou dans les montagnes. Malheureusement, en mars 1888, Alfred Fouillée eut l'inconsolable douleur de perdre son enfant d'adoption, son fils intellectuel, son compagnon dans la vie, dans l'étude, dans la poursuite de l'idéal.

On sait en quels termes émus Fouillée a raconté la mort de Guyau. Il reporta alors toutes ses affections paternelles sur le jeune fils de Guyau, dont il fit l'éducation avec l'aide de Mme Alfred Fouillée (1) et de Mme Jean-Marie Guyau, veuve du philosophe (2).

Pendant son long séjour à Menton, Alfred Fouillée reçut de nombreuses visites d'amis ou admirateurs, venus souvent de pays étrangers, et qui, avant ou après l'avoir vu, allaient à la tombe de Guyau pour y déposer des fleurs.

Un des visiteurs étrangers les plus récents qui vinrent à Menton fut M. F. Garcia Calderón, fils de l'ancien président de la République péruvienne, auteur du rapport sur la philosophie de l'Amérique latine lu au Congrès de Heidelberg. M. Garcia a raconté ses impressions dans un chapitre de son livre : *Professores de Idealismo* (Ollendorf). C'était en 1907, à une époque où Alfred Fouillée était très souffrant, tourmenté par de cruelles insomnies et par une anémie profonde, que devaient seules amender les eaux ferrugineuses de Spa et de Forges. « Je voulus voir, dit M. Garcia Calderón, la terre de soleil où vit Fouillée depuis de longues années, se consacrant à la plus vaste œuvre philosophique de notre époque, depuis celle de Spencer, et supérieure à cette dernière, supérieure aussi à la pensée multiple de Wundt, par son idéalisme profond, par l'étendue et la vigueur de sa synthèse, par sa vision attentive de toutes les agitations humaines. » « Fouillée, ajoute M. Calderón, est un homme modeste, plein de sensibilité. Il a une rare nervosité dans le geste... Nous parlâmes rapidement de choses intellectuelles et je remarquais chez lui de l'agitation parce que cette conversation l'émouvait profondément. Cet homme *philosophe* avec toute son âme, comme pouvait faire Platon... — Je ne me rappelle pas, me dit Fouillée, un jour de ma vie (depuis une quarantaine d'années) sans quelque souffrance, sans quelque inquiétude ; Spencer m'a écrit que c'était son histoire à lui-même. J'ai pourtant publié un et parfois deux volumes par an. Je n'ai pas le temps d'abréger, car je sens qu'il me reste tant de choses à faire et à dire, que ma vie, dès à présent peu assurée, sera courte pour ma tâche. Mais c'est trop parler sur mon compte ; je ne suis point intéressant. Entretenez-moi, vous, de votre pays, de votre terre. — Et comme je lui parlais de Guyau, il m'interrompit, ému presque jusqu'aux larmes « Oui, cette maison est pleine de son souvenir. D'ici, à travers la fenêtre, on entrevoit le lieu de sa tombe. Ah ! mon très

(1) Auteur, sous le pseudonyme de G. Bruno, de *Francinet, du Tour de la France par deux enfants*, des *Enfants de Marcel*, etc.

(2) Elle est l'auteur, sous le pseudonyme de Pierre Ulric, des livres : *Parmi les jeunes*, *Aux domaines incertains*, etc.

cher Guyau ! Nous vivons pour sa mémoire, pour sa gloire. En toutes les parties du monde il a des amis, surtout parmi la jeunesse. Il fut toujours jeune d'âme, enchanteur, infiniment sympathique. Il disait avec raison qu'il faut conserver dans son âme *un petit coin vert*. Oui, il faut rester toujours jeune, malgré les assauts des années, malgré toutes les souffrances. Là est notre salut... » En terminant, je l'interrogeai sur Mme Fouillée et je devinai autour de moi tout un poème de vie intime et belle, de travail en commun pour le bien et pour l'idéal. Ah ! le fond du cœur de ces sages, de ces hommes d'une haute envergure, qui s'élèvent au-dessus de la médiocrité générale de la médiocrité humaine !... Puis je réalisai, en un jour brumeux dans une atmosphère de tristesse, le pèlerinage sacré de la tombe de Guyau... La pierre tombale est encadrée de couronnes, d'anémones et de pensées. Tout est là chaste et serein, et la vie se perpétue, comme un symbole, dans les herbes et les fleurs, sur la tombe du philosophe qui célébra la vie. — Je viens ici, pensai-je, ô mystique sublime de l'irréligion, pour ajouter une âme nouvelle à la chaîne d'âmes qui t'entoure et te bénit en silence... Longtemps j'ai erré à travers les traditions mortes, jusqu'au jour où je te rencontrai, sublime amant de la Vie... Donne-nous le secret de la jeunesse morale, pour qu'à ta tombe haute et solitaire viennent toujours nos vœux, sur des souffles invisibles. »

Des pages analogues à celles que nous venons de transcrire ont été écrites par M. Angelo Crespi, jeune naturaliste et philosophe d'Italie (1). « Après avoir porté des fleurs sur la tombe de Guyau, dit-il, je visitai à Menton le grand philosophe Fouillée et la famille de Guyau. On eut la courtoisie de me donner beaucoup de détails sur ce dernier. Fouillée me montra surtout une série de photographies qui reflètent les divers stades de la physionomie de Guyau. Celui-ci avait hérité de sa mère, femme géniale par l'esprit et par le cœur, les traits non moins que le génie, les mêmes lèvres bonnes et subtiles, le même charme de regard doux et profond, où ne manque pas une lueur de défi audacieux à l'inconnu et où se lit l'ardent désir de scruter toute la réalité, coûte que coûte :

> « Le vrai, je sais, fait souffrir ;
> Voir, c'est peut-être mourir ;
> N'importe, ô mon œil, regarde ! » (2)

III

Quant au caractère, Alfred Fouillée unissait la persévérance patiente, l'esprit contemplatif et idéaliste des Bretons à la souplesse d'esprit, à la pénétration, à la hardiesse, au sens pratique des Normands et Scandinaves qu'il a si bien dépeints dans son *Esquisse psychologique des peuples européens* et dans sa *Psychologie du peuple français*. Les traits dominants de sa nature étaient la tendresse et la bonté, — cette bonté qu'il a célébrée

---

(1) Voir Angelo Crespi, la *Nuova Parola*, febbraio, 1904, p. 121.
(2) Guyau, *Vers a'un philosophe*.

dans tous ses ouvrages. Nerveux, impressionnable, d'une grande sensibilité, il joignait à un cœur très aimant une volonté persévérante plutôt qu'énergique. L'idée de causer une peine quelconque à quelqu'un lui était intolérable. Il avait, en outre, un continuel besoin d'exercer son activité intellectuelle, de produire, de construire des théories hautes et larges. Ne rien faire était pour lui un supplice. Son principe était qu' « il faut se communiquer à autrui, se donner, se prodiguer. » La mémoire des choses extérieures et des faits concrets était chez lui étonnamment faible ; il oubliait très vite ce qui lui était arrivé, confondant parfois ce que les autres lui avaient raconté avec ce qu'il avait vu, ne se souvenant plus des visages, brouillant toutes les dates. En revanche, il vivait d'une vie intérieure très intense, dans un monde d'idées qui lui étaient familières et au milieu desquelles il se retrouvait toujours. Les pensées, les raisonnements s'enchaînaient à l'infini et en tous sens dans son cerveau ardent. Il craignait sans cesse « de ne pas voir assez de choses à la fois, de laisser échapper un des aspects de la vérité. » Il était tout ensemble très ouvert aux idées d'autrui et très conscient des siennes propres. Toute remarque qu'on lui faisait était bien accueillie ; au lieu de vous contredire, il ajoutait vos propres réflexions à sa pensée personnelle, en les orientant vers le tout qu'il poursuivait et en leur assignant une place dans son système original.

Au dire de ses anciens élèves, la vivacité des mouvements de l'esprit et l'inépuisable fécondité créatrice étaient les caractères de son talent comme orateur, non moins que comme écrivain. « Il unissait ainsi, a dit l'un d'eux, ces qualités qui souvent s'excluent : la force de la conception et l'extrême facilité de l'exécution. » Il ajoutait à la pénétration de l'analyse la largeur de la synthèse, qui lui faisait toujours embrasser des ensembles et mettre en quelque sorte dans chaque leçon particulière toute la philosophie.

« A la devise : *Nulla dies sine linea*, il aurait pu ajouter : *sine idea*, tant sa pensée était féconde et inventive. » Profondément modeste, comme l'était aussi Guyau, il était persuadé de l'insuffisance de ses conceptions. Jamais esprit, sinon peut-être celui de Guyau lui-même, ne fut plus tolérant, plus libre, plus détaché de soi, plus prêt à abandonner ce qu'il avait cru jusqu'alors pour se rendre à une évidence nouvelle. Dès l'origine n'avait-il pas prêché « la méthode de conciliation », « l'universelle fraternité des esprits, la possibilité de rapprocher et d'unir toutes les idées comme toutes les âmes » ?

IV

Dans ce travail incessant qui, pour lui, était joie, cet inlassable cerveau se retrempait au lieu de s'épuiser. De courtes crises cardiaques, parfois, sonnaient l'alarme ; mais le philosophe se remettait aussitôt à l'œuvre ; « par crainte de la laisser inachevée ».

Au cours de son dernier voyage, il dut soudain s'aliter à Lyon. Deux jours après, le 28 juin, dès l'aube, il appela Mme Fouillée. Très pâle, les yeux dilatés comme par une vision suprême, il lui dit d'une voix plus faible qu'un souffle, mais d'une tendresse, d'une douceur inoubliables : « C'est la mort, mon amie... » D'un signe, arrêtant toute protestation, par mots entrecoupés, il poursuit : « Ecoute, cette nuit, tout à coup, j'ai éprouvé une angoisse que je ne connaissais pas, puis j'ai perdu connaissance. En revenant à moi, je ne t'ai pas appelée, j'avais sommeil, j'ai voulu dormir... A présent, je sens que cela va recommencer... Adieu... Sois courageuse... » Il tendait les mains, elle les serre désespérément : « Non, non, ce n'est qu'une crise, nous te guérirons ! » Elle court chercher ses enfants, le docteur arrive en hâte. Des injections de spartéine amènent une réaction salutaire. On le croit sauvé, chaque jour la situation s'améliore, la philosophie reprend tous ses droits. Il disait : « C'est mon meilleur remède... » Il corrigeait des épreuves, écoutait des lectures. Brusquement, le 14 juillet, de nouvelles crises se produisent, la fièvre recommence, violente. Dans la soirée du 15, un instant seul avec son petit-fils, il lui fait cette dernière recommandation : « Aie bien soin de ta grand'mère. » Il dort une partie du lendemain, toujours brûlé de fièvre, souffrant beaucoup, mais, chaque fois qu'il s'éveillait, ses paroles prouvaient la parfaite lucidité de son esprit. Vers le soir, le sommeil devient profond et, de ce lourd sommeil, il passe à celui de la mort. —

Mort consciente de philosophe, mort qui n'altéra pas les traits du penseur. Pendant les vingt-quatre heures que nous passâmes près de lui, ses mains froides dans les nôtres, son beau visage, où la souffrance ne creusait plus de rides, avait repris un air de jeunesse. Le noble front, d'un dessin si pur, était empreint d'une majesté sereine qui semblait vouloir nous inviter au courage, au calme. Le calme, hélas ! il n'en existait plus pour nous.

Nous le ramenâmes à Menton, qu'il habitait depuis trente-cinq ans et où il désirait avoir des obsèques civiles. Parmi les palmes, les couronnes et les roses, gloire du pays qu'il aimait, sa famille, ses amis, — nombreux, — le conduisirent à sa dernière demeure, près de celui qu'il appelait « le fils de sa pensée », près de son cher Guyau. Le marbre de la tombe porte cette courte inscription, choisie par lui-même ; elle résume sa philosophie et fut l'inspiration de sa vie entière :

« L'homme prononce pour son compte le *Fiat idea*, qui est le véritable *Fiat lux*, avec l'espoir que la lumière intellectuelle se propagera à l'infini.

Morale des Idées-Forces. »

PREMIÈRE PARTIE

LA PHILOSOPHIE DES IDÉES-FORCES

CHAPITRE PREMIER

LA MÉTHODE PHILOSOPHIQUE

ANALYSE RÉFLEXIVE ET SYNTHÈSE CONCILIATRICE

I. *Origines de la conception de l'idée-force.* — Si on lit et résume les nombreuses appréciations publiées sur l'œuvre d'Alfred Fouillée, si on les compare avec les explications que contiennent ses livres et avec les notes manuscrites qu'il a lui-même laissées sur le vrai sens de sa doctrine et sur le vrai but de ses divers travaux, on arrive à dégager un certain nombre de conceptions dominantes, qui elles-mêmes se rattachent à la conception fondamentale de l'idée-force. Car le caractère principal de l'œuvre philosophique de Fouillée est l'extraordinaire variété des pensées et des aperçus, jointe à l'extraordinaire unité du point de vue central. Nul peut-être n'a vu plus de choses à la fois et ne les a vues plus unies. Comme les philosophes de race, il s'est occupé de toutes les parties de la philosophie et y a laissé sa trace. Son œuvre, par l'abondance des questions traitées et par la richesse des idées, est un véritable *thesaurus philosophicus*.

On sait que la pensée dominatrice qui fut comme la tête de tout son corps de doctrine, c'est la conception si neuve et si féconde de l'idée-force : inhérence de l'énergie causale à la vie de la conscience et de la conscience ou subconscience à toute réalité. Il a lui-même raconté dans la *Revue philosophique* (avril 1904) comment elle naquit dans son esprit, et il en a marqué la place dans 'a philosophie du dernier tiers du XIXe siècle. Il n'avait guère à ce moment, dit-il, qu'une vingtaine d'années. Son ami intime, M. Pierre Foncin, l'éminent géographe et directeur de l'Alliance française, était encore à l'Ecole normale en 1859 alors que Fouillée était professeur de philosophie au collège d'Auxerre. M. Foncin entretenait avec Fouillée une correspondance en partie philosophique. Il lui pose un jour ce problème : « Explique-moi comment le fataliste Spinoza peut être en même temps un moraliste austère, comme le furent les stoïciens et comme le furent tous les partisans de la prédestination ? » Au cours de cette correspondance, Fouillée finit par chercher les moyens de concilier le déterminisme avec la liberté morale, et exprima, pour la première fois, le rôle que pourraient jouer l'idée même de la liberté et celle de la moralité. La liberté et la moralité, par nous conçues et désirées, s'actualisent dans la vie psychique, selon les lois de l'expérience, par la force inhérente à toutes les idées et sentiments. C'est dans la conclusion du mémoire sur la *Théorie des Idées de Platon*, écrit en 1865, présenté ensuite à l'Académie des Sciences morales et politiques, que Fouillée exposa pour la première fois toute la théorie des idées-forces. Il y montrait, en particulier, comment l'idée-force de la liberté morale arrive, en se concevant, à se réaliser elle-même par une « approximation progressive ». L'importance de cette théorie, importance reconnue par Ch. Lévêque et par Vacherot dans leurs rapports à l'Académie (1867 et 1868), la lui fit réserver pour sa thèse de doctorat. Depuis, il développa la théorie des idées-forces sous tous ses aspects ; il en fit, non la constatation pure et simple d'un fait intérieur, mais la clef de voûte d'un vaste système, fondé à la fois sur les objets de l'expérience et sur les lois ou fonctions actives de l'expérience même.

Montrer par quelle évolution la réalité aboutit chez l'homme à concevoir des idéaux qui la dépassent, puis comment ces idéaux, une fois conçus et désirés, deviennent des forces dans la réalité et la font ainsi se dépasser elle-même, telle fut la grande et neuve idée qui germa dans son esprit et à laquelle il devait consacrer sa vie.

La marque originale du système des idées-forces fut de transposer dans la sphère scientifique, principalement psychologique, un platonisme et un kantisme entièrement renouvelés. Fouillée obtint ainsi, non plus un évolutionnisme mécaniste, comme celui de Spencer, mais un évolutionnisme psychique, où l'évolution est *novatrice* et *progressiste*. La philosophie de Fouillée n'est pas (comme la métaphysique de Platon l'avait trop été et comme Kant avait voulu réduire toute métaphysique à l'Être) une philosophie des *formes*, supposées *immobiles* dans un monde intemporel et transcendant. Les « formes » deviennent pour Fouillée un *fond* actif d'énergie, des idéaux-forces, immanents à la vie et à la pensée, et se réalisent par le vouloir dans le monde du mouvement, au sein de l'individu et de la cité. L'idéal prend forme et agit en se concevant. « L'idéal contient des éléments de possibilité qui font que, présent à la pensée, il trouve le moyen de passer dans la réalité. L'utopie est irréalisable parce qu'elle est contraire au véritable idéal. » Idéalisme et naturalisme peuvent se réconcilier dans l'expérience suffisamment approfondie et rationnellement interprétée.

On lit dans un fragment inédit : « Je ne connaissais nullement Schopenhauer quand je publiai *La Liberté et le Déterminisme*. Si j'avais lu ses œuvres, je lui aurais reproché, comme à Kant, le dualisme du noumène et du phénomène. Pour lui, le noumène devient la volonté, au lieu de rester x ; par là, Schopenhauer ne fait que prononcer le mot qu'avait Kant derrière la tête. Kant, d'ailleurs, parlait déjà de *Liberté*, donc de *volonté* libre, et Schopenhauer voit également la liberté dans la volonté nouménale dont le monde n'est qu'une manifestation. D'autre part, l'intelligence devient, chez Schopenhauer, un simple phénomène, disons plutôt une illusion. Comme pour les plus récents partisans de la « Contingence », nouveau nom de la volonté et de la liberté, l'intelligence est pour Schopenhauer un mirage surajouté au vouloir-vivre, à la vie. A ce dualisme, je substitue ou superpose le monisme, sous une forme immanente et non transcendante : le vouloir n'est plus caché derrière le rideau multicolore de la représentation, mais il ne fait qu'un avec l'intelligence même, qui est la vie profonde prenant conscience de ses points de contact avec les autres vies et de ses formes multiples. Le vouloir, à lui seul, est vide ; l'intelligence, à elle seule, est morte ; le sujet *vouloir* appelle un *complément* à l'accusatif : *ce qu'on veut, aliquid* ; dès qu'il y a vouloir déterminé, le règne de la conscience différenciée, par conséquent, de l'intelligence, est inauguré. Pour les partisans d'un élan vital inconscient, l'intelligence et ses idées ne sont, à la surface d'un océan ténébreux, que des îles de lumière: pour moi, la lumière pénètre dans les dernières profondeurs. Subjectivisme, irrationalisme, pessimisme, voilà le système de Schopenhauer ; j'admets l'objectif et j'y répands la lumière intelligible ; sans professer un optimisme naïf, je rejette le pessimisme et toutes les philosophies de désespoir. Schopenhauer sépare la volonté de la représentation ; il fait de l'une un principe au-delà de la conscience, de l'autre, un je ne sais quoi de superficiel. Son apparent monisme reste un dualisme du *vouloir-vivre* et du *penser*. Ce dualisme s'accuse nettement chez Hartmann, puis chez Nietzsche, qui réduit la conscience à un épiphénomène, à une « non-existence » et qui ramène le vouloir-vivre à une insaisissable volonté de puissance. Selon moi, au contraire, la volonté enveloppe intelligence, comme l'intelligence enveloppe volonté. » La conception de l'idée-force s'oppose à Platon, comme nous l'avons vu, en ce qu'elle remplace « le transcendant et l'immuable par l'immanent et le vivant ». Elle s'oppose à Kant par la même raison, et aussi en ce qu'elle remplace les *formes a priori* toutes faites et fatales par des « fonctions et actes intellectuels de la volonté, qui produisent un effet réel en nous et hors de nous. » Enfin et surtout elle s'oppose à Spencer parce qu'elle substitue aux « idées-reflets », aux « idées épiphénomènes », qui étaient à la mode au siècle dernier, des idées ayant une véritable efficacité. On devra à l'auteur de l'*Evolutionnisme des idées-forces* la réfutation décisive de « l'épiphénoménisme. » En outre, nous verrons qu'il substitue à l'évolution *effectuée* mécaniquement et fixée au dehors l'évolution « *en train* de s'effectuer au dedans » par des facteurs psychiques, ce qui rend possible le *progrès* dans le monde.

II. *L'analyse réflexive de l'expérience.* — Par cela même que Fouillée cherchait dans les idées des moyens termes entre les réalités transcendantes de l'ancienne métaphysique et les réalités immanentes de la nouvelle, il devait être amené à une conciliation des diverses doctrines par le lien des idées, car *chaque idée a une relation nécessaire et intelligible avec toutes les autres.* La philosophie lui paraissait une œuvre d'analyse expérimentale et de synthèse conciliatrice.

La science « *range* les phénomènes dans *l'espace* et dans le *temps* ; elle les *traduit* en termes de *longueurs*, de *durées* et de *masses*, sans approfondir aucune de ces trois choses en sa nature intime ; elle *compte* les phénomènes, elle les *pèse*, elle les *nomme*, elle ne les regarde jamais en eux-mêmes, dans leur génération. » (1) Sa méthode est toute extérieure. Pour rendre sa pensée sensible, Fouillée ajoute une de ces admirables images, à la fois poétiques et scientifiques, qui lui sont familières : « Les objets de la science sont comme des miroirs à facettes brillantes qui se renvoient la lumière

(1) L'*Avenir de la Métaphysique fondée sur l'expérience* (1888) p. 55.

de l'un à l'autre, à l'infini ; cette lumière, toujours réfléchie par des surfaces impénétrables, ne transperce rien d'un rayon direct : tout brille au dehors, tout reste obscur au dedans ». Dès lors, c'est à la science positive que convient proprement la qualification attribuée à la métaphysique par Berthelot, celle de « science idéale », puisqu'elle ne roule que sur des rapports indépendamment des termes, — rapports vrais, assurément, mais, par cela même, logiques et idéaux. C'est ce que Fouillée avait objecté de vive voix à Berthelot lui-même quand il l'avait vu avec Renan (1).

Ce n'est pas tout. La vérité de la science est, plus que celle de la philosophie, « d'une nature relative, en tant qu'elle est simplement *représentative* d'objets qui demeurent inconnus. Notre science est une série de *signes* ordonnés d'une manière symétrique avec la mystérieuse série des choses ; c'est une algèbre. La science n'est nullement une « transcription des faits tels qu'ils se *produisent*, ni des réalités telles qu'elles *sont* » ; elle est bien une « construction idéale ». « La science, en effet, transforme les *faits hétérogènes* de l'observation en *relations homogènes* qui sont objets de pensée ; mais les lois que la science découvre ne sont pas et ne peuvent pas être des *actes* réels ni de réels procédés de la nature ; ces lois n'ont pas une existence vraiment objective et active. Ce sont seulement des notations de la marche observée dans les phénomènes ou, comme on dit, de leur *processus*. Nous *détachons* par notre pensée des rapports de simultanéité ou de succession, nous *généralisons* ces rapports en les étendant à tous les phénomènes semblables ; mais nos *lois* sont, en définitive, des *types abstraits* que nous *construisons* en substituant au procédé réel un procédé tout idéal. La loi ressemble aux choses comme la courbe tracée par le sphygmographe ressemble aux pulsations de la vie. Dans le second *Faust*, Gœthe a décrit le monde sublime et morne où règnent les lois, ces mères qui trônent dans l'infini, éternellement solitaires,

(1) Voir plus haut l'*Introduction*.

la tête ceinte des images de la vie, mais sans vie (1). »
Le monde des lois est en effet un monde d'idées. La
science a donc précisément pour domaine ce « royaume
impalpable et invisible » que l'on prétend réserver à la
philosophie. On remarquera dans ces pages la distinction de l'homogène et de l'hétérogène, sur laquelle, à son tour, M. Bergson devait insister plus tard pour laisser à la science l'homogène et réserver à la philosophie l'hétérogène. C'était la pensée même de Fouillée que M. Bergson reprenait.

La philosophie première, selon Fouillée, est « l'analyse, la synthèse et la critique de la science, de la pratique et des diverses conceptions (positives, négatives ou hypothétiques) auxquelles l'ensemble de nos connaissances, de nos sentiments et de nos activités nous conduit sur l'ensemble des réalités (connues, connaissables ou inconnaissables) ». Plus brièvement : « La philosophie première est la systématisation et la critique de la connaissance, et aussi de la *pratique*, aboutissant à une *conception de l'ensemble des réalités et de nos rapports avec cet ensemble*.(2) » Dans cette définition, la pratique n'est pas exclue et d'avance Fouillée fait au pragmatisme sa seule part légitime.

La science positive prend l'expérience pour *accordée* comme elle prend l'évolution pour *effectuée* et les faits pour *donnés* ; elle n'entreprend ni l'analyse ni la critique de l'expérience ; la philosophie, au contraire, selon Fouillée, doit d'abord *analyser les données ultimes de l'expérience* et montrer la constitution intérieure de celle-ci ; elle ne saurait, comme la science, se contenter d'accepter simplement l'expérience dans toute sa complexité. C'est pour cette raison que la philosophie n'a pas le même point de vue que les sciences particulières. « Celles-ci, par une suppression commode des difficultés, placent leurs propres fondements en dehors de leurs recherches : étendue,

---

(1) *L'Avenir de la Métaphysique fondée sur l'expérience*, p. 8 et suivantes.
(2) *Ibid*, p. 60.

mouvement, masse, force, matière, vie, etc.; c'est grâce à cette *hypothèse initiale* qu'elles deviennent ensuite *positives* et nous prodiguent les « certitudes ». Ramener ces fondements de la science à la clarté de l'*expérience réfléchie*, exclure tout préjugé, toute affirmation *a priori*, toute hypothèse, tout postulat, « pour prendre sur le fait ce qu'il y a de primitif dans l'expérience, pour sonder en quelque sorte le fond même de l'expérience universelle et le rendre transparent, comme le fond d'un lac se révèle sous l'eau devenue claire », telle est la première tâche de la philosophie. Loin de travailler en l'air, elle doit être à son début« la plus expérimentale des études, puisqu'elle est l'anatomie même de l'expérience, de ses conditions, de ses formes et de ses éléments, qui sont aussi pour nous les derniers éléments de l'univers connu et connaissable, c'est-à-dire du seul univers dont nous puissions nous faire quelque représentation positive. » (1)

Toute expérience se ramène, en définitive, à une certaine *conscience* que nous avons, à une expérience *intérieure*. Fouillée en conclut que la *réflexion psychologique*, — mais non une réflexion solitaire et sans le contrôle des sciences de la nature, — demeure le procédé fondamental de la philosophie nouvelle. « Comment, en effet, pénétrer dans la réalité même des choses, comment s'y enfoncer, comment s'identifier avec l'être même des autres êtres, et, en général, avec l'être universel ? Au lieu d'aspirer à sortir de nous-mêmes, rentrons au contraire en nous : nous voudrions toucher le fond de *toute* réalité ; mais, si un tel fond existe, il doit être aussi le fond de *notre* réalité propre, puisque nous faisons partie du tout : au lieu d'un mouvement d'*expansion* au dehors, *concentrons-nous* donc au dedans, cherchons à saisir en nous ce qui est le plus *fondamental* pour nous rapprocher en même temps du fond de toute existence. C'est dans l'océan intérieur qu'il faut jeter la sonde. » (2)

Outre l'analyse des éléments de la conscience et de

(1) *L'Avenir de la Métaphysique fondée sur l'expérience*, p. 55, ss.
(2) *L'Avenir de la Métaphysique fondée sur l'expérience*, p. 55.

la représentation, il est une seconde sorte d'analyse intérieure plus vraiment métaphysique, qui se distingue davantage de la *phénoménologie interne*. « C'est la considération du *sujet conscient*, pour qui les faits intérieurs ne sont encore que des *phénomènes*, des *objets* de conscience, des représentations. » Qui dit phénomène dit *apparence*, quelque chose qui apparaît à quelqu'un ; mais le sujet à qui les choses *apparaissent* par les modifications intérieures qu'elles produisent en lui, ce sujet, comme tel, c'est-à-dire comme conscient de soi et de sa pensée, quel qu'il soit d'ailleurs en lui-même, ne peut plus s'appeler proprement un *phénomène*. Dira-t-on, avec Kant, qu'il est encore une apparence pour soi ? D'apparence en apparence, il faut pourtant arriver à une chose qui *est* et qui *voit*, qui ne paraît plus et n'est plus chose *vue*. Quand je *sens*, quand je *jouis* ou *souffre*, il y a là autre chose que de simples apparences, il y a une conscience réelle de jouir ou de souffrir, quelque imaginaires et fantastiques que puissent être les *causes* et *objets* de ma jouissance, de ma souffrance. Même en songe, quand je rêve que je souffre, je puis bien me tromper, — si par exemple je crois souffrir d'un coup qu'on me donne, — mais rêver qu'on souffre, c'est toujours souffrir réellement. Il y a donc un côté par où les apparences intérieures ne sont plus vraiment des apparences : c'est celui même par où elles offrent une *qualité* spécifique, et c'est aussi celui par où elles sont les états ou actes de conscience d'un *sujet* qui sent et veut. La relation au sujet, relation de présence immédiate et d'immédiate conscience, est donc originale, et elle marque au philosophe une direction nouvelle de recherches. Comme il y a là une possession certaine de réalité et de vérité, fût-ce seulement la réalité d'une apparence et la vérité d'un rêve, il y a une perspective ouverte à la philosophie première, puisque celle-ci cherche, en quelque sorte, toutes les trouées possibles vers le réel. Le procédé d'analyse qui peut être ici mis en usage est la réflexion poursuivant ce qui est le plus *immédiat* et le plus *radical*.

La philosophie de Fouillée est immanente et non transcendante. Vouloir aller au-delà de l'expérience, vouloir « trouver une *cause* de l'actuel ou une *cause* de l'expérience complète », c'est ce dont Fouillée montre l'impossibilité. « L'épuisement de l'expérience par l'analyse et sa reconstruction par la synthèse reste donc bien l'objet propre de la philosophie première, et, en même temps, c'est sa méthode propre, distincte et complémentaire de la méthode des sciences spéciales. » (1)

On le voit, tandis que James et M. Bergson proposeront comme procédé l'*intuition* synthétique saisissant telles quelles les scènes intérieures, les états complexes de conscience, Fouillée préconise l'analyse réfléchie. Il ne croit pas aux pures intuitions, qui, en définitive, se ramènent à des modifications sensitives, comme Kant l'a bien vu. Une philosophie intuitive est une philosophie imaginative. Fouillée n'en recherche pas moins, lui aussi, les « données immédiates de la conscience », mais il croit que, rien n'étant absolument immédiat pour le psychologue, tout étant plus ou moins *schématisé*, arrangé, modifié, intellectualisé, la seule ressource est d'*analyser* l'expérience, « en poursuivant asymptotiquement l'*irréductible*, le *radical*, le *spontané*, dont la réflexion se rapproche sans jamais l'atteindre. » (2)

Il a montré notamment que la *durée pure*, loin d'être un objet d'intuition, est « le concept d'une chose absolument insaisissable, tout comme la perception pure, le souvenir pur, le libre arbitre pur, etc. », si bien que ce qui avait été présenté comme données immédiates de la conscience est au delà de la conscience. Toutes ces « données » sont des « combinaisons de concepts et même de catégories », comme le libre arbitre, qui ne se conçoit pas sans la catégorie de *causalité*, ni sans celle de *relation*, puisque la liberté est l'indépendance causale *par rapport* aux autres êtres. Fouillée a montré l'impos-

---

(1) *L'Avenir de la Métaphysique fondée sur l'expérience*, p. 291.
(2) Voir, dans *la Pensée et les nouvelles écoles anti-intellectualistes*, le chapitre sur l'*intuitionnisme*.

sibilité d'attribuer à l'immédiat, sans critique, une valeur *objective en dehors de nous*, l'immédiat n'étant qu'un état *sui generis* ou un acte spontané de la conscience, dont il reste à savoir s'il a une objectivité en dehors de la conscience même (1). Il a ainsi rétabli contre l'intuitionnisme, les droits de la *critique*, sans tomber pour cela dans les excès de Kant, qui met sur le même plan les sens externes et le prétendu « sens intérieur », ôtant ainsi aux états de conscience leur réalité pour en faire de simples *représentations* d'un inconnaissable noumène ou les formes d'un fond à jamais caché. Loin de se fier à une apparente « intuition », la philosophie doit se défier de toute intuition bornée et individuelle ; elle s'efforce de voir par les yeux d'autrui autant que par les siens ; elle se place au point de vue de tous pour contrôler sa propre conscience (2).

La philosophie de Fouillée est essentiellement, nous venons de le montrer, une philosophie de l'*expérience*. Elle l'est, semble-t-il, à un bien plus haut degré que la « philosophie de l'expérience pure » d'Avenarius, que l'empirisme anglais, que l'empirisme pragmatiste de William James, que l'intuitionnisme de M. Bergson. Avenarius appelle expérience pure une connaissance objective entièrement dégagée de tout ce que le sujet peut y mettre ; or, c'est là une impossibilité, puisque le sujet ne saurait s'éliminer entièrement de la connaissance et que c'est toujours lui qui connaît selon les lois de sa propre intelligence comme selon les lois de la réalité. D'autre part, l'empirisme anglais demeure superficiel et unilatéral, puisqu'il se contente de noter des *séquences* et *concomitances* plus ou moins extérieures sans descendre au fond du sujet connaissant et de sa vie intérieure. Chez William James et les pragmatistes, l'empirisme demeure également superficiel ; de plus, l'expérience est indûment confondue avec nos *sentiments* subjectifs, avec nos *volitions* et *désirs*, avec nos *actions*. On va jusqu'à

(1) *Ibid.*
(2) *Ibid.*

donner le nom d'expérience à toutes les visions mystiques ; on parle d'une « expérience religieuse » que Fouillée compare justement à la « méthode expérimentale » de Zola. Enfin M. Bergson, quoique descendant plus profondément dans la conscience, semble confondre encore avec de vraies intuitions des conceptions du sens commun analogues à celles qui enchantaient les Ecossais, comme celles du libre arbitre, de la contingence, de la perpétuelle « création » dans l'ordre spirituel, de la « vie » en évolution, de l' « instinct » infaillible, etc. L'état *confus* et *spontané* de nos *croyances* est confondu avec une expérience intuitive. Chez Fouillée, au contraire, l'expérience est à la fois plus intégrale et plus rationalisée par la critique, qui ne perd jamais ses droits.

Comme le but de Fouillée est de tout concilier, il ajoute que la philosophie est, outre l'expérience, la *spéculation* par excellence, la spéculation au moyen des *idées* qui expriment les divers aspects et résultats de l'expérience même. Son idéal est donc une philosophie à la fois aussi expérimentale et aussi spéculative qu'il est possible, conciliant tous les faits et toutes les idées. Il sera aussi attaché aux réalités psychologiques que peuvent l'être Maine de Biran, William James ou M. Bergson, et en même temps aussi attaché aux *idées* et à leurs *rapports essentiels* que pouvaient l'être un Platon, un Descartes ou un Leibniz.

III. *La synthèse intégrale ; méthode de conciliation.* — Les études sur Platon et Socrate, la persuasion que, dans le fond des choses, tout est intelligible, pour une intelligence qui serait capable de tout embrasser, la croyance que l'intelligible a, par cela même, quelque chose d'aimable, quoique, pour produire le véritable amour, il ne faille pas séparer l'intelligence de la vie, l'action de la volonté, — toutes ces prémisses devaient amener Alfred Fouillée à concevoir la philosophie entière comme un effort pour tout comprendre et tout aimer. De là une méthode aussi *compréhensive* et aussi *sympathique* qu'il est possible.

Dans la *Philosophie de Platon*, dans *La Liberté et le Déterminisme*, dans l'*Histoire de la philosophie*, dans l'*Avenir de la métaphysique fondée sur l'expérience* est exposée la méthode de synthèse conciliatrice, propre à Fouillée, et qui exprime fidèlement son caractère en même temps que la nature de son intelligence. « Philosophes, ne cessons jamais... de rappeler combien sont étroits les cerveaux individuels, combien les monades ont besoin d'avoir de fenêtres sur le dehors ou plutôt d'être de toutes parts ouvertes à la lumière et transparentes pour le soleil intelligible ; le dogmatisme personnel est l'orgueil de la pensée ; le dilettantisme en est l'indifférence ; l'esprit de conciliation est l'esprit de fraternité et de liberté. » Les oppositions poussées à leurs limites se changent presque toujours en harmonies. « Aucune pensée n'est méprisable, et les choses les plus humbles, selon Platon, reflètent l'idéal ; il faut donc embrasser le plus possible : qui n'embrasse pas assez, mal étreint ». C'est pour cela qu'il faut d'abord savoir comprendre, et l'intelligence la plus pénétrante est aussi la plus ouverte à autrui ou la plus pénétrable. L'intelligence du philosophe ne saurait trop s'élargir : *dilatamini et vos*. La véritable fraternité philosophique a son principe dans l'ardeur même de la foi à la raison. Le précepte le plus sublime et le plus doux de la morale doit s'appliquer aux philosophes et leur fournir la meilleure règle de critique : — Aimez-vous les uns les autres. — Ne pressentons-nous pas que les lois du monde moral doivent être aussi les vraies lois cachées de la logique et de la nature ? » (1).

Cette méthode de conciliation ne doit pas se confondre avec la méthode proposée sous le nom d'*éclectisme*, qui part de ce principe que *tout a été dit*, ou à peu près, par les philosophes, et que l'histoire de la philosophie contient toutes les vérités. L'éclectisme est un *choix*, au sens propre de ce mot ; mais ce choix, on ne dit pas selon quelle règle on peut le faire. La

(1) *Histoire de la Philosophie*, introduction.

méthode de conciliation ne consiste pas non plus à « suivre des opinions moyennes et, en quelque sorte médiocres » ; elle consiste à « découvrir des théories tout ensemble assez profondes et assez larges pour embrasser les idées contraires et pour les réconcilier dans une unité plus haute. » (1) Cette méthode ne saurait enfin se confondre avec la dialectique de Hegel au rythme monotone, — thèse, antithèse, synthèse, — fondée sur l'identité des contraires, et qui prétend imposer à la réalité une fuite perpétuelle à travers les contradictions. Pour Fouillée, ce n'est pas un ressort *logique*, c'est un ressort *appétitif* qui meut le monde.

Au reste, Fouillée avait l'horreur des étiquettes convenues : intellectualiste, anti-intellectualiste, volontariste, etc. Il disait qu'on ne doit pas étiqueter les philosophes comme fait le naturaliste pour les papillons, qu'il attache avec une épingle sur son casier.

Poursuivant toujours cet idéal d'adéquation à la réalité, il aimait, il sollicitait les objections, pourvu qu'elles fussent sincères et qu'elles portassent sur le point vital, non à côté. Il disait volontiers qu'on devrait payer les gens pour vous contredire, pour vous obliger à tourner les yeux vers un côté des choses qui échappait à votre attention bornée. En revanche, les objections à vide, les objections purement *négatives*, sans rien de vraiment affirmatif, de suggestif et d'instructif, lui causaient une vraie souffrance. Partout où il voyait un esprit de négation, d'étroitesse, d'aveuglement, il exerçait sa critique et devenait le plus redoutable des réfutateurs ou destructeurs, comme il était, par ailleurs, le plus sympathique des conciliateurs et des constructeurs. Il disait toujours qu'il faut nier les négations et « faire la guerre à la guerre ». Malheur alors à qui tombait sous les coups de son inlassable

---

(1) « Il ne s'agit pas de contenter tout le monde par de molles concessions et de vaines compromissions ; l'énergie avec laquelle j'ai réfuté tant de systèmes, y compris l'éclectisme, en est la preuve. Il s'agit d'occuper vraiment, selon le mot de Pascal, tout l'entre-deux et surtout de monter au-dessus des systèmes adverses ». (Fragment inédit).

dialectique. Les arguments fondaient de tous les points de l'horizon. C'était, selon l'expression d'un Italien, la *furia dialettica*.

Mais, comme il l'a maintes fois répété, la méthode de réfutation n'était pour lui que secondaire et ne faisait que préparer la méthode de conciliation. C'est ainsi, pour prendre un exemple, que sa critique aiguë des systèmes de morale contemporains, devait aboutir à la morale positive des idées-forces.

On lit, dans un fragment inédit, ces lignes qui caractérisent bien l'esprit de Fouillée : « La philosophie synthétique des idées-forces absorbe les objections mêmes en ce qu'elles ont de vrai, et s'en assimile la substance. Qui poursuit la synthèse intégrale n'est pas réfuté par les vérités qu'on lui apporte, il est complété et aidé. Ce qu'on prétend lui *opposer*, il le *pose* lui-même en son lieu et place dans l'ensemble toujours inachevé dont il poursuit l'achèvement. Toute objection appuyée sur des faits est une contribution à la philosophie des idées-forces ; toute contradiction motivée est reçue en alliée, non en ennemie. Nous admettons donc d'avance en partie et nous repoussons d'avance en 'partie toute critique que l'on nous adressera d'un point de vue particulier. Nous l'admettons comme apportant un élément de plus sur un point spécial, mais nous la repoussons comme n'atteignant pas notre vraie théorie, qui est essentiellement une vue d'ensemble aussi complète que possible, succédant à une investigation analytique aussi pénétrante que possible. »

La méthode de synthèse conciliatrice n'est pas moins originale en ses divers procédés qu'en son principe. Ces procédés sont au nombre de quatre : 1° Reconstruire les doctrines antinomiques en les rectifiant et en les complétant de manière à leur donner la plus grande cohérence possible ; 2° intercaler entre les principes sur lesquels elles reposent des moyens termes naturels et nécessaires (par exemple l'*idée* de liberté, moyen terme entre le déterminisme et le libre arbitre) ;

3º trouver dans notre expérience les *substituts* ou *équivalents* psychologiques des notions métaphysiques supérieures à notre vérification ; 4º après des approximations méthodiques, passer *à la limite*. « C'est par un passage à la limite, dit Fouillée dans un fragment inédit, c'est en nous appuyant sur l'identité des raisons à travers les variables, que nous concevons l'immensité, l'éternité, l'infinité, la perfection. Beaucoup de concepts, même de l'ordre scientifique, sont obtenus d'une manière analogue. Le point, la ligne parfaitement droite, la surface plane sont des concepts-limites. On en peut dire autant de la parfaite solidité qu'imaginent les physiciens. De même pour la liberté des métaphysiciens, le temps pur, l'hétérogénéité pure, etc. »

Entre la réalité pour nous insondable et la réalité accessible à notre expérience, l'idée constitue un moyen terme pour la connaissance et pour la pratique. Un moyen terme, puisque, si telle réalité impossible à constater par l'expérience existe, comme la liberté, *elle se manifeste nécessairement à nous sous la forme de l'idée par laquelle nous la concevons ;* et, en supposant que la liberté n'existe pas encore, l'idée peut, suscitant le désir, tendre à la faire exister avec une approximation croissante. On obtient ainsi des *équivalents* plus ou moins rapprochés. De plus, si l'on constate la possibilité d'une approximation indéfinie, on peut, par la pensée, passer à la limite et dire, par exemple : *à la limite*, tout se passe comme si nous étions libres et maîtres de nous-mêmes, indépendants par rapport aux mobiles purement égoïstes.

En supposant que l'idéal, sous ses diverses formes, soit la manifestation d'une réalité objective, qui serait le fond ultime de l'être, nous pourrons dire que l'idéal est « comme la face lumineuse et toujours tournée vers nous de l'absolu inaccessible » ; ainsi certains astres, en vertu de leur situation déterminée et constante par rapport à nous, « nous présentent toujours le même hémisphère éclairant et éclairé, tandis que l'autre se dérobe toujours à nos moyens d'observation. » (1) Si, au contraire, l'idéal n'existe pas encore objectivement comme *réalité* métaphysique, il n'en demeure pas moins certain qu'il existe subjectivement comme idée directrice. A ce titre, nous avons toujours le droit de dire : premièrement, l'idéal est, lui aussi, un des *faits* de la conscience ; secondement, il exerce une action réelle sur notre pensée, notre désir et notre volonté, il est donc une des *forces* de la conscience ; troisièmement, si nous démontrons que cette action est bienfaisante et nécessaire pour l'individu, pour l'humanité, pour le monde, il en résultera que l'idéal est une des lois directrices de la conscience, ou plutôt qu'il en est la loi suprême. « Nous aurons ainsi une théorie de l'idéal *immanent* et non transcendant, laquelle sera susceptible de vérification positive et expérimentale, puisque nous ne sortirons ni du domaine de la conscience, ni du domaine de la nature. » (2)

Attentif à la synthèse autant qu'à l'analyse, Fouillée aimait à citer le vers de Guyau, cet esprit non moins large :

Où meurt notre horizon semblent mourir les cieux.....

et il était toujours à la recherche de cieux nouveaux. « Je connais la grande ourse, que ne puis-je voir la croix du sud ! » Il avait surtout un faible, un grand faible pour les jeunes gens, qui représentaient à ses yeux l'horizon ouvert sur l'avenir ; il aimait à les interroger pour éprouver à leur contact sa propre pensée, pour l'assouplir et l'élargir. Il acceptait tout ce qu'ils lui disaient, abondait dans leur sens, pous-

---

(1) *L'Avenir de la Métaphysique*, p. XIV.
(2) *Evolutionnisme des Idées-forces*, p. 291. Fouillée a fait de nombreuses applications de sa méthode. L'*idée* de *désintéressement*, qui tend à se réaliser, est un moyen terme entre l'égoïsme foncier admis par La Rochefoucauld et le désintéressement absolu des mystiques ; l'idée de l'*amour* nous rend capables d'aimer. L'idée du *moi*, qui se réalise de plus en plus en se concevant, est un moyen terme entre le moi-substance et le moi-phénomène. L'idée de *responsabilité* joue un rôle analogue. L'idée de l'*universel*, l'idée de l'*absolu* sont des équivalents psychologiques de l'universel et de l'absolu, etc. On sait de quelle façon originale Guyau, à son tour, appliqua dans son *Esquisse d'une morale* la méthode des *équivalents et substituts*, montrant par de fines analyses les équivalents progressifs de l'obligation et de la sanction dans le domaine psychologique.

sait en avant leur pensée, puis il ajoutait : Maintenant, cela établi, il y a encore ceci et ceci, et ceci... Il trouvait qu'on n'a jamais trop de vues sur la réalité. Aussi n'a-t-il jamais voulu, dans sa doctrine, renoncer à la part de l'intelligence au profit de la volonté, ni à la part de la volonté au profit de l'intelligence ; il répétait sans cesse le mot de Platon : — Quand on m'offre plusieurs choses à choisir, je les prends toutes. Les perpétuels « dilemmes » de Renouvier le faisaient sourire ; il croyait que « la réalité ne s'enferme pas dans des dilemmes, surtout dans des alternatives artificielles, comme celle qui veut que la réalité soit numérable et finie sous prétexte qu'un *nombre* infini est contradictoire ». Il répondait simplement que « l'infinité sans nombre n'est pas un nombre », et il échappait ainsi aux cornes du dilemme. L'étroitesse systématique de la pensée était ce qu'il y avait de plus étranger et de moins sympathique à sa nature d'esprit. Aussi aboutissait-il par toutes les voies à ce qu'on appelle aujourd'hui le *monisme*, doctrine essentiellement unitaire qui « considère toutes choses comme de même nature et soumises à une même loi de développement ». La philosophie de l'avenir, selon lui, sera précisément un « monisme fondé sur l'expérience » de plus en plus compréhensif et « pluraliste », résultat de « l'analyse radicale et de la synthèse intégrale » (1).

(1) « Par monisme, je n'entends pas un système conceptuel et unilatéral qui, posant à part une conception ou un fait d'expérience, prétendrait y réduire la réalité tout entière. Le monisme est l'admission de l'unité dans la pluralité infinie, et toute vraie philosophie sera toujours moniste. Est-ce que, d'une part, tous les faits de la nature ne sont pas en corrélation réciproque et universelle ? Est-ce que, d'autre part, toutes les idées ne s'impliquent pas et ne sont pas en corrélation mutuelle, comme l'a si bien vu l'auteur du *Parménide* ? Il y a de la pluralité dans l'unité et de l'unité dans la pluralité, de l'identique dans le différent et du différent dans l'identique, du mobile dans l'immobile et de l'immuable dans le devenir même. Ce n'est pas que les contraires soient identiques, mais ils sont inséparablement unis. Dès lors, le pluralisme implique le monisme comme le monisme implique un pluralisme qu'il domine. » (Fragment inédit.)

CHAPITRE II

LES ÉTUDES PLATONICIENNES
LE PRINCIPE D'UNIVERSELLE INTELLIGIBILITÉ ET LE PRINCIPE D'UNIVERSELLE VOLONTÉ

1. Principe d'universelle intelligibilité. — Tout en admirant l'érudition et la science dont les Allemands font preuve dans l'histoire de la philosophie et dans la patiente interprétation des textes, Fouillée se plaignait de leur myopie trop fréquente, qui leur fait méconnaître la vraie pensée des auteurs, qui leur fait même, parfois, altérer les textes pour en enlever certaines prétendues contradictions qui n'existent que dans l'esprit des interprètes. Il préconisait une méthode plus large, plus intelligente, plus intuitive, moins grammaticale et plus philosophique. Il donna lui-même l'exemple dans son *Platon*, dans son *Socrate*, dans sa thèse latine concernant cet *Hippias minor* sur lequel tous les interprètes allemands avaient pâli sans en découvrir le véritable sens et la portée. Sans doute Fouillée a pu lui-même, parfois, *platoniser* un peu trop à l'égard des textes et leur appliquer trop la *maïeutique* de Socrate ; mais ce ne sont là que des détails ; comme divination des grands ensembles, comme restitution des grandes idées dominatrices, de l'*esprit* plutôt que de la lettre, la *Philosophie de Platon* et la *Philosophie de Socrate* demeureront des modèles ; il est probable que Platon et Socrate s'y reconnaîtraient beaucoup mieux eux-mêmes que dans les élucubrations, plus savantes que pénétrantes, des commentateurs allemands. Les grands esprits, croyons-nous, sont toujours mieux compris par les grands esprits que par les médiocres.

La *Philosophie de Platon* et la *Philosophie de Socrate* firent la réputation de Fouillée et le placèrent d'un seul coup aux premiers rangs des philosophes contemporains. Les « études platoniciennes » contenues dans le premier de ces ouvrages étaient des méditations absolument personnelles sous la seule inspiration de Platon ; elles ne visaient pas à restaurer la pensée même du maître grec, mais à la continuer en la transfigurant, à la faire entrer comme élément essentiel et durable dans la *perennis philosophia*. Le souffle qui animait ces pages était si entraînant, la poésie qui s'y joignait à la philosophie était si séductrice que la conclusion du *Platon*, écrite en même temps que le *Rapport de Ravaisson sur la philosophie du* XIXe *siècle*, fut bientôt, comme ce rapport même, aux mains de tous les philosophes et étudiants en philosophie. L'esprit de Platon et l'esprit d'Aristote soufflèrent à la fois sur les jeunes générations d'alors. C'est là que Guyau, en particulier, apprit la philosophie ; mais, parmi les deux œuvres similaires de Ravaisson et de Fouillée, Guyau préférait, pour son propre compte, la construction à la fois systématique et analytique contenue dans la conclusion de *Platon*. Il reprochait à Ravaisson de ne rien démontrer, de procéder par affirmation et intuitions d'artiste, tandis que toute une doctrine liée dialectiquement, sur la raison et la pensée, sur le sentiment et l'amour, sur la volonté, sur la nature et l'esprit, enfin sur le principe du monde, se déroule sans s'interrompre et sans faiblir dans cette conclusion magistrale où tout vient se suspendre à l'idée de *Bonté*. Comme tant d'esprits supérieurs et vraiment créateurs, l'auteur du *Platon* avait déjà montré toute sa force dans son premier ouvrage, où la réflexion la plus pénétrante se joignait à la foi ardente de la trentième année.

Plusieurs théories importantes ont été exposées par Fouillée dans ses *Etudes platoniciennes*, et, tout d'abord, celle de l'intelligibilité.

M. Lalande dit, dans le *Vocabulaire philosophique* : «Intelligibilité (Principe de l'universelle). Expression introduite par M. Fouillée, dans son ouvrage : *La philosophie de Platon* (1869), et devenue depuis lors très usuelle dans le langage et surtout dans l'enseignement philosophique. » « La foi commune, dit Fouillée, plus ou moins consciente d'elle-même, mais présente chez tous (chez les croyants, les savants et les philosophes) est la foi à la raison des choses et à l'universelle intelligibilité. Nous croyons tous que ce qui existe est réductible, sinon pour nous, du moins en soi, aux lois essentielles de la pensée. Lorsque nous doutons, notre doute ne porte pas, à vrai dire, sur l'intelligibilité de l'objet, mais sur l'intelligence du sujet, sur la puissance plus ou moins grande de nos moyens de connaître... Ce principe de la raison des choses, qui survit à tous les systèmes, qui engendre leur variété même du sein de son unité, qui subsiste malgré notre impuissance à expliquer les plus difficiles problèmes, et qui constitue comme une métaphysique universelle supérieure aux diverses métaphysiques, comme une science innée que ne peuvent détruire toutes nos ignorances, qu'est-ce autre chose que le principe même du platonisme ? Dire que tout a une raison intelligible, que l'être soutient un rapport nécessaire avec la pensée, c'est dire, au sens le plus large des termes, que chaque chose a une *idée*. » (1)

Ce principe d'intelligibilité est en étroite connexion avec celui des *idées-forces*, puisqu'il suppose que le fond de l'être et de l'action enveloppe des rudiments d'intelligence et des rudiments d'idées toutes prêtes à se manifester, à agir, à vivre. Nous avons là une synthèse du platonisme, interprété en ses profondeurs, avec la métaphysique de la *raison suffisante*, proposée

---

(1) *La Philosophie de Platon*, 1re édition, tome II, 464-465

par Leibniz et avec le principe scientifique des *lois*, qui régit toute la science moderne.

Dans la *Liberté et le Déterminisme*, Alfred Fouillée, corrigeant la pensée de Platon, se demande si, par delà la sphère de l'intelligence et du raisonnement, il n'y aurait pas quelque chose d'inintelligible et pourtant de réel, par exemple, une puissance qui agirait sans que ses actes fussent soumis aux conditions de la pensée, une puissance en quelque sorte opaque, sur laquelle se briserait, sans pouvoir y pénétrer jamais, toute lumière intellectuelle. « Là pourtant existerait encore la chaleur de la vie et comme l'effervescence de l'action ; mais ces vivantes ténèbres diraient aux rayons de la conscience et de la raison : Vous n'irez pas plus loin. Ce seraient des causes qui produiraient réellement, sans être des raisons qui expliqueraient intellectuellement. Les religions naturalistes et les philosophies naturalistes ont effectivement admis cet abîme à la fois obscur et fécond de la matière première, laboratoire de la vie, dont la pensée ne jaillira qu'après de longs siècles, comme une brillante et fugitive étincelle. » Selon ces doctrines, la cause première est inférieure à la pensée. Il est d'autres doctrines qui la déclarent supérieure à la pensée ; ce sont celles des Alexandrins. C'est le propre de l'intelligence que de se demander si elle est égale à tout l'être, si elle peut concevoir autant que la réalité fournit, si elle n'est point, par sa propre nature, destinée à s'arrêter aux surfaces sans pouvoir pénétrer jusqu'au fond de l'existence. Mais Fouillée ne s'en tient pas à cette dualité irréductible du vouloir et du penser : n'est-ce pas la pensée elle-même qui conçoit le fond non pensable et non pensant de l'être ? Le noumène est encore une idée, essentiellement problématique. Nous devons penser et agir *comme si* tout était en concordance plus ou moins lointaine avec l'essentiel de la pensée et de la conscience. D'une part, la « volonté de conscience » pose le principe d'intelligibilité comme expression de a démarche essentielle, condition de son exercice et de son développement. D'autre part, plus la science avance, plus elle découvre la rationalité du réel. Ni science ni philosophie, si on n'admet pas simultanément et indivisiblement le principe formel d'*identité* et le principe réel de *causalité* ou de raison. « Je ne puis plus penser si je me contredis, je ne puis plus attribuer une valeur hors de moi à ma pensée s'il n'y a pas causalité universelle, raison suffisante universelle. » Toutes les grandes philosophies ont d'ailleurs admis ces deux principes, avec l'humanité entière. Il s'agit donc d'accorder ces principes entre eux, de les concilier avec la pratique morale comme avec la théorie scientifique, non de sacrifier l'un à l'autre, fût-ce d'un sacrifice partiel ; « le partiel vaudrait ici le total ; le principe de causalité comme celui d'identité veut une domination universelle : tout ou rien » (1).

Pour Fouillée comme pour Platon, l'intelligibilité consiste : 1º sous le rapport de la *quantité*, dans une relation entre un et plusieurs, relation que Kant appellera la totalité ; 2º sous le rapport de la *qualité*, dans une relation entre l'identique et le différent, le même et l'autre, le positif et le négatif, que Kant appellera, comme Platon, la *détermination* qualitative ; 3º au point de vue de la *relation*, dans un rapport du permanent au devenir, qui constitue la substantialité et la causalité réciproque, l'universel déterminisme ; 4º au point de vue de la *modalité*, dans une synthèse du possible et de l'existant qui constitue la nécessité, Fouillée est d'accord avec Platon et avec Kant, mais, tandis que ce dernier représente la *totalité*, la *détermination*, la *causalité*, la *nécessité* comme thèses subjectives et existant pour les besoins de notre pensée ou de notre action, Fouillée croit que les fonctions les plus essentielles de la pensée et de l'action ont leur *corrélatif* dans les fonctions les plus essentielles de la réalité même où nous plongeons, de la réalité qui, elle aussi, est active et toute pénétrée de pensée. Si bien que nos idées les plus fondamentales, celles qui servent

(1) *Histoire de la philosophie*, p. 567.

à rendre tout intelligible, notamment l'idée de causalité universelle et réciproque, ont leur fondement dans le réel et dans la causalité même du réel. Ces idées ne sont pas pour cela, comme Platon semble parfois le croire, des choses transcendantes qui existeraient dans un monde supérieur et que refléterait notre intelligence ; mais elles sont les fonctions ou actions communes de la réalité et de la pensée, si bien que le réel est foncièrement intelligible et que, d'autre part, l'intelligibilité parfaite est du même coup réelle. Au fond, comme nous allons le voir, réalité, c'est volonté, et la volonté, c'est l'intelligence en germe, qui n'a besoin que de prendre conscience de soi ; c'est aussi l'amour en germe, qui n'a besoin que de se développer pour se confondre avec le vouloir et le penser.

Le platonisme abstrait et l'hégélianisme abstrait, de ce que réalité et intelligibilité sont inséparables, veulent conclure que le but de l'évolution est de faire se succéder des contraires réconciliés par des synthèses de plus en plus compréhensives ; la logique ferait ainsi le fond même de la vie. Fouillée admet l'union des contraires, mais ne croit pas que la réalité se soucie de logique et soit occupée à résoudre des antinomies logiques en synthèse réelle. *L'intelligibilité n'est pas un but poursuivi par le monde, elle est immanente à son évolution, qui a pour but l'union complète de la puissance de l'intelligence et de l'amour.*

L'intelligibilité est, en définitive, la conformité aux principes d'identité et de raison suffisante, qui eux-mêmes expriment la volonté de conscience, — volonté de poser et de conserver la conscience (identité), volonté d'accroître et d'étendre la conscience (raison suffisante). Le principe de raison lui-même, sous sa forme concrète, se confond avec le principe de causalité, qui est la généralisation de la volonté et son extension à toutes choses. Dire que tout est intelligible c'est donc dire que les fonctions de l'existence sont en harmonie avec les fonctions de la pensée, qui elle-même est énergie et volonté.

II. Principe de l'universelle volonté. — Quoique Fouillée, dans ses *Etudes platoniciennes*, ait insisté surtout sur le principe d'universelle intelligibilité, il n'y sépare jamais ce principe d'un autre non moins important : l'universelle volonté, d'où dérive, avec la vie universelle, l'universelle causalité. Nous avons vu que, au moment où il écrivit la *Philosophie de Platon* et même *La Liberté et le Déterminisme*, Fouillée n'avait pas lu Schopenhauer, dont on ne s'occupa en France que plus tard. Malgré cela, il était déjà partisan du volontarisme en même temps que de l'intellectualisme. Quand, plus tard, il eut connaissance de Schopenhauer, nous avons vu encore qu'il reprocha à ce dernier de se figurer la volonté comme un principe transcendant, comme une chose en soi et un noumène à la façon de Kant, sorte de liberté intelligible ou plutôt inintelligible qu'il est impossible de discerner d'avec la nécessité suprême des anciens. Fouillée reprocha aussi à Schopenhauer son antithèse entre la volonté et l'intelligence ou faculté de représentation. Ce que Fouillée poursuit partout, c'est la synthèse. Volonté et intelligence, à ses yeux, sont un seul et même principe : une volonté *nue* et *pure* ne se comprend pas, puisqu'il n'y a plus rien à vouloir ; une intelligence toute passive et contemplative ne se comprend pas davantage ; la vraie efficacité, la vraie *force* est inhérente aux idées mêmes de l'intelligence.

De même, aux yeux de Fouillée, la *vie* ne fait qu'un avec la volonté ; le vouloir-vivre, placé par Schopenhauer au-dessous de la Volonté pure et libre, semble à Fouillée la vraie volonté radicale : ce dernier ne se figure pas la vie comme quelque chose d'uniquement attaché aux formes matérielles. Selon lui, toute cause est vie, toute vie est volonté, toute volonté enveloppe l'intelligence. Il y a donc implication entre ces divers principes : universelle causalité, universelle vie, universelle volonté, universelle intelligibilité.

Nous allons voir le volontarisme de Fouillée se manifester formellement dans sa théorie de l'amour et de l'amabilité, lorsqu'il montrera que l'amour suppose la volonté et s'adresse à la volonté. Par là Fouillée dépasse l'intellectualisme de Platon et le vitalisme de M. Bergson. Ce vitalisme semblait à Fouillée une position intermédiaire et intenable entre le matérialisme et le pan-psychisme, dont la forme la plus haute est l'affirmation de la volonté universelle comme ne faisant qu'un avec l'universelle intelligibilité (1).

(1) « La volonté n'est pas pour moi, pas plus que la pensée, une *substance*, un *substratum*, une sorte de « *pierre pensante ou voulante.* » La substance est, ou une représentation empruntée à la matière et illégitime, ou une idée empruntée à la conscience et légitime ; mais, en ce dernier cas, le vouloir est saisi par nous, en nous, comme une *action* permanente et indéfectible, non comme une substance, et cette action enveloppe un passage perpétuel du présent au futur, de ce que nous possédons à ce que nous désirons. C'est le *vouloir* qui est le *réel*, sans avoir pour cela besoin d'être substantialisé et matérialisé, d'être une chose qui veut. » (Fragment inédit.)

CHAPITRE III

Les études platoniciennes (*suite*)

La théorie de l'amour et le principe universel de l'amabilité

La théorie de l'intelligibilité a pour naturel complément celle de l'amabilité. Les deux réunies achèvent la synthèse de l'intellectualisme et du volontarisme.

Approfondissant la pensée de Platon et la complétant par celle d'Aristote, cherchant surtout dans son propre cœur aimant ce que c'est qu'aimer, Alfred Fouillée prend place à son tour, comme il disait, « au banquet de Platon » et prononce, avec l'enthousiasme de la jeunesse, une sorte de discours sur l'amour qui est à la fois une profonde analyse de psychologie et un hymne de poète. La part de l'intelligibilité universelle et la part de la volonté individuelle sont par lui marquées dans cet élan simultané de la pensée et du cœur qui est l'amour.

On sait que, d'après les purs platoniciens, ce que nous aimons dans une chose, ce sont les *qualités* de cette chose et non son être individuel. Pourquoi, dit Platon, aimons-nous les belles choses et les bonnes choses ? Parce qu'elles sont belles. C'est la beauté, c'est la bonté que nous aimons en elles. Nous aimons donc dans les choses, non ce qu'elles sont en elles-mêmes, mais ce qu'elles représentent ou s'efforcent de représenter, non leur *individualité*, mais leur *genre*. Pascal a exprimé cette théorie sous une forme originale. « Comment aimer le corps ou l'âme, sinon pour ces qualités qui ne sont point ce qui fait le moi, puisqu'elles sont périssables? Car aimerait-on la substance de l'âme d'une personne abstraitement et quelques qualités qui y fussent? Cela ne se peut, et serait injuste. On n'aime donc jamais personne, mais seulement des qualités. » Par l'argumentation qui précède, répond Fouillée, les disciples de Platon montrent bien la raison *universelle* de l'amour, qui est l'amour de la perfection idéale, mais leur théorie n'est que la moitié d'un platonisme mieux entendu, complété par la considération de l'activité individuelle et contre lequel échoueraient les objections d'Aristote. « Il n'est pas vrai que nous aimions seulement les *qualités* d'un individu, et que ces qualités, abstraites de l'être individuel, puissent exciter l'amour. Nous n'aimons rien en tant que *simple genre*, rien de général, rien d'abstrait. Qu'un individu nous apparaisse comme n'ayant aucune qualité, comme ne réalisant aucun *genre* de perfection, aucune *idée*, sans doute nous ne pourrons pas l'aimer. Mais, d'autre part, une qualité séparée de tout être individuel ne pourra attirer notre amour; elle nous laissera froids, tant que nous ne la placerons pas par la pensée dans quelque être. » (1) Que le psychologue rentre en lui-même et y observe l'amour ; il reconnaîtra que son affection s'adresse toujours à des individus ou à des choses qu'on *individualise* et qu'on *personnifie*, fût-ce par une simple illusion d'optique. « Il y a une profondeur admirable dans ces paroles de Montaigne, qui sont le contre-pied de la pensée de Pascal : — Si l'on m'eût demandé pourquoi je l'aimais, j'aurais répondu : Parce que c'était lui ; et si on lui eût demandé pourquoi il m'aimait, il aurait répondu : Parce que c'était moi. — Et cela est vrai ; quand vous aurez énuméré toutes les qualités de la personne aimée, ce qui suppose une généralisation et une abstraction né-

(1) *Philosophie de Platon*. Tome IV, p. 98 et suivantes.

cessaires, vous n'aurez pas encore dit la dernière raison de l'amour ; ou plutôt vous aurez énuméré les conditions rationnelles, mais vous n'aurez pas montré la cause réelle et *vivante*, la *personne* même dans l'unité de son être, supérieure à toutes les abstractions logiques. Pascal n'a pas tort de le dire : si je n'aime une personne que pour sa beauté physique, je n'aime pas cette personne. Fragile amour que celui qu'emporterait une maladie ! La beauté extérieure n'est aimable que par la beauté intérieure qu'elle me laisse entrevoir. Sous l'enveloppe matérielle, mon âme cherche l'âme : séduite surtout par le regard, où, plus qu'ailleurs, l'âme brille et se fait visible, elle monte comme en un rayon de lumière vers l'invisible foyer qui l'attire. » Mais, dans l'âme même, est-ce à la mémoire, est-ce au jugement, est-ce à la pure intelligence que s'attache mon amour ? Non « Ces qualités, il est aussi des maladies qui les enlèvent. Votre mobile amour disparaîtra-t-il donc avec elles? Ou n'est-il pas allé plus loin et plus haut se fixer dans quelque centre indestructible où rien ne peut l'atteindre ? » Ce centre, qui n'est pas la pure intelligence, n'est pas non plus la pure *puissance*, car « cette dernière, par elle-même, peut aussi bien être terrible qu'aimable. » On sait que Nietzsche, à l'opposé de Fouillée, devait insister sur le côté terrible et dominateur de la puissance plutôt que sur son côté sympathique et aimant. Selon Fouillée, au contraire, même quand elle s'unit à l'intelligence, quand elle est ordre et harmonie, la puissance n'est encore qu'une manifestation extérieure de quelque principe plus intime et plus profond.

Quel est donc enfin ce principe dans lequel seul se repose l'amour ? Platon l'appelle *le bien ;* mais, selon Fouillée, ce n'est pas encore assez dire : pour qu'en aimant le bien en vous, je vous aime, il faut que ce bien puisse vous être attribué et qu'en définitive il soit vous : il faut donc qu'il soit un bien volontaire, un bien qui se veuille lui-même et qui ne se veuille pas seulement pour soi, mais pour les autres et surtout pour moi. Ce que j'aime en vous, c'est la volonté du bien, dont le vrai nom est la *bonté*. « Là réside la personne ; là réside *l'unité vivante* où le bien devient vous-même, et où vous-même devenez le bien. » Je ne pourrais aimer en vous la liberté pure, abstraction faite du bien, la pure volonté ou la pure puissance ; je ne pourrais non plus aimer en vous un bien abstrait et neutre, passif et fatal, non voulu par vous, non accepté par vous, un bien qui ne serait pas vous-même. C'est donc réellement la volonté du bien qui est aimable. Mais la volonté du bien où s'unissent les deux termes dans une vivante unité, qu'est-ce autre chose que l'amour ? « Donc, en dernière analyse, ce qui est *aimable*, c'est ce qui est *aimant* ; ce que mon amour cherche par delà le corps et, dans l'âme elle-même, par delà la pure puissance, par delà la pure intelligence, c'est le foyer d'amour où le bien s'unissant à la volonté libre devient *bonté*. » Dans l'échange de l'affection, Fouillée n'aperçoit ni la fatalité physique, ni la nécessité logique ou mathématique, ni la liberté d'indifférence et d'indétermination ; c'est ce qu'il y a à la fois de moins indifférent et de plus vraiment libre. « En me reposant dans la volonté du bien, je me repose dans la plus parfaite certitude, et cependant, c'est ce qu'il y a de plus éloigné de la fatalité physique ou logique. » Aussi la véritable affection ne peut-elle s'adresser qu'à des *personnes* ou à des êtres qui manifestent un commencement d'individualité et de personnalité.

C'est une erreur, selon Fouillée, que de confondre l'amour, comme le font les physiologistes et les psychologues de l'école de La Rochefoucauld, avec le désir et le besoin (1). « Si je n'aimais que par besoin et que ce dont j'ai besoin, je n'aimerais que moi... Le don qu'arrache la nécessité est un don qu'on se fait à soi-même et, s'il en était toujours ainsi, loin d'être aimants, nous ne pourrions jamais aimer. L'amour vrai ne commence que là

---

(1) Sur La Rochefoucauld, voir les fines analyses de l'intérêt et du désintéressement dans le *Moralisme de Kant et l'amoralisme contemporain*.

où cesse la fatalité du besoin ; il se montre avec la liberté d'une nature qui donne parce qu'elle est riche, et non parce qu'elle est pauvre. Si le désir est fils de la Pauvreté et de la Richesse, l'amour pur est la Richesse même. Aussi l'être le meilleur en soi et qui a le moins besoin d'autrui est cependant le meilleur pour les autres : c'est celui qui donne le plus et qui demande le moins. En nous, à mesure que le besoin et le désir diminuent, l'amour grandit ; avec la liberté croît la libéralité. »

On sait que Guyau et Nietzsche, eux aussi, devaient considérer l'amour et la générosité comme une *surabondance*, comme une *vie* qui, en sa *plénitude*, déborde sur autrui. Dans les pages qui précèdent, Fouillée, les devançant, a déjà posé le principe suprême de sa philosophie : conciliation de la puissance et de l'intelligence dans la bonté.

Viennent ensuite les pages si justement admirées sur le sourire, et que Platon eût certainement applaudies. « L'enfant n'aime d'abord sa mère que par besoin, mais avec son premier sourire apparaît le premier don d'un amour désintéressé, la première grâce d'une âme libre et bonne. C'est ce qui fait la beauté et le charme du sourire, aurore de l'intelligence, de la volonté et de l'amour ; c'est ce qui en fait aussi l'irrésistible puissance. Le sourire est le symbole de la parfaite Bonté, souverainement libre de tout besoin et, par cela même, souverainement libérale, qui, pour appeler toutes choses à l'existence et à la vie, n'a qu'à laisser entrevoir à travers l'infini sa grâce radieuse. On peut dire que, si Dieu crée le monde, c'est par son éternel sourire. » (1)

Revenant sur le même sujet dans la *Liberté et le Déterminisme*, Fouillée insiste de plus en plus sur le rôle de la volonté et de la vie surabondante dans l'amour. Après une délicate analyse de psychologie, il conclut : « La première et la plus précieuse des qualités chez l'être aimé, c'est qu'il nous aime. Que ne pardonne-t-on pas à celui qui est aimant ? Une foule de petits défauts, qui choqueraient dans un inconnu,

---

(1) *Philosophie de Platon*, t. IV, pp. 110 et suivantes.

peuvent sembler charmants dans la personne aimée et aimante... Un *automate* aurait beau me suivre partout et graviter autour de moi, je ne lui en saurais aucun gré et je ne le paierais d'aucun retour. Le chien que j'aime et qui m'aime n'est pas un automate. Il y a en lui *spontanéité* et un commencement *d'indépendance* ; il sait qu'il m'aime et il veut m'aimer. De même, dans la plante, je vois une individualité qui fait effort pour se développer, une ébauche de l'animal, qui est lui-même une ébauche de l'homme. Je m'intéresse à cet être qui veut vivre, qui veut agir, qui semble chercher à sentir et à penser, qui paraît même quelquefois sensible. » (1)

La doctrine de Platon est ici portée à son comble, mais en même temps, croyons-nous, elle est dépassée : au principe d'universelle intelligibilité, Fouillée a joint un principe *d'universelle amabilité* ; à l'intelligence, il a joint la volonté, dont l'intelligence même exprime le développement et les rapports avec les autres existences. *Comprendre*, au fond, c'est *sympathiser*, c'est *vivre de la vie d'autrui*, c'est déjà aimer. Il y a chez tous les êtres, quand on pénètre assez profondément en eux, quelque chose de sympathique et d'aimable, qui peut se dégager même chez les plus haïssables en apparence. Tout renferme les germes de l'intelligence, de la volonté et de l'amour. Les principes abstraits d'universelle intelligibilité, d'universelle causalité, d'universelle finalité ne signifient pas autre chose.

» Combien Guyau a eu raison de dire, dans ses *Vers d'un philosophe* :

> On ne peut plus haïr l'être qu'on a compris :
> Je tâche donc toujours d'aller au fond des âmes.

» Il y a un amour qui est fils de l'intelligence. La pensée, en effet, trouve toujours à tous les actes des raisons

(1) Ces pages contrastent avec celles où, bien plus tard, William James prétendait qu'un automate suprême, qui nous comblerait de bienfaits, vaudrait pragmatiquement la divinité aimante. Fouillée avait en aversion l'utilitarisme scientifique et métaphysique des pragmatistes.

explicatives, qui font tomber l'indignation et la haine. Mais ce n'est pas tout, et ce n'est encore là qu'un résultat négatif. Derrière l'ensemble des causes qui ont motivé un acte, nous entrevoyons toujours la volonté individuelle d'où l'acte est sorti ; or, s'il est vrai de dire : « *Omne individuum ineffabile* », on peut ajouter aussi : « *Omne individuum amabile* », parce que le vouloir constitutif de l'individu tend toujours par lui-même, quand disparaissent les obstacles, au bien universel, comme l'aiguille aimantée, si elle est libre, se tourne vers le nord. Toute volonté, au fond, est bonne volonté. Plus donc nous prenons conscience des autres comme s'ils étaient nous-même, plus notre compréhension d'autrui devient sympathie intellectuelle avec autrui. La vraie intelligence, loin de rendre indifférent, peut et doit rendre de plus en plus aimant. » (Fragment inédit.)

La *Philosophie de Platon* contient déjà en germe la haute et généreuse morale des idées-forces.

CHAPITRE IV

LA LIBERTÉ ET LE DÉTERMINISME

I — Le livre sur la *Liberté et le Déterminisme*, un des chefs-d'œuvre de Fouillée, a introduit dans la philosophie une notion nouvelle de la liberté, en harmonie avec l'expérience psychologique. Jusqu'alors on avait conçu la liberté de deux manières principales, tantôt comme un fait évident de conscience, que nous constaterions en nous, tantôt comme un pouvoir transcendant et impossible à constater, mais nécessaire à affirmer en vue de la moralité, c'est-à-dire comme un noumène. Selon Fouillée, ces deux opinions doivent être tout d'abord rectifiées, si on veut se faire de la liberté une conception à la fois rationnelle et expérimentale. En premier lieu, nous ne pouvons pas *savoir* si la liberté est une réalité ni en avoir la *conscience* immédiate : cette conscience est impossible pour l'homme. L'homme peut bien avoir conscience d'une certaine *activité propre*, d'une certaine *causalité* interne, d'une certaine *spontanéité* ; mais la conscience de la complète indépendance de cette causalité par rapport à toutes les autres causes, qui seule constituerait la vraie et entière liberté, supposerait la conscience de toutes les causes agissant ou pouvant agir sur nous dans l'univers (1). Les partisans du libre arbitre

(1) Voir notamment, sur ce point, la critique si profonde de la liberté selon l'école spiritualiste, dans la *Critique des systèmes de morale contemporains*.

confondent, sans critique préalable, *apparence* et *réalité*. Croire qu'on existe et qu'on pense revient sans doute à exister et à penser ; mais croire qu'on est indépendant des autres êtres ne revient pas à être indépendant, quoique cette idée même d'indépendance soit un premier moyen de libération et tende à se réaliser en se concevant dans ce qu'elle a de réalisable et de possible. Notre conscience claire n'embrasse pas tout notre être, à plus forte raison tout ce qui agit sur notre être et est en relation avec notre moi. Le sentiment *d'activité indépendante* n'est donc pas nécessairement une *indépendance réelle* (1). Ce *sentiment* d'indépendance, si vif chez les fous, qui s'attribuent l'omnipotence, si vif aussi dans le sommeil, chez les hypnotisés, chez les suggestionnés, n'est que le *non-sentiment* des causes latentes dont nous dépendons ; et ce *non-sentiment* ne prouve pas, ne prouvera jamais la non existence de ces causes. On ne peut, comme Reid, passer de l'un à l'autre sans paralogisme.

Fouillée répond ainsi d'avance à M. Bergson. Ce dernier reconnaît du reste avec Fouillée que la liberté implique une certaine « relation de nos actes à notre moi », mais il déclare que cette relation est « indéfinissable ». — Encore faut-il, pourtant, qu'on la distingue de toute autre relation ; or, par quoi la distinguera-t-on, sinon par un rapport d'effet à *cause* qui n'est plus simplement le rapport d'attribut à sujet, de qualité ou de mode à ce qu'on appelle substance ou réalité ? Une modification produite en moi par le dehors, comme une sensation de choc, est un mode du sujet *moi* et n'est pas une action libre. Il faut donc toujours en revenir à la question d'origine, de production, donc de causalité. Cela est si vrai que M. Bergson finira par identifier liberté et création. Or, qu'est-ce que la création, sinon la causalité absolument indépendante, la production inconditionnée d'effets entièrement nouveaux, qui ne sortent pas d'une matière antérieure et n'ont d'autre

---

(1) Voir *Critique des systèmes de morale contemporains. Morale spiritualiste.*

explication que le *fiat*, qui n'en est pas une ? Le retour de M. Bergson à la doctrine écossaise et au prétendu sens commun ou sens immédiat semblera à Fouillée un retour en arrière.

Si l'opinion des scolastiques et des Ecossais, — que devait plus tard reprendre M. Bergson — paraît à Fouillée insoutenable, il en est de même de l'opinion kantienne sur la liberté conçue uniquement comme un « noumène » inaccessible, superposé au mécanisme rigoureux des phénomènes. Cette liberté nouménale est indiscernable de la prédestination scolastique. En tout cas, elle est x ou y : nous n'en pouvons rien dire.

Selon Fouillée, entre les deux conceptions antithétiques de la liberté fait de conscience et de la liberté nouménale, l'expérience même aboutit à une autre conception, selon laquelle la liberté n'est pas une réalité toute faite et comme accomplie, soit dans l'ordre phénoménal, soit dans l'ordre nouménal, mais un développement et un progrès indéfini qui se produit en nous sous l'influence d'une idée et d'un désir : l'idée même de la liberté et le désir de la liberté. « Par *idée de la liberté*, il ne faut pas entendre une modification superficielle de l'intelligence, un concept fixé par un mot, qui jouerait ensuite, parmi les autres idées ou concepts, le rôle d'une sorte d'atome mental se combinant avec d'autres atomes, ou qui ressemblerait à un poids parmi d'autres poids dans une balance. Toute vraie idée est notre moi tout entier, prenant une certaine direction et s'apparaissant à lui-même sous un certain aspect. L'idée de liberté, notamment, c'est le moi *ayant conscience de sa puissance comme tendant à franchir toutes les limites* et à surmonter tous les obstacles ; c'est le moi se concevant indépendant et désirant du même coup son indépendance. La liberté, ainsi conçue, est une cause intelligente se déterminant sous l'idée de son maximum possible d'indépendance par rapport à toutes les autres causes et réalisant par là une indépendance progressive. La liberté n'est donc pas et ne peut pas être une réalité toute donnée ; elle est une idée accompagnée de puissance, qui se donne à elle-même la réalité.

« La liberté n'est pas non plus un simple devenir spontané, irrationnel, analogue à l'inspiration de l'artiste ou à l'instinct naturel de l'animal, et que nous appréhenderions par une *intuition* ou *sentiment* très différent de l'intelligence saisissant les raisons de ses actes. Agir sans savoir ce qu'on fait et pourquoi on le fait, ce n'est pas agir librement. Quelque *nouveauté* qu'apporte un devenir spontané et instinctif, cette nouveauté n'est pas liberté. D'une manière générale, tout est toujours nouveau en nous et autour de nous, malgré le mot de Lucrèce ; rien ne se reproduit deux fois exactement *le même* ; il n'en résulte nullement que tout soit libre, le nouveau ayant toujours un lien de raison et de cause avec l'ancien et ne pouvant apparaître que dans et par l'ancien. » (Fragment inédit.)

Fouillée ne croit pas qu'on puisse caractériser la liberté comme un flux de conscience « étranger à toute catégorie » et saisi par « intuition », car, nous l'avons vu, la liberté est essentiellement *causalité*, cause indépendante d'autres causes ; elle a donc un rapport nécessaire avec la catégorie de causalité ; son idée est une application et une interprétation de cette catégorie. Que sont d'ailleurs les catégories, selon Fouillée ? Elles sont « les fonctions actives et conscientes » par lesquelles nous arrivons à penser le réel et nous-mêmes, à dire *cogito*, et qui ont leur pendant au cœur de la réalité. Comment donc la liberté, si elle est intelligente et consciente, serait-elle tout-à-fait en dehors des fonctions actives de la pensée, par lesquelles nous agissons sur nous et sur les choses ? Comment, par exemple, serait-elle en dehors de la fonction causale (1) ? Si la liberté n'est pas une espèce du genre causalité, espèce caractérisée par l'indépendance, elle n'est plus rien qu'on puisse distinguer de la causalité naturelle. Elle est moins liberté que *nature, vie, nécessité, hasard, abîme ou zéro*. En tout

(1) Voir la préface de la nouvelle édition de *La Liberté et le Déterminisme* (1911).

cas, elle n'a absolument rien de *moral*, ni même simplement de *pratique*.

Au point de vue de l'éthique, Fouillée n'admet pas qu'un pouvoir absolument indéterminé entre les contraires, capable de choisir l'un tout aussi bien que l'autre, puisse être moral. Cette sorte de Fortune personnifiée en nous ferait de nos actes, comme l'a bien vu Leibniz, des accidents détachés de nous-mêmes, sans lien déterminé non seulement avec notre caractère, mais encore avec ce qui constitue notre individualité active et notre moi conscient. Nous voulons une chose et nous aurions pu tout aussi bien, avec les mêmes dispositions, vouloir l'opposé ! Comment alors qualifier *moralement* et nous imputer un acte aussi arbitraire, qui n'est plus l'expression de *nous-mêmes* et de notre volonté profonde, mais un événement superficiel et fortuit, sorte de météore intérieur ? Le hasard réalisé n'est pas plus moral que la nécessité réalisée. (1).

S'il faut rejeter la notion illusoire des phénomènes à « commencement absolu », admis par Renouvier et du flux spontané, admis par James et M. Bergson, en résulte-t-il que le déterminisme scientifique ait le droit de réduire notre individualité à une sorte d'inertie et d'inaction ? Nullement. Certaines doctrines qui admettaient, au nom de la « Science », un déterminisme inexact et tout mécaniste se sont trop répandues de nos jours ; elles ont eu pour conséquence de diminuer le sentiment de la volonté personnelle, d'exercer ainsi sur l'individu et sur la société une influence dépressive. Mais ce n'est là qu'un effet transitoire, qui tient à ce qu'offraient d'anti-philosophique ces doctrines, interprétées dans le sens d'une métaphysique matérialiste et fataliste. D'abord, notre volonté a beau agir selon des raisons et non au hasard, elle n'en est pas moins *notre* volonté ; elle n'en a pas moins son *action propre* dans l'ensemble des actions qui doivent amener l'avenir. En outre, les raisons qui font que je suis *moi* font aussi que je puis me modifier moi-même, avec con-

(1) *Morale des Idées-forces*, p. 270.

science de ce pouvoir, et modifier le monde autour de moi. Le problème est donc le suivant : — Puisque un choix absolument inexplicable, — caprice, hasard, flux instinctif, — n'aurait rien de moral, il faut, pour fonder l'acte libre, lui trouver des *raisons*, mais qui soient des raisons de *liberté*. Ce sont précisément ces raisons que Fouillée a déterminées. La première, nous l'avons déjà vu, est l'*idée* même de la liberté (avec le *désir* qu'elle enveloppe) ; cette idée de notre non-détermination introduit en nous, partiellement et de quelque manière que ce soit, une certaine non-détermination, elle « se *vérifie* par l'action », qui en dégage les éléments de vérité ; elle « réussit » dans la pratique et, en conséquence, répond à quelque *réalité profonde* qu'elle exprime plus ou moins symboliquement (1). La seconde raison de liberté est l'idée de l'universelle union avec autrui. Ces deux ressorts de l'action sont incontestables ; jamais on n'a pu les détruire. Le déterminisme lui-même ne peut pas ne pas aboutir à la conception de l'*idée* de liberté. Psychologiquement, il y aboutit par « la contradiction mutuelle que nous expérimentons entre nos diverses idées et tendances, auxquelles répond la conception de divers *possibles*. » Logiquement, le déterminisme y arrive « par la conception de son propre contraire ». Métaphysiquement, il y arrive par la conception de sa propre *limite*, la causalité inconditionnelle, qui est en même temps la limite de la science positive et du mécanisme phénoménal. Moralement, enfin, il y arrive par le problème inévitable du *pouvoir-faire*, que suscite le *devoir-faire* au point de vue métaphysique et *moral*.

Fouillée n'admet pas que le déterminisme soit le dernier mot et exprime le fond même de notre vouloir ; le déterminisme ne porte que sur les interactions des choses, sur les limitations mutuelles des êtres finis, qui les font tels et seulement tels, mais la limitation

(1) On remarquera l'analogie de cette méthode de vérification avec celles que la nouvelle philosophie des sciences et le pragmatisme contemporain ont mises en honneur ; mais Fouillée va plus au fond des choses et procède beaucoup plus philosophiquement.

mutuelle n'est pas la *production*, qui demeure en dehors de ce que le déterminisme peut formuler. La production volontaire, tout en étant soumise à des limitations externes, peut donc être libre en elle-même et manifester de plus en plus dans l'expérience cette essentielle liberté, qui est *le pouvoir de franchir les limites et de se délivrer des dépendances*. De ce pouvoir même nous avons une conscience d'abord obscure, puis de plus en plus claire, qu'exprime l'*idée* de liberté. Ainsi s'opère pour Fouillée la synthèse du déterminisme bien entendu et de la liberté bien entendue. — Plus de fatalisme et plus de hasard, mais un progrès réel et indéfini d'une liberté déjà commencée à une liberté de plus en plus complète. Par toutes les voies, on aboutit, dans la pratique et dans la théorie, à l'idée de liberté. Celle-ci est d'ailleurs la « catégorie nécessaire de l'action ». Nous agissons toujours sous l'idée que l'avenir, y compris notre action future, n'est pas *déterminé indépendamment de nous*, de notre jugement, de notre sentiment, de notre préférence finale. L'enchaînement des *raisons* n'est pas pour cela détruit en ce qu'il offre d'intelligible; mais il est orienté vers un idéal d'indépendance *personnelle* au service de *l'universel*. Il se change en un *auto-déterminisme* rationnel se modifiant lui-même par lui-même, révélation de notre volonté essentielle et intime tendant à l'affranchissement.

Un des buts que Fouillée s'était proposés dans la *Liberté et le Déterminisme*, c'était de faire monter le déterminisme vers la liberté en le rendant aussi flexible et fluide, aussi vivant et progressif que cela est compatible avec un *ordre intelligible*, avec une *loi* évolutive sans *exceptions*, qui est pourtant une loi de vie agissante et non d'inertie. Le déterminisme ne doit pas se réduire aux lois *mécaniques* : ces lois sont une enveloppe extérieure, qui n'épuise pas l'objet de la science, encore moins de la conscience. Il ne doit pas non plus se réduire aux lois *physiques* et *physiologiques*, qui n'épuisent pas encore le tout. Il faut y ajouter les lois *psychiques*, principalement, celles de la pensée et de la conscience. Le moraliste n'a plus devant lui, comme dans l'hypothèse de la métaphysique mécaniste, une machine qui poursuit fatalement sa marche, soit que la lumière intermittente de la conscience l'éclaire, soit qu'elle ne l'éclaire pas ; la lumière interne réagit sur la marche : elle est parmi les facteurs de cette équation qui aura pour solution l'avenir. La volition ne consiste pas seulement dans la détermination d'un acte par l'*idée* d'une chose qui *sera* ; elle consiste dans *la détermination d'un acte par l'idée d'une chose qui sera par nous*, qui n'existera que par notre action consciente, par l'idée et le désir prévalents que nous en aurons. L'idée de l'efficacité même des idées et des désirs entre ainsi dans toute volition comme élément nécessaire. C'est un point qu'on peut considérer comme définitivement établi ; savants ou philosophes ne sauraient le renverser. C'est d'ailleurs sous la forme d'une puissance consciente de libération progressive, jamais sous celle de l'arbitraire, que la vie intérieure s'apparaît à elle-même dans la conscience de vouloir, quand elle pénètre assez profondément les raisons de ses actes. Le déterminisme des raisons n'exclut donc pas, selon Fouillée, une notion plus vraie de la liberté et même, en un bon sens, du libre arbitre. «Ce dernier peut et doit être conçu comme pouvoir *conditionnel* et *conditionné* des contraires, mais conditionné de telle sorte que la condition soit de plus en plus à *ma* portée, voisine de *moi*, identifiée à mon moi, progressivement réalisable par le fait que je la conçois et que je me conçois moi-même, avec mon idée de liberté, comme condition première et facteur essentiel de mon propre devenir » (1).

Non seulement l'idée de liberté représente ainsi une *condition* de l'acte, et même une cause active de l'acte, mais elle représente encore une *fin* de l'acte. «La vraie et complète liberté est une conquête *finale* et ne peut s'acquérir que *progressivement*. Être libre, c'est avoir un levier qu'on peut toujours allonger et des points d'appui

(1) *Morale des Idées-forces. Ibid.*

qu'on peut toujours reporter plus loin ; alors on soulèvera son monde intérieur. » Il faut toujours à la liberté le soutien d'un déterminisme rationnel, mais tel « *qu'aucune de ses formes présentes n'en épuise les virtualités* ». L'idée de liberté morale pose la fin à atteindre par des déterminations de plus en plus élevées. Cette fin est toujours présente à la pensée réfléchie et *sui compos*, sans qu'on ait besoin de l'évoquer par un miracle intérieur. Toute délibération sur des possibles fait nécessairement apparaître l'idée plus ou moins claire de la *puissance même des idées et sentiments*, avec l'idéal de *liberté* qui en est inséparable. C'est là, encore un coup, la condition nécessaire de l'action réfléchie. En outre, le *moi n'est* pas et n'*agit* pas à part de cette idée immanente, comme un mécanicien séparé de sa locomotive. L'idée et le désir de la liberté, toujours présents à la conscience au même titre que l'idée même du moi, sont comme la main toujours posée sur le ressort de la machine, ou plutôt comme le cerveau directeur de la main. *L'idée de liberté*, encore une fois, ne peut pas ne pas surgir, précise ou vague, dans les conjectures difficiles *où justement nous en avons besoin*. La théorie du libre arbitre vulgaire ou celle de l'évolution créatrice et libre ne peuvent pas davantage se passer de cette idée-force. La condition première est donc ici commune à tous ; là où elle manquerait par hypothèse, elle manquerait également pour tous ; il n'y aurait pas plus de place pour le *liberum arbitrium indifferentiæ* ou pour l'*inchoatio absoluta*, ou pour le *fluxus conscientiæ* que pour l'auto-détermination intellectuelle, émotive et appétitive. Heureusement, « l'idée de liberté est une lettre de change toujours fournie à l'homme par la nature et que nous devons réaliser nous-mêmes en valeurs effectives » (1). Pour cela, il faut que nous lui accordions une valeur et que nous voulions la liberté, par cela même que nous la considérions comme possible et rejetions tout fatalisme.

« Nous avons toujours l'idée même de notre évolution

(1) *Ibid.*

interne en tant que possible par nous et impossible sans nous. Cette évolution ne devient créatrice que par l'idée du *nouveau* que nous concevons, désirons et voulons faire vivre. C'est donc l'idée qui introduit dans le monde le *nouveau* pensé et voulu, lequel seul est libre et seul aussi mérite le nom de création. La vraie liberté commence avec la pensée et disparaît avec elle. Non pas sans doute avec la pensée du mécanisme physique, mais avec la pensée de l'idéal à la fois personnel et universel qui, pour vivre, attend que nous lui donnions la vie. » (Fragment inédit.)

Le déterminisme que Fouillée concilie avec la liberté morale n'est pas une *prévisibilité* ni un *prédéterminisme*, ni une *préformation* des choses à venir dans le présent et le passé. C'est ce qui ressort de la deuxième édition de *La Liberté et le Déterminisme*, ainsi que des chapitres sur la volonté dans la *Psychologie des Idées-forces*. « Le déterminisme consiste en ce que ce qui se produit actuellement a un lien déterminé et intelligible avec ce qui existait auparavant. Quant à savoir si une intelligence peut prévoir, calculer à l'avance toutes choses, c'est une autre question. Pour prévoir jusque dans les derniers détails, il faudrait aussi *pré-sentir*, se mettre entièrement à la place de l'être individuel, devenir *lui-même* au moment où il agit et sent. Or, on ne comprend pas qu'un être en devienne à l'avance un autre, agisse et sente à l'avance comme l'autre sentira et en soit ainsi indiscernable. D'où il suit que la prévision absolue et complète est inintelligible. Mais il n'en résulte pas que, dans la réalité, l'acte produit par une personne n'ait pas un lien avec la personne même, avec la personne tout entière, avec ce qu'elle est actuellement, ce qu'elle était et faisait précédemment, ainsi qu'avec toutes les conditions ambiantes. Il n'y a pas pour cela préformation, prédestination, répétition du passé dans le présent ; il y a seulement, encore un coup, lien actuel et réel du présent au passé. » (Fragment inédit.)

Le déterminisme flexible et souple de Fouillée n'exclut donc pas « une *génération* perpétuelle, une perpétuelle *rénovation* des choses, une incessante floraison du nouveau, surtout par le moyen de l'idée, du sentiment et du désir. Et parmi les idées, sentiments ou désirs, c'est précisément l'idée de la liberté, avec le sentiment et le désir qu'elle enveloppe, qui est la grande rénovatrice, la fécondité se saisissant elle-même sur le fait et se voyant féconde parce qu'elle a l'idée de sa puissance débordante. » *(Ibid.).*

Il y a *deux stades* dans la liberté, que Fouillée avait déjà décrits supérieurement dans *La Liberté et le Déterminisme*. « Le premier est la prédominance de l'idée de la *causalité individuelle* ; le second est la prédominance de l'idée de la *finalité universelle* ; le premier pose le moi, le second l'unit au tout. En d'autres termes, le premier degré de la liberté consiste à se déterminer sous l'idée du *moi* comme cause indépendante de toute autre cause ; le second, à se déterminer sous l'idée du *bien universel* comme fin indépendante de toute autre fin. La liberté est donc d'abord *individualisation*, puis *universalisation*. C'est seulement au second stade que la liberté est complète : l'idée du désintéressement en vue de l'universel, se réalisant elle-même progressivement, est la vraie liberté pratique, qui est la liberté *morale*.

Le rapport des actes au *moi* se concevant lui-même comme puissance causale n'est que le début de la libération ; elle s'achève par le rapport des actes à la société universelle des consciences, que nous concevons et commençons de réaliser en le concevant. »

« *La liberté est*, en définitive, *la volonté de conscience universelle* qui s'actualise par l'idée qu'elle a d'elle-même, de sa possibilité, de sa puissance, de son *acte* présent, de ses virtualités présentes et enfin de son avenir. Cet avenir, encore un coup, n'est pas préformé, mais se forme à chaque moment en fonction des idées, sentiments et désirs qui en sont les conditions mentales et qui, alors même qu'elles n'autoriseraient pas la *pré-vision* ou le *pré-sentiment*, n'en demeurent pas moins les raisons intelligibles de ce qui *se réalise* soi-même par la *pensée* de soi et du but universel où le moi doit tendre. » (Fragment inédit.)

II — La *Liberté et le Déterminisme* contient l'étude la plus approfondie qu'on ait faite des « antinomies de la responsabilité ». L'auteur montre que l'idée même de notre responsabilité commence à nous rendre responsables. Cette idée n'est pas pratiquement illusoire, puisqu'elle agit. Elle ne l'est pas non plus scientifiquement, puisque la force des idées et de l'amour est pour la science « incalculable, progressive, susceptible d'accroissement ». Enfin, au point de vue métaphysique, ne pouvant *savoir* ce qu'est en son fond notre *individualité* ni son *rapport* avec l'*universel*, nous avons le droit d'admettre qu'il n'existe pas une « antinomie insoluble entre la réalité fondamentale et cette responsabilité que nous *prenons*, que nous *voulons* avoir, que nous nous *imposons* ; c'est un fardeau que nous mettons sur nos épaules, toujours glorieux alors même que nous succombons sous le faix. »

C'est parce que nous sommes *un* avec l'univers et cependant *distincts* des autres que nous pouvons être responsables dans notre volonté radicale. « L'*idée* de liberté est l'expression connaissable de l'inconnaissable fondement du *moi*, du *toi* et du *tous*. Cette idée, jointe à l'impossibilité d'en démontrer théoriquement la contradiction avec le réel, sert de fondement à notre liberté *pratique*, par la force qu'elle développe en nous et qui modifie la direction primitive du déterminisme. » Les antinomies spéculatives auxquelles donne lieu la notion de responsabilité expriment *notre ignorance du rapport qui relie l'individu à l'universel.*

« Notre *pensée*, à sa manière, s'élève au-dessus de cette opposition, puisqu'elle conçoit à la fois l'individu et l'univers ; notre *volonté* doit aussi la dépasser et, dans le jugement moral comme dans l'acte moral, elle doit, en une certaine mesure, faire abstraction des personnes ; elle doit se désintéresser de la question des individualités et des imputabilités, non par dédain de l'individu, mais, au contraire, par respect de l'individualité et par conscience des limites imposées à notre science. » « Pour nous en tenir à ce qui est certain, condamnons et repoussons le mal partout où il se manifeste, mais surtout en nous, où il devient plus présent, plus immédiat, où il devient nous-même ; aimons le bien partout où il se montre, mais surtout chez les autres, où il est un bien vivant et un objet d'amour personnel. » (1)

Fouillée, devançant encore le pragmatisme en ce qu'il a de plausible, conclut que la liberté, étant activité en exercice, ne peut se prouver que par *l'action*, où elle se réalise en se concevant, où elle se conçoit en se réalisant. « Toute démonstration purement *logique* irait contre son objet en voulant faire dépendre l'indépendance de quelque autre chose, en voulant rendre *nécessaire* la *liberté*. Et pareillement, si on voulait démontrer par quelle nécessité j'aime autrui, on aurait démontré par quelle *nécessité* je n'aime pas. Les clartés de la logique abstraite ou de la mécanique, tournées vers le dehors, seraient ici des obscurités. L'amour désintéressé, s'il existe, ne pourra se voir et s'*affirmer* lui-même qu'en se *voulant* et en se créant lui-même. » La liberté, encore un coup, s'affirme comme possible et comme réelle par un acte de volonté, non par une constatation de fait ou par une démonstration *à priori*, aussi impossible pour la thèse de la liberté que pour celle de la nécessité universelle et radicale. C'est nous qui, dans cette alternative, choisissons notre parti, ce choix fait notre moralité.

Tant que notre volonté n'aime pas *les autres*

(1) *La Liberté et le Déterminisme*, p. 337 et suiv.

et le *tout*, tant qu'elle n'existe que pour elle-même, elle peut douter d'elle-même, par une sorte de faiblesse apparente qui contient peut-être le secret de sa force morale ; « en voulant se poser seule, dans un isolement égoïste, il semble que la liberté arrive à se détruire : c'est peut-être qu'elle est, par essence, *universelle*. » Mais notre *confiance* croît en notre liberté quand celle-ci devient *nécessaire pour les autres*, nécessaire pour le dévouement. C'est alors, c'est en se donnant à autrui, que la liberté se trouve le mieux elle-même. « Par une étonnante union des contraires dans la sphère morale, le seul acte où je pourrais vraiment prendre possession de ma personnalité, ce serait celui où je me rendrais le plus impersonnel ; l'acte où je serais le plus libre, ce serait celui où je m'attacherais à autrui : c'est seulement si je puis renoncer à moi-même que je serai enfin moi-même. L'*individualité* la plus haute serait ainsi la plus haute *universalité*, et la suprême exaltation des personnes serait la suprême union des personnes. Par l'acte moral de dévouement, nous travaillons à cette union progressive, à cette pénétration mutuelle des volontés, à cette sorte de république où tous seraient libres, égaux et frères. » Le *véritable acte libre*, selon Fouillée, ce serait donc *l'acte véritablement désintéressé et moral*. Avons-nous d'ailleurs la *certitude* que notre dévouement ne sera pas *vain*? Avons-nous même la certitude que notre désintéressement est *réel*, ou réellement *libre*? Non ; cependant nous agissons, et cette *action dans l'incertitude* est elle-même la forme supérieure du désintéressement. La plus problématique des idées *spéculatives*, celle de liberté inconditionnelle et absolue, vient se confondre avec l'acte le plus *pratique* de la moralité. « Où cesse la science doit commencer la métaphysique, et surtout cette *métaphysique en action*, plus profonde peut-être que la métaphysique abstraite, cette poésie de la *vie*, plus inspirée peut-être que la science : vertu, dévouement, amour d'autrui. » (1)

(1) *La Liberté et le Déterminisme*, ibid.

Ainsi porté vers les hauteurs par un souffle platonicien, Fouillée termine son livre, à la manière de Platon, par un mythe à la fois poétique et philosophique. « Prométhée semble fixé pour jamais au dur rocher de la matière : les liens de la Nécessité l'enveloppent de toutes parts ; il regarde autour de lui et ne voit rien qui puisse faire tomber ses chaînes ; sa première pensée est une pensée de découragement, ses premières paroles sont des plaintes... Pourtant, dans ce corps captif une pensée habite qui ne connaît point de bornes, qui soumet toutes choses, même l'avenir, à ses propres lois, qui pénètre les secrets de la nécessité même, qui domine le temps, l'espace et le nombre, séjour de servitude, et qui entrevoit l'infini, sphère de liberté. L'idée de liberté est l'étincelle inextinguible ravie au foyer des dieux. A cette idée répond un désir que rien de borné ne peut satisfaire ; mais ce désir insatiable, qui fait le supplice de Prométhée, prépare aussi sa délivrance : le dieu esclave porte déjà la liberté dans sa pensée et dans son cœur. La nécessité, du jour où elle a été comprise par l'intelligence, commence à être vaincue : savoir comment les liens sont noués, c'est savoir aussi comment on peut les dénouer. » Fouillée montre de quelle manière, l'un après l'autre, Prométhée les dénoue par la science et les arts, par le désir et surtout par l'amour désintéressé des autres (1). En lisant ces pages inspirées, on s'aperçoit combien sont froides en comparaison et peu nouvelles certaines doctrines plus récentes des pragmatistes et intuitionnistes.

L'ouvrage sur la *Liberté et le Déterminisme* a fait date, grâce à la quantité d'idées neuves que Fouillée jetait avec prodigalité dans la philosophie. Tout d'abord, il introduisait la conception *volontariste* à la fois dans la psychologie et dans la métaphysique, mais sans la séparer de ce que renferme de juste la conception intellectualiste. C'était, à vrai dire, la synthèse indissoluble et vraiment conciliatrice de ces deux

(1) *La Liberté et le Déterminisme*, conclusion.

théories. L'opposition radicale entre la volonté et l'intelligence, entre le *vouloir-vivre* et le *penser* lui eût semblé revenir à celle du noumène et du phénomène, que, précisément, il voulait dépasser ou *transcender*. Ni le dualisme platonicien de l'*Idée* et de la *génération sensible* ou *devenir*, ni le dualisme kantien de la *chose en soi* et de l'*apparence* intérieure n'avaient satisfait son esprit. L'unité était le but même que poursuivait sa méthode ; il fallait donc opérer la synthèse du monde intelligible et du monde sensible dans le monde réel de la conscience, au moyen de l'*idée* enveloppant la *tendance* et la *force*, de la *pensée* enveloppant le *vouloir* et l'*action*.

Le livre sur *La Liberté et le Déterminisme* fut universellement admiré pour la pénétration de l'analyse et pour la hardiesse de la synthèse. On déclara que l'auteur avait appris de Platon à faire « d'un plusieurs » et « de plusieurs un ». Sa pensée, en effet, pénètre dans tous les détails de la question ; c'est la plus fine observation psychologique de tout ce qui se passe en nous quand nous voulons être libres, quand nous croyons être libres. En même temps, l'ouvrage est un modèle de cet art *architectonique* dont parle Kant et qui est si nécessaire au philosophe : c'est une vaste construction où tout se soutient et, de moyen terme en moyen terme, « monte vers la liberté idéale comme un édifice vers la nue ». Tout en platonisant, l'auteur s'était montré aussi original et indépendant de Platon que ce dernier put l'être à l'égard de Socrate. La poésie de la forme recouvrait une étude psychologique et morale d'un caractère très positif et même, fort souvent, scientifique. Paul Janet, qui n'était guère partisan des hardiesses de l'auteur, écrivait cependant à propos de sa théorie dans la *Revue des Deux Mondes* : « Elle est désormais acquise à la science. » De fait, après quarante ans, on n'a cessé de rendre à l'auteur le même hommage (1).

(1) Fouillée a traité longuement la question de la liberté : 1° dans *La Liberté et le Déterminisme* ; 2° dans *La Psychologie des Idées-forces* ; 3° dans *Le Mouvement idéaliste* ; 4° dans *L'Avenir de la Méta-*

CHAPITRE V

LA VOLONTÉ DE PUISSANCE
ET LA VOLONTÉ DE CONSCIENCE
FOUILLÉE DEVANCE & DÉPASSE NIETZSCHE

Par cela même que Fouillée introduisait dans l'*idée* la *puissance* ou plutôt découvrait sous l'idée la puissance immanente dont elle est une détermination actuelle, il devait étudier l'idée de *puissance* ou d'activité, d'*énergie mentale*, en montrer la valeur et la réduire à la conscience du *vouloir*. Par là, sans s'en douter, il était le prédécesseur de Nietzsche ; mais il ne s'arrêtait pas, comme celui-ci, à une vue unilatérale, à un culte exclusif de la puissance et, qui plus est, de la puissance *dominatrice* ne s'exerçant que pour s'exercer.

Le premier grand principe posé par Fouillée est la tendance au maximum de puissance et d'action sous tous les rapports : *quantité intensive et extensive, qualité, durée, relation* aux autres êtres. « Quand nous agissons, nous tendons toujours à faire *complètement* ce que nous faisons, à le faire *sans obstacle* ou *malgré tout obstacle*. » L'activité n'a pas pour but « l'échec, mais le *succès* et le succès le plus complet possible. » Nous possédons, dès l'origine de notre vie,

---

physique fondée sur l'expérience ; 5° dans la *Morale des Idées-forces*, etc.
La deuxième édition de la *Liberté et le Déterminisme* contient des polémiques extraordinairement subtiles et profondes avec Renouvier, Boussinesq, Jules Tannery et Delbœuf. Ce dernier écrivit à Fouillée, avec une sincérité charmante : « Jamais je n'ai été aussi battu à plate couture ; je me rends. »

« un trésor de *force vive* qui demande à se *dépenser* tout entier, qui néanmoins ne veut, en se dépensant, que s'*accroître*, et qui s'accroît en effet. Notre activité, notre énergie mentale « saisit la première occasion pour s'exercer ; elle s'échappe par la première issue, comme un fleuve dont les eaux accumulées sont impatientes de suivre leur pente naturelle. Puis, une fois engagée dans une voie, elle *va toujours en avant*, continuant ce qu'elle a commencé et l'accroissant, fût-ce sous le seul rapport de la *durée*. » Elle se répète elle-même indéfiniment quand elle ne sait pas faire mieux ; mais, dès que l'occasion d'une nouvelle action lui est offerte, elle s'empresse de la saisir, parce que toute *nouveauté* est une *addition* dans l'ordre de la *qualité*, par conséquent un *accroissement*. Après s'être répétée et imitée elle-même, l'activité répète et imite toutes les choses nouvelles dont elle est témoin, « elle voudrait être complètement dans chaque chose en particulier et complètement aussi dans toutes choses en général. Son avidité ne connaît pas de bornes ; ce qu'elle veut, c'est le tout. » (1) Là est le germe de la liberté.

Comme on le voit, le premier principe posé par Fouillée, qui n'est autre que la *volonté de puissance et d'action*, entraîne immédiatement un autre principe non moins important : le principe du *nouveau*. Comme Fouillée vient de le dire, la *nouveauté* est une addition *qualitative* que ne peut pas ne pas poursuivre une volonté avide de puissance et d'action aussi complète qu'il est possible. Or, nouveauté, c'est *progrès* : ce n'est pas seulement tendance à la conservation de soi, mais c'est tendance à la *non conservation* de soi ; c'est l'élan au-delà de soi-même, au-dessus de soi-même. Aussi Fouillée oppose-t-il sa propre doctrine à deux autres qui lui semblent également inexactes et incomplètes, et dont il poursuit la synthèse : celle de

(1) Voir dans la 1ʳᵉ édition de *La Liberté et le Déterminisme*, le paragraphe intitulé : « Nécessité de chercher si la volonté est le fond de l'intelligence, ou explication dynamique de l'intelligence, » p. 141 et suiv.

Spinoza et celle d'Héraclite, la doctrine de *conservation* et la doctrine de *flux perpétuel* ou de *mobilité universelle*. Fouillée dit donc, dans la première édition de son livre : « Beaucoup de philosophes ont fait consister l'essence de toute force active dans la *conservation de soi* ou dans la permanence. L'être, dit Spinoza, tend à persévérer dans l'être et à se maintenir tel qu'il est... Mais d'abord, dire que l'être tend à être ce qu'il est, c'est se contredire ; car on ne peut *tendre à être ce qu'on est déjà ;* la tendance indique quelque chose de *nouveau* à obtenir et implique une *différence*. De même, la persévérance dans l'être implique autre chose que le repos et l'inertie et n'est point une formule de pure identité ; car la prétendue conservation de soi est aussi un *accroissement*. Si on veut la vraie formule du repos et de l'inertie, qu'on ne parle ni de tendance, ni de persévérance, ni de conservation, et qu'on se borne à répéter le stérile adage de Parménide : *Les choses sont ce qu'elles sont* et ne sont pas ce qu'elles ne sont pas. La loi de Spinoza n'est donc ni simple, ni fondamentale ; elle nous dit qu'il y a quelque chose qui se conserve, mais sans nous dire la nature de cette chose... L'idée de conservation est un cadre vide qu'on a pris pour le dedans. » (1)

Il est possible que Nietzsche ait lu ces pages, comme il avait certainement lu *La Science sociale contemporaine* et l'*Esquisse d'une morale sans obligation ni sanction*, où il y a tant de références au livre sur *La Liberté et le Déterminisme*. Toujours est-il que Nietzsche dit à son tour dans *Zarathoustra* : « La vie elle-même m'a confié ce secret : Voici, je suis ce qui doit toujours se surmonter... Celui-là n'a assurément pas rencontré la vérité, qui parlait de la volonté de vie : cette volonté n'existe pas. Car ce qui n'est pas ne peut pas vouloir, et comment ce qui est dans la vie pourrait-il encore désirer la vie ? » Nietzsche dit aussi ailleurs : « La proposition de Spinoza concernant la conservation de soi devrait, en somme, entraver le

(1) *Ibid.*

changement : persévérer purement et simplement dans l'être, ce serait être immobile *comme le Dieu sphérique de Parménide* où *l'être à jamais est* et où le non-être à jamais n'est pas ». — « Un état une fois atteint, ajoute Nietzsche, devrait se conserver, s'il ne renfermait pas un pouvoir qui consiste précisément à ne pas vouloir se conserver. » « C'est sur tout être vivant qu'on peut montrer le plus exactement qu'il fait tout ce qu'il peut pour ne *point se conserver soi-même*, mais pour devenir *plus* qu'il n'est. » (1)

Mais, si Fouillée a pressenti et comme exposé d'avance la doctrine de Nietzsche, il l'a immédiatement dépassée en la complétant ; il a même réfuté d'avance ce que cette doctrine contient d'incomplet et de négatif. « Les systèmes opposés au précédent, dit-il, qui mettent l'essence de l'être et de l'activité dans la *tendance à changer*, prennent, eux aussi, l'accessoire pour l'essentiel. Changer pour changer est chose inintelligible; car un changement absolu, qui ne laisserait de lui-même aucune trace permanente, serait équivalent au repos absolu. L'être, emporté par une continuelle vicissitude, recommencerait à chaque instant, et ne laisserait aucun résultat de son travail ; en paraissant agir et faire quelque chose, il ne ferait rien ...L'activité, en un mot, n'est ni un avare imbécile qui ne songerait qu'à garder son trésor sans vouloir en faire usage et sans même songer à l'augmenter ; ni un prodigue qui volerait de dépense en dépense sans rien garder, emporté dans une existence mobile et dans un perpétuel changement. » Ces lignes et toutes les pages qui suivent sont une réponse anticipée non pas seulement au mobilisme de Nietzsche, mais aussi à celui de M. Bergson. Comme ce dernier et avant lui, Fouillée avait bien admis le perpétuel « élan de la vie », qu'il appelle d'un nom analogue : « le perpétuel essor en avant de la vie », ou plutôt de la « volonté », dont la vie n'est qu'une manifestation et une forme; mais il ne croyait pas que cet élan ou cet essor

(1) *Volonté de puissance*, § 303.

fût un pur devenir héraclitéen où s'évanouit l'être. Au reste, Fouillée est d'accord d'avance avec Guyau, avec Nietzsche, avec M. Bergson, pour admettre ce que ce dernier appelle une « évolution créatrice ». « S'il n'y a, dit Fouillée, aucune création mécanique, comme aussi aucune annihilation, il n'en est pas moins vrai qu'il y a *création mentale* et morale. — Ce n'est là, direz-vous, que la production d'une forme nouvelle ; mais, si cette forme est un plaisir qui n'existait pas auparavant, une joie, un bonheur et un bonheur durable, n'est-ce pas une chose suffisamment réelle, quoique vous l'appeliez une forme ? Tout à l'heure je souffrais ou j'étais indifférent, maintenant je jouis : les deux états peuvent être équivalents pour la balance et pour la mécanique ; soutiendrez-vous qu'ils sont équivalents pour moi ou pour ma conscience ? Et si, par hypothèse, cette joie était la première qu'un être vivant eût éprouvée, ne marquerait-elle pas, dans le vieil univers, l'apparition d'un bien qui, à lui seul, est *un univers nouveau* ? De même, *une pensée nouvelle* dans la conscience n'est-elle pas un *nouveau monde, alors que dans la balance de la nature physique, elle ne produirait pas la moindre oscillation le moindre dérangement à l'éternel équilibre des deux plateaux* ? » Ainsi se dégage un nouveau principe d'importance manifeste : la possibilité de concilier avec l'équivalence mécanique la non-équivalence qualitative et mentale ou le progrès. C'est ici que se montre l'originalité de Fouillée. Les autres philosophes, sauf Guyau, n'ont pas cherché la synthèse des deux lois d'équivalence et de non-équivalence ; ils ont toujours sacrifié soit l'une, soit l'autre. Ainsi Nietzsche, après avoir parlé de déploiement de puissance, d'élan *au-dessus de soi*, d'activité se *dépassant elle-même*, « dansant par dessus sa propre tête », finit par laisser le triomphe final à l'équivalence mécanique : au nom de la mécanique, des mathématiques et des lois de combinaison des atomes, il prêche le « retour éternel » des mêmes choses, des mêmes événements, le mobilisme circulaire comme la roue d'Ixion. La loi d'équivalence mécanique, dans l'esprit de Nietzsche, oppose son *veto* à la loi du progrès mental indéfini. D'autre part, MM. Boutroux, Bergson, Renouvier et tous les partisans de la contingence admettent bien la possibilité du progrès, mais ils sacrifient volontiers la mécanique, ou le déterminisme, ou enfin, plus généralement, l'*intelligibilité*. Le progrès sort on ne sait d'où, va on ne sait où, se produit on ne sait comment, par la voie d'une contingence inexplicable, d'un hasard ou d'un arbitraire qu'on décore du nom de liberté. Au contraire, Fouillée maintient l'universalité des conditions d'intelligibilité, c'est-à-dire du déterminisme au sens le plus large du mot ; et, comme « l'intelligibilité, quand il s'agit de choses occupant un lieu dans l'espace et dans le temps, devient nécessairement un ensemble de raisons mathématiques et mécaniques », il maintient du côté matériel le mécanisme, sans abandonner, du côté mental, le progrès. Et comment la synthèse des deux peut-elle s'opérer ? Précisément par l'idée-force. Quand le déterminisme arrive à se concevoir et à se diriger lui-même, quand il devient un « auto-déterminisme » intelligent, « il arrive du même coup à concevoir l'*autre* que le réel actuellement obtenu, et même à *concevoir* le *meilleur* que le réel, en un mot l'idéal ». Or, cette conception de l'idéal en est la première réalisation. Si bien que le « déterminisme, devenu intelligent et aimant, se dépasse sans cesse lui-même par la pensée et l'amour du mieux. » De là « le mouvement perpétuel en avant », de là « l'évolution non pas proprement créatrice *ex nihilo*, mais toujours *novatrice* ». Ce n'est pas par l'abandon de l'intelligibilité au profit de la puissance causale que Fouillée obtient le progrès ; c'est par l'indissolubilité de l'intelligibilité et de la causalité, qu'exprime la loi des idées-forces. « Voilà pourquoi, au lieu d'aboutir, comme Schopenhauer et Hartmann, à une philosophie du désespoir, où le monde est livré à la douleur par le mirage de la représentation, et où le salut est dans la volonté de ne plus vivre, dans le nirvâna, la philosophie des idées-forces est une *philosophie de l'espérance*. C'est par l'idée sous toutes ses formes, par la science, par la vertu, par la beauté que nous pouvons espérer le progrès et faire jaillir le mieux non pas de l'inintelligible, mais de l'intelligible et de l'intelligence, qui est en même temps volonté. Nietzsche a voulu, lui aussi, vaincre le pessimisme, mais il s'est arrêté à la puissance, ou plutôt à l'*impuissance* de franchir le cercle du retour éternel. Son prétendu optimisme n'est-il pas le plus triste des pessimismes, qui rappelle le supplice de Tantale ? Toutes les fois qu'on sacrifiera l'intelligence à la volonté sous prétexte de liberté, on retombera dans la mêlée aveugle de la nature, qui ne commence à connaître le vrai progrès que quand elle commence à penser. » (Fragment inédit.)

Par le déploiement de puissance ou d'énergie mentale, Fouillée explique d'une manière aussi ingénieuse qu'originale la vie intérieure et toutes ses opérations. « En fait, dit-il, nous rencontrons toujours quelque borne à notre action. Nous résistons alors à la résistance même, par une sorte d'élasticité. Quand nous avons surmonté l'obstacle, l'excès de la *puissance* sur la résistance tend à se perpétuer : une force auparavant latente est devenue manifeste, comme un soldat qui, de la réserve, est appelé à l'activité. La somme de travail effectif se trouve donc accrue : *la puissance tend vers l'infini*, et la résistance, par cela même, tend vers zéro. C'est ce qu'on a appelé l'habitude. » (1) Agir, c'est produire du *nouveau* sous quelque rapport, c'est s'*accroître*, tout au moins en durée et le plus souvent en intensité ; agir, c'est donc s'habituer, se délivrer des *obstacles*, affirmer par le fait même son *indépendance* et, en un mot, tendre à la liberté... Qu'est-ce, en effet, que le *succès* et l'*affranchissement de tout obstacle*, de toute limite, de toute dépendance, sinon la liberté même au sens à la fois le plus précis et le plus large du mot ? » (2).

(1) *La Liberté et le Déterminisme*, 1re édition.
(2) *Ibid.*

La sensibilité, selon Fouillée, peut être considérée « comme une simple fonction et évolution de la volonté ». « Nous exprimons avec justesse notre joie en disant : je me *sens vivre* et je me sens *agir*. » « Il y a dans la peine, comme le mot l'indique, *travail* et *effort*, par conséquent activité. » (1)

Quant aux fonctions intellectuelles, ordinairement attribuées à des facultés spéciales, ne pourraient-elles s'expliquer, en grande partie, « par la *volonté consciente de sa puissance indéfinie* et de ses actes plus ou moins limités ? *Penser* n'est peut-être pas autre chose qu'*agir avec le sentiment de cette action et des bornes qu'elle rencontre* ». Formule d'importance capitale, qui dépasse l'intellectualisme et pose le volontarisme. « L'infériorité de nos actes effectifs par rapport à notre *puissance* efficace, la dépendance de l'action déterminée, qui la rend inadéquate à l'action déterminante, donne à notre activité sentante et consciente, le caractère d'une *tendance* toujours incomplètement réalisée, d'un *effort*, d'une *aspiration* ou d'un désir. » Dès lors, Fouillée n'a pas besoin de rien ajouter pour obtenir l'opération préliminaire à tout travail intellectuel : l'attention. Il explique de même les diverses opérations intellectuelles par le sentiment de la puissance et de son déploiement. La « généralité », par exemple, selon une de ses théories les plus originales, est le sentiment de notre puissance débordant l'image actuelle : « l'affirmation » est « l'*élan* par lequel je tends à persévérer dans une direction quelconque ». L'idée générale s'accompagne de tendances motrices et même de mouvements commencés. « L'induction » est une *énergie subjective* produisant croyance : « la volonté ressemble à la *force* d'un courant, et la croyance à sa *vitesse*. L'une engendre l'autre : croire, au fond, c'est sentir sa *puissance de vouloir et d'agir*, c'est en faire à la fois l'*exertion* et l'*assertion* »... « Si tout pouvait dépendre de moi, je tiendrais pour ainsi dire à ma

(1) *Ibid.*

disposition la *vérité* des choses avec leur *réalité*. » (1)

Fouillée, en ces pages, se montre le devancier des pragmatistes, en tout ce que leur doctrine a d'acceptable. Et ce n'est là, dans la *Liberté et le Déterminisme*, qu'un seul chapitre, mais fécond. Dans la seconde édition, Fouillée fut obligé d'en retrancher une notable partie pour faire place à de nombreuses additions. Plus tard, il remit à la fin du volume les pages où se trouvait résumé par avance le mouvement d'idées contemporain. Dans la *Morale des idées-forces*, à la volonté de puissance Fouillée substitua la volonté de conscience, qui enveloppe à la fois la volonté d'intelligence, de puissance et de jouissance. « Ce qui persiste en nous, c'est la volonté d'action et de joie la plus complète et la plus durable, c'est-à-dire de bonheur. » (2) Déjà, dans la *Psychologie des Idées-forces*, Fouillée avait développé et appliqué à tous les problèmes les notions d'*énergie mentale* et de *processus moteurs* manifestant cette énergie, dont le fond est *appétition*.

(1) *Ibid.*
(2) *Morale des Idées-forces*, livre Ier, chap. II.

CHAPITRE VI

L'ÉVOLUTIONNISME DES IDÉES-FORCES

I. — Formule d'effets, non de causes, l'évolution n'est pas une explication, mais la chose à expliquer. « Croire rendre compte des choses en disant : elles évoluent, c'est croire rendre compte de l'existence humaine en disant : les hommes passent par l'enfance, l'âge mûr, la vieillesse, puis meurent : la question est précisément de savoir *pourquoi* les êtres vivants croissent, puis déclinent. L'explication radicale ne peut être que de trois choses l'une : ou mécanique, par les lois du *mouvement*, ou psychique, par les lois de l'*appétition*, ou agnostique et mystique, par l'*inconnaissable*. Spencer a fait un mélange fâcheux du premier point de vue et du dernier, sans approfondir le côté psychique. Son évolutionnisme agnostique n'est pas une explication ; son évolutionnisme mécaniste n'est valable que pour les objets en tant qu'étendus et mobiles. Un évolutionnisme à facteurs psychiques est nécessaire. » (1)

Darwin, selon Fouillée, se montrait, au fond, plus philosophe que Spencer lorsqu'il considérait l'évolution comme un phénomène *à expliquer* par des relations plus fondamentales, telles que la sélection naturelle résultant de la concurrence pour la vie. La *concurrence pour la vie* est un principe plus profond que le

(1) *Le Mouvement positiviste*, pp. 28 et 29.

mécanisme, parce que la *vie* se rapproche davantage de l'action et de la passion. Si les espèces se produisent et prennent telles ou telles formes, ce n'est pas, en quelque sorte, pour les beaux yeux de la loi d'évolution ni pour le plaisir de passer de l'homogène à l'hétérogène ; les espèces se produisent parce que les cellules et les organismes ont faim ; et ils ont faim parce qu'ils ont des appétitions, parce qu'ils agissent et pâtissent, parce qu'ils font *effort* et souffrent (1). Le darwinisme peut s'interpréter plus psychologiquement que le mécanisme de Spencer. Au lieu de voir dans les lois biologiques ou psychologiques des complications de lois mécaniques, le darwinisme nous invite plutôt, par le spectacle de la lutte pour la *vie*, à comprendre le mécanisme lui-même comme une forme de cette lutte pour la vie, qui se résout à son tour en lutte *pour la moindre peine et le plus grand bien-être*, c'est-à-dire en lutte d'appétitions et de *volontés*. Il est temps qu'un évolutionnisme à facteurs psychiques remplace l'autre. Ce sera l'évolutionnisme des idées-forces.

L'expression idée-force a pour but de faire comprendre qu'il n'y a point de véritable *idée*, digne de ce nom, de véritable système perceptif et représentatif, qui ne soit en même temps un système appétitif et moteur, une *énergie virtuelle* et même, dès qu'elle est conçue, déjà *actuelle*. Fouillée emploie le terme de force en un sens large et plus que mécanique, pour insister sur le côté *actif* de nos idées ou formes de conscience. Actif signifie : *capable de produire du changement*. L'*idée-force* est une formule commode et synthétique, qui résume : 1º les résultats acquis à la science dans la théorie purement scientifique de la volonté ; 2º les conclusions systématiques qu'en peut tirer, selon Fouillée, la philosophie générale. La force (ou pouvoir conditionnant) de l'idée, doit d'ailleurs

(1) Voir, sur ce point le *Mouvement positiviste*, les *Éléments sociologiques de la morale*, introduction et ch. III, la *Morale des Idées-forces*, préface, chap. 1er ; enfin la *Pensée et les nouvelles écoles anti-intellectualistes*, livre troisième, chap. 1er : « L'évolutionnisme à facteurs psychiques ».

s'entendre en un triple sens : *psychologique, physiologique, philosophique*. Au point de vue psychologique, Fouillée a maintes fois rappelé cette loi incontestable, dont les conséquences sont sans nombre : *toute idée enveloppant un élément impulsif, nulle idée n'est un état simplement représentatif*, lequel ne serait qu'un extrait et un abstrait du vrai fait de conscience. Tout état ou changement psychique est un « processus concret et intégral » de la conscience. De cette loi générale des idées-forces résultent deux lois particulières qui en sont les corollaires. En effet, toutes les formes de détermination de la conscience, toutes les images et idées, au sens large de ce mot, à plus forte raison les idées morales et sentiments moraux ont une double puissance de *réalisation* : 1° Par l'*impulsion* spontanée ou réfléchie que les idées supposent ; 2° par leur *projection* au dehors sous forme d'*objet*. En d'autres termes, toute idée s'*extériorise* par une *action* plus ou moins complète qui la traduit au dehors et par la *conception* simultanée de quelque *objet extérieur*. Ces deux modes de réalisation, en acte et en pensée, sont un même événement sous deux aspects connexes, l'un impulsif et volontaire, l'autre représentatif et intellectuel (1).

Au point de vue physiologique (inséparable du précédent), rappelons que la loi des idées-forces n'implique pas une action directe qu'elles exerceraient *mécaniquement* ; il y a simplement un *rapport* nécessaire de coordination et d'harmonie entre le physique et le psychique. Ce rapport peut s'exprimer ainsi : Tout état de conscience plus ou moins distinct et représentatif, toute idée, au sens cartésien et spinosiste, est liée physiologiquement *à un mouvement conforme, lequel, s'il n'est pas empêché, exprime l'idée au dehors*. Il en résulte cette autre loi : « *Une idée qui, par hypothèse, serait seule, se réaliserait par cela même en mouvements.* » Il y aurait alors du même coup : 1° *projection motrice de l'image* ; 2° *croyance à sa réalité*. En fait, il y a toujours quelque conflit d'idées multiples et

(1) *Eléments sociologiques de la morale*, p. 25.

diverses, qui est un conflit d'appétitions et de tendances motrices, mais l'idée-force dominante se subordonne à la fin toutes les autres. De là une direction ou adaptation de mouvements, d'abord dans le cerveau, puis, secondairement, dans les muscles (1). Quand l'appétition rencontre un obstacle ou quand elle se trouve en conflit avec quelque autre appétition, le résultat est un *arrêt*, une *inhibition* de *mouvements* visibles, qui permet aux mouvements intestins et invisibles du cerveau de se produire. Le corrélatif mental de ce phénomène est la pensée plus ou moins réfléchie, l'*idée* proprement dite, au sens étroit du mot. L'idée marque ainsi *un point nodal entre plusieurs appétitions ou tendances motrices en conflit*. Enfin, « comme l'activité est sans cesse *mobile*, l'idée elle-même n'est jamais un tout achevé, clairement délimité et renfermé sur soi ; c'est quelque chose qui, en tant que pensée mouvante, est en perpétuel développement ou *devenir*. » Toutefois, pour la commodité de l'analyse et de la synthèse, le langage donne une fixité de forme aux idées et les emprisonne dans les cadres des *mots*.

Fouillée est loin, on le voit, d'admettre un pur intellectualisme, puisque l'idée est, à ses yeux, essentiellement appétition, tendance devenue consciente de soi et de ses limites ; de plus, il admet que, sous les idées claires, il y a toujours des *tendances motrices* profondes qu'on ne peut expliquer ni par des *sensations*, ni par des *représentations* claires elles-mêmes et plus ou moins représentatives d'objets externes. Sensations et représentations objectives sont l'occasion du déploiement de ces tendances, mais n'en expriment jamais tout le contenu. Les tendances semblent, en d'autres termes, irréductibles soit à des sensations ou images externes, soit à des idées complètement analysables : en conséquence, elles ne peuvent être, d'une manière adéquate, traduites extérieurement en langage d'entendement. C'est ce qui est manifeste pour nos tendances les plus intimes et les plus dominatrices.

(1) *Ibid.*, page 26.

L'amour, par exemple, est, pour l'esprit, incomplètement analysable, et c'est peut-être par son côté inanalysable qu'il est le plus *fort* (1). Malgré cela, au point de vue psychologique, cette difficulté de traduire nos états de conscience les plus profonds en idées claires, en représentations et comme en dessins précis de conscience, ne les empêche pas d'être toujours, eux aussi, des directions plus ou moins nettes de la *vie consciente ou subconsciente*, des formes complexes d'existence intérieure, qui, par leur complexité même et leur confusion synthétique, échappent aux classifications tranchées de l'analyse réfléchie et conceptuelle. Souvent aussi l'organisme joue le grand rôle : c'est alors l'état des viscères ou du système nerveux qui accumule de la force dans une certaine direction plus ou moins vaguement déterminée, laquelle se précise dès que surgit l'idée d'un objet capable de satisfaire la tendance en lui servant de point d'application ; mais, à y regarder de près, jusque dans les tendances obscures et dans les sentiments vagues, il y a déjà des éléments perceptifs et représentatifs, quoique confus et mêlés en une synthèse complexe ; il y a des *idées* en germe.

De cette confusion primitive qui est la vie végétative ou animale, peut et doit sortir la vie rationnelle, la vie non plus seulement *en soi*, mais *pour soi* et *pour autrui* ; et c'est celle-ci, selon Fouillée, qui est seule morale et sociale. Or, cette vie est celle des *idées* proprement dites. La moralité et la socialité, en effet, consistent à ramener sous des idées définies nos appétitions, sentiments, tendances indéfinies : il n'y a *règle* que là où il y a *idée*.

II. — La thèse de l'idée sans force et sans action semblait à Fouillée une séparation artificielle introduite dans les fonctions psychiques : elle nous ramène à la vieille théorie des facultés. La volonté séparée de tout élément d'intelligence est absolument indéfinissable et insaisissable : vouloir, c'est tendre, mais tendre *à quoi* ? tendre *comment* ? Il n'y a pas de tendance

(1) *Ibid.*

en l'air et sans *objet* ; or cet objet, chez un être conscient, est toujours plus ou moins vaguement *représenté* ou *représentable*, sans quoi cet être n'aurait pas conscience de *telle* tendance plutôt que de *telle* autre. La chose est plus évidente encore quand Schopenhauer parle de désir, car tout *désir* enveloppe une représentation quelconque. Quant à l'état de *sensibilité*, il a nécessairement tel *degré* d'intensité, telle *forme*, enfin tel *ton* sensitif (pour parler comme les Allemands) ; or le degré, la forme, le ton sont des différenciations immédiatement saisies par la conscience et qui peuvent servir de base à des distinctions intellectuelles ou « discriminations ». Un plaisir ou une douleur enveloppent donc toujours des représentations plus ou moins indistinctes, prêtes à monter au seuil de la conscience, qui font qu'il y a *tel* état et non tel autre, que cet état est la faim « non la soif, qu'il est l'appétit sexuel, qu'il est une brûlure, etc. Quand il s'agit de *sentiments* proprement dits, c'est-à-dire de plaisirs et douleurs d'ordre intellectuel, l'intervention de la représentation et de l'idée est encore plus manifeste. Aimer sa famille, sa patrie, aimer l'honneur, aimer l'argent, etc., tout cela n'est tel sentiment que grâce à l'idée qui le définit. » (1) Il n'y a pas non plus d'« intuition » déterminée et distincte qui ne soit, *ipso facto*, une idée. Faire appel à des intuitions, c'est réellement faire appel à des idées enveloppant le sentiment de la vie et de la volonté, ainsi que de leurs objets extérieurs.

De même que tout sentiment déterminé et toute intuition impliquent un élément représentatif, de même toute représentation, pour être distinguée des autres, pour être aperçue et distinctement consciente, a besoin d'une certaine *attention*, d'une concentration dynamique aboutissant à un *arrêt de mouvement* d'une part, à une *libération de mouvement d'autre part*. C'est une des raisons pour lesquelles la représentation est toujours *active* et *volitive*, vivante appétition en même

(1) *Eléments sociologiques de la morale, ibid.*

temps que perception ou concept. Ni la volonté n'a de sens en dehors de la représentation, ni la représentation n'a de sens en dehors de la volonté. L'opposition entre la volonté et l'intelligence, chez Schopenhauer et ses imitateurs, est un reste de dualisme métaphysique.

III. — La force que les idées manifestent, dans l'individu et surtout dans la société, est une force non seulement *impulsive*, mais *modificatrice* des choses, *constructive* même et *créatrice*. Une telle force est sans doute moins visible que celle des intérêts et des passions, dont la puissance éclate aux yeux et produit des transformations matérielles faciles à constater ; mais elle est plus profonde et plus durable, s'exerçant dans l'ordre spirituel. L'idée, en effet, exprime non un état particulier et passager du système nerveux, mais une modification acquise, qui, par l'éducation, la vie en commun et la sympathie, devient le patrimoine d'une société entière.

On objectera peut-être que, plus la représentation s'éloigne de la sensation pure, comme dans l'idée morale et sociale, plus l'élément moteur perd d'importance et d'efficacité pratique. — Oui, répond Fouillée, quand vous ne considérez l'idée que dans les effets qu'elle pourrait produire *si elle était seule* et sans rapport avec d'autres idées. L'idée de devoir, l'idée d'honneur, l'idée de patrie, en tant que purs concepts abstraits et abstraitement considérés, ne mettent pas en branle tout notre être ; mais, quand elles surgissent au cours de la *vie*, dans un cas concret, d'une action à accomplir ou en train de s'accomplir, leur relation avec la masse de nos autres idées, de nos sentiments, de notre caractère, leur communique une *force impulsive ou inhibitive* qui est considérable. Cette force tire sans doute son origine, en grande partie, du caractère même, mais, quand l'idée se trouve précisément en harmonie avec le caractère constitutif qui fait notre vie propre, elle devient comme la clef sans laquelle rien ne peut entrer ou sortir. De plus, ce que cette clef ouvre à l'individu, c'est le monde social ; le « caractère individuel » est mis par elle en rapport avec la totalité des autres caractères qui, en se combinant, forment la patrie et l'humanité. Comment de pareilles idées demeureraient-elles sans force ? (1)

Aussi les idées *abstraites*, qu'on prétend incapables de mouvoir un fétu, se montrent souvent plus puissantes encore que les autres, par la force latente qu'elles ont extraite de tout le reste, emmagasinée, rendue prête pour l'action. Dégagées des « contingences » de temps, de lieu, de personnes, elles survivent aux circonstances où elles sont nées. Quant aux idées *générales*, elles acquièrent aussi une fixité singulière, parce qu'elles ne représentent plus des impressions momentanées et fugitives : elles répondent à un élément stable de la constitution mentale, à un élément stable de la constitution des choses. Par cela même, de *générales*, elles deviennent facilement *collectives* : elles sont partagées par un grand nombre d'hommes. Comme une série de sensations particulières trouve son point de coïncidence dans l'idée générale, qui résume ainsi une série d'événements extérieurs, de même une série d'esprits particuliers « coïncide dans l'idée générale et y forme société. » Les plus *générales* des idées, devenant les plus sociales, deviennent aussi, comme Fouillée l'a souvent répété, les plus *généreuses*. Elles exercent dès lors une influence prépondérante sur le développement de la société et sur les formes sociales qui en résultent.

Fouillée ne méconnaît pas que, si des idées morales nouvelles, comme celles du christianisme, ont pu réussir, se propager, construire une société nouvelle, c'est qu'elles répondaient, dans le fond, à un *besoin*. Mais ce n'était pas seulement un besoin économique, comme le soutient Marx : c'était un besoin social et moral. Mille aspirations intellectuelles et sentimentales, enveloppant des idées vagues, des croyances indécises, trouvaient dans le christianisme leur satisfaction. Le succès d'une doctrine morale ou religieuse, à coup sûr, n'est pas l'œuvre exclusive du raisonnement philo-

(1) *Éléments sociologiques de la morale*, ibid.

sophique : on peut ne pas professer les mêmes *théories* et s'accorder dans les mêmes *pratiques ;* mais ce n'est là qu'un état provisoire de la pensée et du sentiment. Dans nos sociétés de plus en plus éclairées, les hommes ne peuvent s'unir d'une manière solide et durable en faisant abstraction de leurs idées et doctrines ; ils ne peuvent vraiment fraterniser sans savoir pour quel but, par quels moyens, et même, grâce à un *besoin logique* de plus en plus irrésistible, en vertu de quels principes (1).

Fortes pour élever, construire et créer, les idées ne le sont pas moins, selon Fouillée, pour renverser et détruire. « Elles peuvent même, chez les individus et les sociétés, être un agent de démoralisation, non moins que de moralisation. Notre époque troublée en est un frappant exemple. » Il est difficile de contester l'influence dissolvante de l'analyse, sur laquelle Mill et Guyau avaient tant insisté.

D'après tout ce qui précède, on interprète à faux la théorie des idées-forces toutes les fois qu'on l'interprète, soit dans le sens du pur intellectualisme, soit dans celui du pur volontarisme. Si vous dites : une *idée*, comme telle, ne peut agir, c'est que vous entendez par idée, avec les intellectualistes et avec Spencer, une simple modification superficielle de l'entendement, sans rien de plus ; or, la théorie des idées-forces a précisément pour but de rejeter une telle notion ; elle prend le mot *idée* au sens d'un « état *complet* de la conscience, réfléchi sur soi et se rendant compte de lui-même. » *Idée-force* ne signifie pas qu'il existe des états purement intellectuels qui seraient pourtant doués d'énergie. Etrange contradiction qu'on prêterait à celui qui la repoussa toujours ; des représentations pures, simples reflets qui seraient cependant des tendances efficaces ! C'est juste l'opposé de la doctrine de Fouillée. Toute la psychologie des idées-forces consiste précisément à réunir ce qu'on sépare, à montrer que l'idée est une direction déterminée, une forme déterminée de l'émotion et de l'appétition, qui, sans cette direction et

(1) *Les Eléments sociologiques de la morale, ibid.*

cette forme, seraient inactives ou n'agiraient qu'au hasard, globalement, sans but déterminé. « Si le danger de mort couru par ma mère, qu'un télégramme m'annonce, m'émeut et me fait agir, c'est précisément parce que l'idée de ma mère fait déjà partie de ma conscience comme un *élément intégrant* et *actif*, comme une force toute prête à l'*exertion*; l'idée de ma mère est donc une idée-force, toute chargée d'avance d'émotions et d'impulsions prêtes à éclater au dehors. Cette idée est un tissu de représentations et de tendances qui, tout en répondant à un être autre que moi, sont cependant encore moi-même et sont une partie de ma vie intime. » Les processus dits idéo-moteurs révèlent ainsi des organisations permanentes de représentations et d'impulsions au sein de notre conscience et de notre cerveau. Ne nous figurons pas les faits mentaux sous l'aspect *associationniste* et *mécaniste*: ici une idée isolée, comme un côté de parallélogramme, là un sentiment isolé, comme un autre côté, puis une combinaison ou une résultante selon la diagonale. Les images géométriques ne sont que des symboles de la vie interne, où les forces et tendances diverses sont *le moi tout entier en action ou réaction*. Il y a sans doute des idées qui produisent une force de répulsion, non d'attraction, qui tendent ainsi, non à être réalisées, mais à ne pas l'être. Cependant c'est toujours tendre, c'est toujours agir. « Dans les cas d'idées répulsives, il y a deux moments : l'idée est toujours, au premier, un début de mouvements cérébraux en un certain sens, et si les autres idées ou sentiments ne la paralysaient pas, elle suivrait son cours sans inhibition. C'est ce qui a lieu dans le « vertige de l'abîme », dans le *monoïdéisme*. Mais, au second moment, chez l'être sain, l'idée est inhibée, arrêtée, les mouvements corrélatifs sont suspendus par la réaction de toutes nos tendances contre ces actes dont l'idée seule nous inspire horreur. Qu'il s'agisse d'une force inhibitive ou d'une force impulsive, l'idée vivement conçue a donc toujours une force. » (Fragment inédit.)

— Un navire, dira-t-on, n'est pas poussé en avant par son gouvernail. — Mais l'homme n'est pas comme un navire où le gouvernail est distinct de la force motrice ; tout, dans l'être vivant est ramené à l'unité : navire, gouvernail et pilote. Spencer écrivit jadis à Fouillée que, dans l'être vivant, « les yeux ne sont pas l'appareil locomoteur » ; mais, ici encore, « la séparation vient de ce que l'organisme contient des organes différents ; dans la conscience, le *voyant* et l'*agissant* sont un. Voir en agissant, c'est agir avec conscience dans une direction déterminée par la vision, et la vision même entre parmi les facteurs du problème ». *(Ibid.)*

IV. — Au point de vue philosophique, — spéculation sur le fond des choses, — Fouillée a toujours soutenu que la force de l'idée provient de ce que le mental, dont l'idée est la forme pour la conscience, n'est pas un simple *reflet* de mouvements extérieurs, mais est une *condition réelle* du changement et de l'évolution, une *forme de l'énergie universelle*, peut-être même *le fond de l'énergie universelle*. Si la réalité radicale est de nature psychique, non physique, il en résulte que l'idée nous met en rapport avec cette réalité, en possession de cette réalité. Dans tous ses ouvrages, Fouillée a posé et développé ce principe philosophique : *L'idée est la réalité même prenant en nous conscience de son action et de sa causalité.* Dès lors, par la pensée et par la conscience nous sommes en plein dans le réel, non dans le domaine superficiel de la simple représentation. Il n'y a pas *deux mondes* dont l'un serait purement représentatif et conscient, l'autre étranger à la conscience ; par la vie mentale, surtout par la vie *morale*, nous vivons et agissons dans le monde *réel* et *causal*. « Nous ne sommes pas simplement, selon l'étrange conception qui avait prévalu dans la seconde moitié du xixe siècle, des illusions conscientes[1] ». Nous sommes des agents véritables et des causes. Nous n'avons, dit Fouillée, absolument aucune expérience d'une activité

(1) *Eléments sociologiques de la morale*, p. 38.

physique. Là où nous voyons un mouvement, nous inférons la présence d'une activité ou force, mais la notion d'activité vient d'ailleurs, puisque tout mouvement dans l'espace se réduit pour nous à une « perception de changements *effectués* ». Le mouvement n'est que le résultat visible d'énergies « *en train de se déployer* » dans les êtres extérieurs à notre conscience (1).

Cette opposition du changement *effectué* et du changement en *train de s'effectuer* jouera plus tard dans la philosophie de M. Bergson un rôle capital : l'auteur de l'*Evolution créatrice*, comme Fouillée, reprochera à Spencer d'avoir considéré l'évolution *faite* au lieu de considérer l'évolution en train de se faire et d'en montrer le ressort agissant. Ce ressort, selon Fouillée, est l'appétition, fond de la vie.

Non seulement, selon Fouillée, la conscience ne se borne pas à saisir des relations, *mais nous ne connaissons d'autres termes réels que ceux qui sont saisis par la conscience.* « Les réalités extérieures, les *forces* extérieures, en effet, nous échappent et ne sont connues que par leur effet dans notre conscience. Si donc nous avons une prise quelconque sur le réel et sur l'énergie réelle, c'est dans l'état de conscience, c'est dans la sensation ou l'action que nous les saisissons sur le fait ; toute autre *force* est une simple *relation quantitative* établie entre des termes qui, en soi, se dérobent à nous et ne peuvent être conçus que par analogie avec les actions ou passions de notre conscience » (2).

V. — La possibilité d'une réaction, d'une correction et limitation du déterminisme résulte de l'évolutionnisme des idées-forces. « Considérant le déterminisme universel comme un *effet*, non comme un principe, il n'érige plus le déterminisme connu de nous en *mesure absolue de la réalité.* » Tandis que l'évolutionnisme mécanique suspendait la réalité entière au principe de « la *persistance* de l'énergie »,

---

(1) *Evolutionnisme des Idées-forces*, Conclusion.
(2) *Evolutionnisme des Idées-forces*, p. 70 et suivantes.

l'évolutionnisme psychique n'attribue au déterminisme qu'un caractère relatif et admet la « nouveauté perpétuelle des états de conscience. » Par le fait même que nous *pensons* notre activité volontaire et consciente, qui est de nature subjective, nous avons le tort de l'objectiver artificiellement et la représentons comme déterminée tout entière par des lois *autres qu'elle-même*, où elle n'a aucune part : « mais ce n'est pas la loi qui fait vraiment l'action, c'est *l'action qui contribue à faire la loi et s'y exprime* » (1). La loi est « une représentation objective et une traduction déterministe de l'activité », mais, en elle-même, « *l'activité n'est pas l'esclavage d'une loi ; la loi est plutôt sa borne, c'est-à-dire son point de rencontre avec d'autres activités* ». En un mot, le déterminisme extérieur est relatif à la nature intime d'une certaine activité ou d'un ensemble d'activités dont il est l'expression « *et qui peut envelopper plus* que les *lois actuelles* ne nous *révèlent* ». On ne peut donc pas « absorber la puissance causale tout entière dans le mécanisme brut », puisque de cette même puissance causale est sortie la pensée et la volonté, la finalité volontaire des êtres conscients ; on ne peut même pas « l'enfermer tout entière dans les limites de *notre pensée* et de *notre connaissance*... Cette notion d'une puissance capable de fournir plus que notre pensée ne conçoit frappe d'un caractère provisoire *toutes les formes actuelles du déterminisme*, au lieu de les ériger en quelque chose de *définitif* et d'*infranchissable*. Le monde présent n'est qu'une *manifestation partielle* et *transitoire* de la *causalité*, et nous ne pouvons mesurer la causalité entière à notre expérience présente » (2). Ainsi, non seulement la philosophie des idées-forces « rectifie et limite le déterminisme, mais elle fonde la possibilité d'un *progrès peut-être indéfini* sous le rapport mental. » Un évolutionnisme purement mécanique, au contraire, « renfermant l'action du mental

---

(1) *Ibid.* C'est ce que répétera plus tard M. Bergson.
(2) *Evolutionnisme des Idées-forces*, p. LXXX et suivantes.

dans des limites étroites et fixes, ou même niant cette action, *ferme la porte à l'espoir d'un véritable progrès.* » (1)

VI. — L'évolution de la vie mentale dans le monde a-t-elle un *terme* que l'on puisse marquer d'avance ? — « Oui, sans doute, pour telle espèce en particulier, comme l'espèce humaine actuelle, matériellement incapable d'une évolution indéfinie, matériellement vouée à une destruction finale. Mais il n'en résulte pas que l'évolution mentale soit pour cela arrêtée dans le monde, qu'elle ne puisse se poursuivre sous d'autres formes ou par d'autres espèces. On ne pourra jamais ni *penser* la complète annihilation de toute vie mentale dans le monde, ni marquer d'avance une *limite* au développement mental dans le monde ou, en d'autres termes, à la force de réalisation des idées (2). »

Pourquoi l'homme ne pourra-t-il jamais concevoir la complète *annihilation* de toute vie mentale ? — « C'est qu'il faudrait pour cela retirer à notre conception du monde *tout élément emprunté à notre pensée même et à notre conscience* ; or c'est chose impossible ; car, une fois ce *vide mental* opéré, il ne resterait plus rien, pas même de physique (3). Aussi la philosophie aboutira-t-elle toujours et nécessairement à *l'animation universelle*, sous une forme ou sous une autre. Nous ne pourrons jamais nous représenter le monde que d'après ce que nous trouvons en nous-mêmes de vivant et de conscient : puisque nous sommes le produit du monde, qui nous fait à son image et à sa ressemblance, il faut bien qu'il y ait dans le grand tout ce qui est en nous. De là l'impossibilité pour un être *vivant, sentant, pensant*, de concevoir un monde où ne subsisterait rien de la vie, du sentiment, de la pensée ; un monde mentalement mort, sans trace *d'énergie psychique*, serait aussi physiquement mort :

---

(1) *Ibid*, p. LXXX.
(2) M. Bergson montrera plus tard, à son tour, à la fin de l'*Evolution créatrice*, que le néant ne peut se penser et consiste dans la simple substitution d'un élément de la conscience à un autre.
(3) *Evolutionnisme des Idées-forces*, p. LXXX.

ce ne serait plus qu'une abstraction et conséquemment encore une pensée. » (1)

VII. — Quand le mécanisme arrive à se faire finalité intelligente, il acquiert la principale chance dans le combat pour la vie ou pour l'accroissement de la vie sous toutes ses formes. A ce titre, la conscience devient un « facteur capital de la sélection » (2).

La conscience, chez l'homme, est un moyen de réalisation pour les idéaux, qui, sans elle, fussent demeurés de simples *idéaux* ou ne seraient passés à l'acte que par un accident heureux. Si je conçois l'idéal, cette conception réagit sur le mécanisme qui déroulait auparavant sa fatalité rectiligne ; elle change sa direction, le rend plus flexible, plus voisin de la liberté même. En un mot, la conscience est une force *d'objectivation extérieure*. « Si on veut la comparer à la lumière éclairant une machine, il faut alors supposer une machine où la lumière même, en tombant sur une plaque daguerrienne sensible à ses rayons, produirait des réactions chimiques, lesquelles finiraient par se transformer en mouvement visible et par changer la direction de la machine. Ainsi, dans la boîte de Grove, un rayon de lumière produit successivement action chimique, chaleur, électricité, magnétisme, et fait mouvoir l'aiguille sur le cadran. »

En même temps que l'idée est une force de réalisation et d'objectivation extérieures sous la forme de la *volition*, elle est une force d'objectivation interne sous la forme de l'*affirmation*. Toute idée, en effet, si par hypothèse elle est seule, *s'affirme* et affirme son *objet*. C'est par la conscience même de notre action et des bornes qu'elle rencontre, c'est-à-dire par l'*idée*, que nous arrivons à concevoir d'autres êtres

(1) *Evolutionnisme des Idées-forces*, p. LXXX et suivantes.
(2) Les mêmes idées ont été reprises par MM. James, Boutroux et Bergson. Seulement, au déterminisme relatif, mouvant et évolutif de Fouillée, ils ont substitué un indéterminisme qui semble d'abord absolu, mais qui ne pourrait l'être sans perdre toute signification et toute application, toute valeur théorique et toute efficacité pratique. Ce serait là, selon Fouillée, engloutir la philosophie dans l'insaisissable, dans l'inexprimable et dans l'incommunicable. *Ibid.*

que nous, des *objets*, que nous projetons en ces objets quelque chose de nous-mêmes, que nous en affirmons certaines qualités ou certains rapports. « Sans la conscience il pourrait peut-être y avoir dans le monde de la réalité, mais il n'y aurait pas de *vérité* ni de *science*. » Donc, « quand même on admettrait ce paradoxe que, sans la conscience, tous les savants auraient fait les mêmes découvertes et formulé les mêmes lois, il manquerait toujours à ce mécanisme la *science* proprement dite, c'est-à-dire l'*affirmation* des rapports universels » (1). Cette argumentation de Fouillée est décisive.

Fouillée va plus loin. Il se demande si la *réalité* du monde serait la même *sans la pensée* qu'avec la pensée, sans le sentiment et le désir qu'avec le sentiment et le désir ? « N'est-ce point encore un pur préjugé, quoique invétéré, de croire que la vie consciente ait la fonction toute passive et superflue de refléter, à la façon d'un miroir, un monde réel qui serait *complet* en *existence* et en *fonction* indépendamment de tout état de conscience ? » Au contraire, les *choses* ne sont dans la *plénitude de l'existence* que quand elles forment, « *avec la vie intérieure de la conscience et en relation avec la conscience*, des parties inséparables de ce tout auquel seul nous pouvons attribuer l'entière *réalité*. D'une part, les choses ne sont pas simplement des modes d'appréhension d'esprits *particuliers*, le monde extérieur n'est pas l'illusion spectrale ou la projection d'esprits *individuels* ; mais, d'autre part, « *rien ne prouve que l'existence des choses soit un fait consommé, complet, à part de l'existence d'un élément universel de pensée, de sentiment, de conscience.* » Si nous voulons nous faire une idée véritable du *complet* et du *réel*, « il ne faut pas en éliminer précisément ce qui achève le réel, ce qui le fait exister *pour soi-même*, il ne faut pas nous en tenir à ce qu'il y a de plus incomplet et de plus rudimentaire, à ce que nous nommons la matière brute, au lieu de considérer ce qu'il y a de plus achevé en existence, la *vie cons-*

(1) *Évolutionnisme des Idées-forces*, introduction. *Ibid.*

ciente » (1). Ainsi se poursuit la réfutation du mécanisme exclusif.

Dans l'importante conclusion de l'*Evolutionnisme des Idées-forces*, l'auteur, avant M. Bergson, rétablit le point de vue *qualitatif* et la *hiérarchie* dans le déterminisme universel. Il montre 1° comment « notre représentation de l'univers et de nous-mêmes est *relative à nos moyens de sentir et variable selon ces moyens* »; 2° comment nos explications des phénomènes « sont des *transpositions d'un de nos sens à l'autre.* » Puis il établit la hiérarchie des sens ; il détermine le sens le plus fondamental et les éléments qui lui donnent ce caractère. Enfin il établit la hiérarchie du physique et du psychique. Il substitue au « double aspect » de Taine *une seule réalité analogue au mental, avec aspect mécanique.* Il en conclut la supériorité *philosophique* de l'expérience interne sur l'expérience externe, comme révélation de la réalité intégrale (2).

La question est si grave et elle est traitée avec tant de profondeur que nous y devons insister. En fait, parmi nos sensations, les plus fondamentales sont celles de résistance ; parmi nos réactions, les plus fondamentales sont celles de *l'appétit* interne et de la *motion* externe. De là pour nous, étant donnée notre organisation actuelle avec son évolution passée, la nécessité de concevoir philosophiquement le monde comme *appétit* et *sensation.* « Si donc le tact est plus essentiel que les autres sens, ce n'est pas à cause de la nature spécifique des sensations qu'il fournit ; mais, d'abord, il est plus étroitement associé pour nous à l'idée de *deux actions* contraires *qui résistent l'une à l'autre;* puis, il intéresse directement *l'appétit* en lui manifestant un contact *immédiat* qui menace ou favorise, un danger présent ou un secours présent : les autres sens, eux, voient les choses de loin et par de nombreux intermédiaires. » Ils ont une portée moins *vitale.*

(1) *Evolutionnisme des Idées-forces*, p. 277 et suivantes.
(2) *Ibid.*

D'hypothèse en hypothèse, la conception de l'univers la plus radicale à laquelle Fouillée arrive est celle de *pressions* et de *résistances*, ou *plutôt d'actions et de réactions*. Le mouvement, comme déplacement dans l'espace, n'est que le signe de ces rapports plus intimes ; et, *s'il se représente toujours sous forme visuelle et tactile, c'est parce que ce sont là les formes où s'étalent le mieux les éléments divers de la représentation, projetés sur le tableau de l'espace.* « Mais le savant qui s'imagine avoir expliqué radicalement et philosophiquement la nature en la ramenant à des mouvements, ressemble à un homme qui croirait avoir tout lu et approfondi parce qu'il aurait rangé tous ses livres en bon ordre dans sa bibliothèque, selon la classification la plus immédiatement intelligible et la plus commode. » (1)

VIII. — Après avoir ainsi montré la hiérarchie des sens, selon leur rapport plus ou moins immédiat à l'activité et à l'appétit, fond de la vie, Fouillée examine si le physique, objet des sens externes, et le mental, objet de la conscience, ont, dans la réalité, la même valeur et le même rang. La balance est-elle égale jusqu'au bout entre le physique et le psychique ?

En premier lieu, Fouillée se demande si les changements psychiques sont la complication des changements physiques, ou si ce ne sont pas, au contraire, les seconds qui sont la *simplification* et *l'extrait* des premiers. Or, les changements internes sont beaucoup plus *riches* que les changements externes : ils ont lieu entre des *extrêmes* beaucoup plus *divers* et par des processus beaucoup plus diversifiés. Sous le rapport *qualitatif* et sous celui de la *causalité* active, telle que nous pouvons la concevoir, le mouvement extérieur n'est pour nous qu'un extrait du mouvement intérieur, et il n'est saisissable que sous la forme d'un *changement dans nos sensations intérieures de la vue, du tact et des muscles*. Eliminez ces sensations, le mouvement ne contient plus rien que vous puissiez concevoir : il devient

(1) *Evolutionnisme des Idées-forces. Ibid.*

un changement de rapports dans l'espace entre des termes absolument irreprésentables, qui ne sont plus ni visibles, ni tangibles, ni réductibles à quelque sensation d'effort. Le changement même dans l'espace ne se comprend que sous la forme subjective et dynamique de changement intérieur, « car qu'y a-t-il de plus immobile que le cadre de l'espace, tout statique ? » Pour y introduire un *changement*, « *il faut y mettre quelque chose de soi et de la conscience qu'on a de changer, c'est-à-dire d'éprouver diverses sensations successives qu'on réunit sous une même pensée présente.* La *perception* même du mouvement extérieur n'est, au fond, qu'un souvenir de notre propre *changement* et de notre propre *durée*, retenu et fixé par l'attention. » (1)

En second lieu, les faits subjectifs et conscients, avec leurs lois, sont pour nous les faits *réels* et *certains* ; les faits objectifs et en particulier les faits cérébraux, avec leurs lois, sont seulement « la peinture hypothétique ou le dessin hypothétique des expériences *subjectives* qui pourraient être réalisées par un spectateur imaginaire. « L'observateur que nous avons supposé capable de voir au fond de nos cerveaux apercevrait dans leurs molécules de petits systèmes planétaires, comme disait Ampère ; les mouvements de l'*astronomie cérébrale* lui sembleraient analogues à ceux de l'astronomie céleste, mais il demeurerait toujours en dehors des réalités ; il ne pourrait concevoir ces dernières qu'en se représentant d'autres états subjectifs plus fondamentaux, avec d'autres lois subjectives dont les mouvements visibles ne seraient que la figuration. Ce qui est pour le moi expérience interne, par exemple un plaisir ou une douleur, devient sans doute, pour l'observateur du dehors, changement mécanique, événement *objectif* ; mais la question est de savoir de quel côté est le signe et de quel côté est la chose signifiée? Le signe, c'est le mouvement, avec ses changements de position dans l'espace entre des particules recouvrant quelque chose qui nous échappe ; car tout

(1) *Évolutionnisme des Idées-forces. Ibid.* et ss.

cela est *formel*, extérieur, réductible à de simples *rapports* qui expriment et signifient des relations plus profondes, inaccessibles à l'observateur. La vraie réalité signifiée, au contraire, est dans le mental, puisque ma douleur ou mon plaisir ne peuvent être une pure *apparence*. » (1)

Ainsi, au lieu d'être la *réalité*, le mouvement n'est qu'un mode de *représentation symbolique*, répondant à quelque réalité analogue à ce que saisit en soi-même la conscience, quand elle *se réduit* à ce qu'elle a de plus *rudimentaire* et de plus *pauvre*. Au reste, s'il était vrai que tout, extérieurement, se ramenât à des mouvements transformés, — simples transports à droite de ce qui était à gauche, à gauche de ce qui était à droite, en avant de ce qui était en arrière, en arrière de ce qui était en avant, — comment comprendre que des figures de danse moléculaire tout extérieures, non *accompagnées d'aucun changement interne*, produisissent dans la sensation ces différences profondes et intimes qu'on nomme plaisir et douleur, lumière et ténèbres, son et silence, froid et chaleur, etc. ? « Les *qualités* des choses seraient alors une vraie *création de la conscience*, puisqu'il n'y aurait au dehors que des rapports changeants de *quantités* ; pour n'avoir pas voulu attribuer à la conscience une *efficacité*, on lui attribuerait un pouvoir *créateur*. » Si on objecte une fois de plus que les *qualités* sont des « reflets » dans le miroir de la conscience, alors le reflet sera infiniment plus riche que l'objet reflété : « il sera une *nouveauté* et une *création* par rapport à lui. » Il est bien plus vraisemblable que ce qui se passe en nous est « le prolongement, la condensation, l'exaltation de ce qui se passait déjà au dehors ; c'est une composition et une combinaison de qualités déjà données en leurs éléments distinctifs et caractéristiques. » La sensation de son, par exemple, trie, raffine, amplifie des actions et réactions, des pressions et résistances qui étaient déjà dans le nerf vibrant, et peut-être dans l'air vibrant, et peut-être dans les molécules de la cloche vibrante qui, tout à

(1) *Ibid.*

l'heure, nous semblait absolument étrangère à toute impression ou à toute tension. Quoi qu'il en soit, les objets de la sensation, une fois à part tout le subjectif, tout ce que nous mettons de nous dans la sensation qu'ils causent, ne peuvent se ramener à un simple *mouvement* d'éléments *uniformes* et *identiques* : ils renferment quelque chose de plus et de vraiment *interne* » (1).

La science tend, de nos jours, à interpréter toute différence comme purement *quantitative*, mais la philosophie ne doit pas confondre les conditions d'*intelligibilité* avec les conditions d'*existence*.

Il ne reste d'autre alternative, selon Fouillée, que d'attribuer l'activité au *contenu* de la conscience. « En fait, le mouvement n'est pas d'un côté et l'appétition de l'autre, comme deux courants divers qui tantôt se sépareraient, tantôt viendraient se réunir par accident ; il y a un seul et même *courant, un seul et même changement* qui a lieu dans le *temps* et qui, par cela même qu'il n'est pas solitaire, mais aidé ou favorisé par d'autres changements simultanés, finit par prendre pour nous la forme de l'*étendue*. On a donc tort de couper artificiellement notre être en deux portions : 1º une conscience avec son contenu ; 2º un corps supposé tout à part de cette conscience. » (2) D'un côté, *mon corps ne m'est connu que comme fragment du contenu total de ma conscience*, comme ensemble de signes perceptifs, parmi lesquels, au premier rang, sont les mouvements ; d'autre part, dans la réalité, mon existence corporelle et mon existence psychique ne sont ni séparées ni séparables. La volition et la motion sont donc un même processus, considéré ici du point de vue de la conscience, là du point de vue de la perception. « Dans l'expérience intérieure, je me vois *voulant, agissant*, et agissant sur un milieu qui *résiste ;* je me vois, en un mot, faisant *effort* contre quelque chose ; c'est là une *volition concrète*. » (3)

---

(1) *Evolutionnisme des Idées-forces*, p. 285 et suivantes.
(2) *Evolutionnisme des Idées-forces*, p. 289.
(3) *Ibid.*

Est-il besoin d'insister sur l'importance de ces pages. D'autres philosophes, près de vingt ans plus tard, après avoir repris les arguments de Fouillée contre le pur mécanisme, chercheront à faire de l'évolution une sorte de création en y introduisant des brèches à la *causalité*, en faisant de l'élan vital lui-même quelque chose qui dépasse la causalité. Ils réduiront, pour soutenir une semblable thèse, la causalité à sa forme toute mécanique et spatiale ; et la vie, supérieure selon eux à la causalité même, se confondra alors avec je ne sais quoi d'illogique, d'irrationnel, d'inconcevable, de *nouménal*. On fera de la *vie*, « par une étrange inversion, un principe mystique et supra-naturel ». Au contraire, dans l'évolutionnisme des idées-forces, la causalité déborde et dépasse toutes les formes matérielles et mécaniques, toutes les formes même psychiques que nous pouvons concevoir ; elle transcende nos concepts et nos pensées, mais elle est toujours la *causalité*. L'évolution, tout en étant *dynamique* et *temporelle*, demeure aussi *causale*, « non arbitraire et miraculeuse » ; elle est toujours *réglée* dans la *durée*, quoique « aussi souple et flexible qu'on peut l'imaginer ; elle est *novatrice*, elle est *progressive*, que veut-on de plus ? » Pour aller plus loin, il faut, disait Fouillée « sauter par dessus sa propre pensée, faire un bond au-dessus de la vie en prétendant décrire l'évolution de la vie. »

L'*Evolutionnisme des Idées-forces* fut traduit en allemand à la même époque où l'on traduisait l'*Evolution créatrice*. Les critiques allemands ne manquèrent point de remarquer l'analogie et la différence des deux livres, l'un qui avait été écrit en 1888 et 1889, l'autre qui fut publié en 1907. Dans les deux, c'est l'idée de l'évolution qui est analysée ; avant M. Bergson, Fouillée avait opposé l'évolutionnisme psychique à l'évolutionnisme mécaniste ; avant lui, il avait réfuté l'associationnisme ; avant lui, il avait montré comment l'intelligence « fragmente » le réel pour le comprendre et l'utiliser ; avant lui, il avait montré l'importance du flexible et du *nouveau* dans la *durée* ; avant lui, il avait ramené le déterminisme à une forme relative de représentation des choses ; avant lui, il avait étudié la question de l'*instinct* et aussi celle de l'*effort*. Les Allemands l'ont bien vu : chez Fouillée, l'évolution demeure foncièrement intelligible, du moins pour une conscience qui serait adéquate à l'être, tandïs que, selon M. Bergson, elle est radicalement inintelligible. Tous les deux, opposant le dynamique au statique, le temps à l'espace, veulent sauvegarder la liberté et la nouveauté dans le monde ; mais Fouillée reste dans le domaine de l'expérience ; M. Bergson, en croyant y rester, revient à la conception d'une liberté insaisissable et incompréhensible, analogue, malgré ses intentions, au noumène de Kant ou à la chose en soi de Schopenhauer. Tandis que M. Bergson voit dans l'instinct je ne sais quel mode mystérieux d'intuition radicalement différent de la pensée, Fouillée maintient la pensée et la conscience partout, jusque dans l'instinct, fut-ce à l'état de lueur ; il est essentiellement moniste et ferme la porte au pluralisme des Anglo-Américains. Ou du moins, il suspend le pluralisme lui-même à une unité supérieure, la philosophie étant, par essence, la recherche de l'unité et de l'intelligibilité, non de la pluralité et de l'inintelligibilité. Prendre à la contingence tout ce qu'elle peut renfermer de bon et d'intelligible, en exclure le hasard et l'arbitraire, voilà l'entreprise de Fouillée ; on ne saurait nier l'importance de son effort ainsi que des résultats auxquels il aboutit. « *Evolutionnisme des idées-forces* » signifie : évolution flexible et novatrice parce qu'elle est une auto-détermination indivisiblement vivante et intelligente. Là où Fouillée dit *appétition vitale* et *plus que vitale*, enveloppant « *exertion et assertion de puissance* », d'autres disent *élan vital* et remplacent ainsi toute formule précise par une métaphore indéterminée ; l'appétition peut être un objet d'analyse et devenir de plus en plus intelligible ; l'élan vital est un nom romantique donné à l'inintelligibilité. Fouillée comparait l'élan vital à « l'Inconscient de Hartmann », qui lui semblait mythique.

CHAPITRE VII

CARACTÈRE RELATIF DE LA FINALITÉ ET DE LA CONTINGENCE

LES SYSTÈMES INDÉTERMINISTES

I. Caractère relatif de la finalité comme du mécanisme. — Selon Fouillée, le mécanisme et la finalité sont deux aspects des choses entièrement relatifs à la nature de notre intelligence discursive, que Platon appelait διάνοια. « Il importe de mettre cette relativité en lumière, puisqu'elle a pour conséquence de limiter les affirmations du déterminisme et d'ouvrir à la liberté une perspective plus étendue. » (1) Fouillée s'engageait ainsi de nouveau dans la voie même que devaient suivre plus tard l'auteur de l'*Irréligion de l'avenir*, puis celui de l'*Evolution créatrice*, pour lesquels le mécanisme et la finalité sont également des vues intellectuelles et conceptuelles sur un fond plus intérieur de « vie » en évolution.

En ce qui concerne la série mécanique des choses dans le temps et dans l'espace, nous avons déjà vu qu'elle est une représentation successive, un mouvement de la pensée qui ne s'explique pas par lui-même et appelle un principe supérieur ; « car enfin, pourquoi le mouvement et la succession ? » (2). Il faut bien « qu'il y ait quelque chose de *donné* et d'*immédiat*, condition de tout le reste, — que ce soit matière, esprit,

---
(1) *Liberté et Déterminisme*, 2ᵉ édition 1884, page 261.
(2) *Ibid.*

ou ni l'un ni l'autre.»Pour les partisans d'un mécanisme absolu et exclusif, ce sont les parties qui expliquent le tout, mais comment expliquer les parties mêmes ? Pour les partisans des causes finales, d'autre part, c'est l'*idée* du tout qui explique les parties ; mais comment expliquer et faire agir cette idée même ? « Dans la réalité dernière, il n'y a probablement ni succession mécanique ni succession téléologique, mais *immédiation* : le *principe* du tout, des parties et de leur évolution est immédiatement donné. » (1)

« Le mode de représentation discursive, qui fait le fond des systèmes *cause-finaliers*, ne peut être lui-même la vérité absolue ; c'est un expédient qui repose toujours sur des considérations mécaniques de temps et de quantité. Concevoir la fin comme une *idée* qui est la cause d'une série d'effets, c'est revenir au Démiurge du *Timée*, qui travaille *mécaniquement* la matière tout en contemplant l'idéal ; en d'autres termes, on change la prétendue *fin* en cause efficiente et mécanique, on lui fait *précéder chronologiquement* ses effets, et on retombe dans le mécanisme même d'où on avait voulu sortir. » (2)

C'est précisément ce qui rend si inintelligible le libre arbitre du spiritualisme traditionnel. « Les spiritualistes se représentent d'abord une cause *efficiente* et neutre par elle-même, la volonté, puis *des motifs ou idées qui semblent agir sur elle par impulsion, comme des moteurs étrangers*. L'imagination fait tous les frais de cette conception inexacte et contradictoire, qui n'est qu'un *machinisme* de fantaisie : la finalité, ici, est du *mécanisme à rebours.* » D'autre part, quand l'entendement discursif veut se *représenter* un mode d'action autre que l'impulsion mécanique, un mode plus conforme à la nature d'une cause qui, par hypothèse, serait *première* et métaphysique, il est toujours tenté de substituer à l'impulsion l'attraction, laquelle n'est elle-même qu'un aveu d'ignorance : «il imagine alors

(1) *Liberté et Déterminisme*, 2ᵉ édition, pages 261, 262.
(2) *Ibid.*

une cause finale comme une beauté qui, du sein de son repos, meut les choses par son attrait. » Cette conception d'Aristote et de Ravaisson, qui semble d'abord plus compatible avec la spontanéité, « n'est cependant encore qu'une *représentation* incomplète et métaphorique. »

La vérité, selon Fouillée, est que « le fond impénétrable des choses est au-dessus de toutes ces combinaisons d'une pensée humaine. » (1)

« Ce qui en nous paraît le plus s'en rapprocher, c'est la jouissance immédiate de l'existence et de l'action, dont le bonheur serait l'idéal achèvement. Il y a un point où nous *sentons* immédiatement notre *existence*, où la *vie*, en s'exerçant, jouit d'elle-même. Là il n'y a plus, semble-t-il, une simple *impulsion* mécanique exercée par l'extérieur : c'est un *dedans* et non un *dehors*, c'est le côté psychique, non mécanique. D'autre part, il n'y a pas là non plus une *conception abstraite* d'un bien à venir, d'une *fin* proprement dite : il y a *possession* concrète et *sans intermédiaire* d'une existence qui se sent précisément agir ; il y a *bonheur*. La résistance à ce *bien-être* immédiatement inhérent à l'*être* et à la *vie*, voilà sans doute ce qui produit l'*effort* ; quand l'effort est conscient de ses moyens de satisfaction et les conçoit d'avance, il devient tendance à une *fin*. L'effort intérieur, à son tour, se manifeste par le mouvement extérieur. *Le mouvement ne serait ainsi que la surface de l'effort*, qui lui-même ne serait que le *bien-être* élémentaire luttant pour se maintenir. Or, là où il y a être et bien-être immédiat, il doit y avoir quelque chose de ce que nous nommons affranchissement des obstacles, délivrance, *activité en possession de soi*, liberté. Le bien-être élémentaire peut être appelé une liberté élémentaire ; le bonheur parfait serait parfaite liberté : il impliquerait une existence ou une activité vraiment *absolue, ab soluta*, c'est-à-dire ne rencontrant en dehors de soi rien qui pût lui faire obstacle. » (2) Cette page si profonde annonce ma-

(1) *Liberté et Déterminisme*, 2ᵉ édition, page 262.
(2) *Ibid.*

nifestement l'*Irréligion de l'avenir* et l'*Evolution créatrice*, deux livres où le libre essor de la *vie* est élevé au-dessus du mécanisme et de la finalité comme constitutif de l'existence même et de son évolution. Cet « essor perpétuel de la vie en avant », comme avait dit Fouillée lui-même, devient chez Guyau, nous l'avons vu, « l'expansion de la vie en intensité et en extension », chez Nietzsche, le déploiement de puissance, chez M. Bergson, l'élan vital ; — autant de noms d'un principe de libération et de liberté immanent au monde.

Mais Fouillée ne se dissimule pas le caractère hypothétique des spéculations sur le fond dernier des choses. « Sous ce rapport comme sous tous les autres, l'idée de liberté est essentiellement *problématique*, ainsi que celle de l'absolu avec laquelle elle vient toujours se confondre ; mais elle n'en est pas moins le foyer idéal vers lequel semblent converger nos deux conceptions du mécanisme extérieur et du désir intérieur. Ces deux perspectives différentes tendent vers un même centre, qui serait le bien-être *immédiat*, non plus une série médiate de déplacements dans l'espace ou de moyens échelonnés dans le temps en vue d'une fin préconçue. » Devant ces questions, le métaphysicien se trouve dans le même embarras que le physicien auquel on demande si le mouvement a lieu par choc au contact ou par action à distance : ces deux modes de communication du mouvement sont également incompréhensibles, et il est probable qu'ils sont également faux. « De même, le métaphysicien n'a que deux manières de se figurer l'action : tantôt il se la figure comme un mécanisme qu'on pousse en quelque sorte par derrière ; alors toute activité devient extérieure et le fond universel est inerte, — mystère incompréhensible ; tantôt il se figure l'action comme une recherche de fins ou un attrait, et alors toute activité redevient intérieure sans qu'on puisse concevoir d'action extérieure ; — autre mystère, où s'est perdue la pensée de Leibniz. Pourtant, l'homme croit entrevoir au plus profond de lui-même l'*immédiat* ; est-ce illusion ? La joie du moins n'est pas illusoire, et il semble bien que la joie, la jouissance, le bien-être suppose une possession *actuelle*, immédiate, de l'être par l'être, de l'action par l'action, de la vie par la vie, de la pensée par la pensée. C'est ainsi que le métaphysicien arrive à pressentir, par des conceptions éminemment problématiques, une sorte de *liberté* comme condition de toute *félicité*. Si ce n'est point là la réalité actuelle, c'est du moins l'idéal que nous arrivons à nous proposer, à désirer, à réaliser progressivement par le désir même que nous en avons. Le terme du désir, n'est-ce pas, en effet, d'être affranchi du désir même, c'est-à-dire de l'effort, pour jouir librement de la félicité ? Et d'autre part, n'avons-nous pas vu que le désir, qui se retrouve au fond de l'idée, tend à réaliser son objet en le concevant ? » (1)

II. — *Caractère relatif et apparent de la contingence. Les doctrines indéterministes.* — Après la publication de *La Liberté et le Déterminisme*, Fouillée continua de lutter contre les partisans de la contingence. Il eut avec Renouvier une polémique retentissante. M. Boutroux, qui suivait Lotze et Renouvier, mais en substituant l'empirisme au rationalisme de ce dernier, finit par écrire à Fouillée, qui le pressait de ses objections, que la contingence désignait simplement « une détermination supérieure », une détermination « par des principes supérieurs ». Fouillée trouva que c'était là reconnaître l'universalité de la détermination, donc du déterminisme, non plus mécanique, sans doute, mais psychique et moral. L'idée de contingence ne fait qu'exprimer d'une manière inexacte le caractère relatif commun au mécanisme et à la finalité.

La détermination proprement *scientifique*, qui est la détermination des choses les *unes par les autres*, ne suffit pas à rendre compte de la *réalité*. Pour qui n'admet que le point de vue de la *science* positive, c'est-à-dire le point de vue des rapports, il reste ou semble rester de l'indétermination dans les choses. « Les rap-

(1) *Liberté et Déterminisme*, pp. 203, 204.

ports, en effet, ne s'expliquent pas seuls et surtout n'expliquent pas tout ce qui est intérieur et psychique. Dès lors, ce qui reste indéterminé *pour la science* peut paraître *contingent*, toujours *pour la science*. » (1) Mais le point de vue scientifique n'est pas le point de vue philosophique. « Il n'y a de hasard apparent dans la nature que pour celui qui ne conçoit pas d'autres déterminations que la détermination mécanique ; pour celui-là, une sensation de plaisir ou de douleur est inexplicable et semble ou devrait sembler un je ne sais quoi de contingent, un épiphénomène fortuit en sa nature spécifique, sinon en son point d'apparition. Pour le philosophe, au contraire, ce qui, vu du dehors, comme *donné*, non comme *donnant* et *agissant*, paraît contingence, est réellement, du point de vue interne de l'activité et de la finalité, *détermination supérieure*, enveloppant les déterminations mécaniques et les dépassant. Il faut donc admettre la détermination par l'appétition et par l'idée, la détermination par le mental ou, en un mot, la force du mental. » En montrant que les déterminations mécaniques *seules* laisseraient de l'inexplicable, du contingent, du fortuit, on ne fait que préparer en quelque sorte la place « pour ceux qui attribuent une valeur objective au sentiment de la *détermination par les idées et appétitions*, au sentiment de l'idée-force ou du désir-force. Mais on n'a jamais établi ni la réalité, ni même la possibilité d'une vraie contingence. » (2) Celle-ci serait, comme Kant l'a définie, « ce dont l'opposé contradictoire est possible », possible dans le même temps et dans les mêmes conditions. S'il en est ainsi, M. Boutroux a-t-il le droit de conserver ce mot de contingence, qui désigne la possibilité des contraires au sein de l'indétermination ? Une « détermination supérieure » est d'autant moins ambiguë et moins contingente qu'elle est effectivement *supérieure*. Commettre une lâcheté est plus impossible encore à l'homme de bien, en vertu

(1) *Hist. de la phil.*, 543.
(2) *Histoire de la Philosophie*, p. 543.

de son amour pour le bien, que s'il en était empêché par la force brutale. En somme, dans la Nature, « ou la contingence est vraiment une détermination par voie psychique, et, rentrant alors dans le déterminisme bien entendu, elle n'est plus contingence ; ou elle est vraiment indétermination, et alors elle n'est pas davantage contingence : elle est X ou zéro. » (1)

Lotze, Renouvier et leurs successeurs n'admettent pas que les *mêmes causes* se reproduisent jamais, et ils croient ainsi enlever toute base au principe déterministe que les mêmes causes produisent les mêmes effets. — « Mais, répond Fouillée, le principe de causalité est supérieur à cette conséquence et pose tout aussi bien que des *causes différentes produisent des effets différents*. En tant que semblables, les causes produisent des effets semblables, en tant que dissemblables, des effets dissemblables ; s'il y a du *nouveau*, de *l'hétérogène*, ce nouveau a une cause, cet hétérogène est lié par une raison à l'hétérogène qui le précède. Là encore il n'y a pas le moindre soupçon de contingence. » (2)

La doctrine indéterministe tend à la négation de tout *genre* déterminé, de toute *espèce* déterminée, de toute *catégorie* déterminante, de tout ce qui est fondé sur le retour des choses semblables dans le temps et dans l'espace. « Il ne reste plus, dans ce système, qu'un *flux* mystérieux et fuyant qui a l'air de la *matière* des anciens, un phénoménisme superficiellement conscient et en écoulement perpétuel. » Le nom de liberté que l'on donne à cette vie mobile semble à Fouillée tout ce qu'il y a de plus contestable : « On pourrait encore bien mieux l'appeler la nécessité supra-mécanique et supra-logique, la nécessité métaphysique ou l'abîme insondable de l'être. » (3) Si le mot de nécessité semble encore impliquer de l'intellectuel, disons alors que l'abîme de puissance et de vie est je ne

(1) *Ibid*, 544.
(2) *Histoire de la Philosophie*, p. 543.
(3) *Ibid*.

sais quoi d'aussi indéterminable que le Noumène de Kant ou que la Volonté absolue de Schopenhauer, qui peut être aussi bien « diabolique » que « divine ».

Fouillée eut, à Menton, un long entretien avec M. Bergson sur le parallélisme psycho-physique et ses rapports avec la doctrine de la contingence. Il écrit dans une lettre : — « Quel philosophe que Bergson, tout entier à la science et à la philosophie, travaillant avec une conscience si probe et ne reculant devant aucune fatigue ! Il m'a dit qu'il avait passé je ne sais combien d'années à étudier la physiologie dans les laboratoires ; il avait acquis ainsi la conviction qu'il n'y a point parallélisme entre le mental et le physique, qu'il existe dans le cerveau, considéré comme instrument, une partie *jouable*, dont on peut se servir en un sens comme dans un autre. Cela m'a rappelé les théories de Boussinesq, que j'ai réfutées jadis, Boussinesq, lui, se plaçait au point de vue mathématique pour montrer la possibilité de l'*indétermination*. J'ai fait à Bergson les objections qu'il devait attendre de moi. Je lui ai dit que l'absence de *parallélisme* n'impliquait pas, à mes yeux, l'absence de *corrélation* et de *collaboration* constante entre le cérébral et le mental ; je lui ai dit que, à mon avis, il aurait pu passer plusieurs vies d'hommes dans les laboratoires sans être plus avancé, car on ne pourra jamais constater s'il y a vraiment *indétermination* dans le mécanisme cérébral, dans les mouvements, électriques ou autres, qui *correspondent* aux états mentaux. Comment donc déterminer une partie *jouable* ? La trouvât-on dans le cerveau, qui nous dit qu'il n'y a pas *autre chose* de *matériel* que le cerveau, une matière subtile quelconque dont les mouvements sont en *relation* constante avec les changements intérieurs ? Bergson m'a parlé aussi de l'*Avenir de la métaphysique fondée sur l'expérience*, où il trouva jadis, dit-il, tant de choses qu'il devait lui-même, sous une autre forme, développer par la suite. On ne peut connaître Bergson sans avoir pour lui estime et sympathie. »

Ce qui semblait vrai à Fouillée dans la doctrine qui s'appelle elle-même philosophie de la *contingence*, ce n'est pas l'idée négative de contingence, laquelle, à elle seule, ne veut rien dire de positif et est un déni de raison ou un nouveau noumène x ; c'est simplement, comme il l'avait lui-même montré depuis longtemps, cette idée que dans notre esprit aucune forme particulière de détermination n'égale les déterminations réelles : « que, par conséquent, le mécanisme et le mathématisme, avec leurs déterminations purement quantitatives, n'épuisent pas le réel et laissent place... à quoi, à des indéterminations ? — Pas du tout ; ici gît le paralogisme ; — mais bien à d'autres *déterminations*, à d'autres raisons et causes plus profondes, de nature psychique et morale ». (1) En d'autres termes, le côté vrai de la théorie de la contingence, c'est qu'il y a dans les choses plus que dans *nos* déterminations ; mais il reste toujours à savoir s'il y a de l'indéterminé *en soi*. Les partisans de la contingence dans le monde n'en ont nullement fait la preuve.

III. — Philosophes et savants s'étaient fait jadis, sur les principes des sciences, des idées trop simples ; on avait trop voulu réduire tous ces principes à des nécessités brutes d'ordre mécanique. Aujourd'hui, on croit voir que les principes des mathématiques mêmes n'ont pas le caractère de nécessité *a priori* que leur attribuait Kant ; on croit entrevoir la possibilité d'autres géométries, par cela même d'autres mécaniques. « A vrai dire, ce qu'on entrevoit sous les formes mathématiques, c'est la *vie* et, sous la vie même, c'est l'*appétition* et la *sensation*, c'est la force du mental. De là à croire qu'il y a vraie contingence dans la nature, il y a loin. L'extrême complexité des causes n'est pas l'absence de causes ; tout au contraire, elle est *la présence de plus de causes que nous n'en pouvons voir et concevoir*. » (2) Reconnaître

---

(1) *Hist. de la phil.*, conclusion.
(2) Voir la *Critique des systèmes de morale contemporains* (1883) et *Histoire de la Philosophie*, p. 570.

que nous avons tort de prétendre cristalliser ou figer la mouvante et vivante nature, ce n'est pas reconnaître que les choses sont *sans lien avec la pensée* et peuvent être ou *contradictoires* en elles-mêmes ou *inintelligibles*, sans causes et sans raisons. « Tout ce qu'on fera pour reculer les bornes et assouplir les formes de nos explications ne sera pas une preuve de l'inintelligibilité radicale, mais, au contraire, de la radicale intelligibilité. Les fluides comme les solides ont leurs lois ». Selon Fouillée, nous devons nous défier de tous les *modes particuliers* de *causation* conçus par nous, parce qu'aucun n'égale la richesse du réel ; mais, « à prétendre que le réel peut produire des phénomènes sans cause, nous ne gagnons rien, tout en croyant nous enrichir ; *nous concevons une idée négative en croyant en concevoir une positive* ; nous introduisons au cœur de l'être la déraison avec le hasard, et c'est une illusion de croire que, du coup, nous y avons restauré la moralité. « Si la réalité est conçue comme folle, elle n'est pas pour cela conçue comme morale. »(1)

Les principales discussions que Fouillée eut avec ses contemporains furent celles qui regardaient l'indéterminisme et la contingence. Comme on l'a dit, ses polémiques avec Renouvier laissèrent l'impression de « luttes héroïques. »

La conclusion à laquelle Fouillée aboutit, c'est que la contingence est une idée de notre esprit par laquelle nous bornons idéalement le déterminisme des objets connus ou connaissables en concevant au-dessus d'eux une puissance interne, capable de les dépasser tous et de se dépasser sans cesse elle-même.

« Nous avons la conscience de la puissance en nous et, en supprimant par la pensée les bornes de cette puissance, nous la concevons comme indépendante de toutes les relations et déterminations particulières, qui jamais ne lui sont adéquates. Cette puissance domine les réalités en élevant au-dessus d'elles les possibles ; elle domine les possibles eux-mêmes en cherchant toujours au-dessus de chaque possibilité des possibilités nouvelles ; elle domine enfin les *nécessités* en les concevant comme relatives à certains points de vue et bornées

(1) *Ibid.*

à certaines relations particulières. Bref, c'est l'idéale liberté de l'esprit que le mot de contingence exprime. Dès lors, l'idéal conçu tend à se réaliser ; la contingence tend à pénétrer dans nos actes intérieurs. La « contingence des lois de la nature » n'a pas de sens ; mais la contingence de nos actes a pour sens leur dépendance par rapport à un idéal que nous pouvons placer toujours plus haut et par rapport à une puissance interne dont l'exertion et l'assertion peuvent toujours s'accroître. *Le monde n'est pas un tout achevé et achevé sans nous* ; c'est à nous de l'achever ou plutôt de le continuer par nos idées et nos actes. »

(Fragment inédit.)

CHAPITRE VIII

PSYCHOLOGIE DES IDÉES-FORCES

La *Psychologie des idées-forces* ne contient pas moins de deux gros volumes in-8°. Quiconque aura la conscience nécessaire pour lire entièrement et méditer cet ouvrage y reconnaîtra une œuvre d'extraordinaire richesse, où se trouvent par avance exposées et élucidées, mais sous forme raisonnable et non paradoxale, les doctrines aujourd'hui les plus en faveur. Jamais l'auteur n'a cherché à attirer l'attention par ce qu'il appelait des feux d'artifice philosophiques.

Dès son apparition, la *Psychologie des idées-forces* donna lieu, dans la *Revue de métaphysique et de morale*, à une belle étude écrite par un professeur de Belgique, M. Remacle, esprit d'une rare subtilité et d'une rare pénétration, auteur d'articles très remarqués sur la méthode en psychologie, où il devance M. Bergson. « Si, disait M. Remacle, la réaction qui se dessine presque partout aujourd'hui en philosophie contre la domination de l'esprit *réaliste* et *matérialiste* finit par triompher, l'on peut dire, sans oublier pour cela le magnifique effort du phénoménisme, qu'une partie de la gloire en reviendra de droit à M. Fouillée. Il aura été en France un des plus puissants précurseurs de la philosophie qui se prépare. Le livre qu'il vient d'écrire ne le cède pas à ses aînés : il continue dignement l'œuvre annoncée dans l'*Avenir de la métaphysique fondée sur l'expérience* et commencée dans l'*Evolutionnisme des idées-forces*. L'œuvre nouvelle nous semble destinée à exercer une grande influence. » (1) D'autre part, M. Hœffding, dans ses *Moderne Philosophen*, déclare que la *Psychologie des idées-forces* est « le meilleur traité de psychologie volontariste ». Il eût pu même dire le *seul*, au moins en France.

Dans une « magistrale introduction », selon le mot de M. Remacle, Fouillée établit le caractère et les prémisses de sa théorie. Son but est de réagir à la fois contre la doctrine matérialiste de l'*épiphénomène* et contre l'*intellectualisme pur*. L'intérêt de la psychologie, dit-il, consiste surtout à rechercher quelle est l'efficacité de la pensée et des états de conscience en nous et hors de nous. Or toute efficacité est refusée à la pensée dans le matérialisme et dans l'intellectualisme abstrait. Leur commune erreur est de réduire tous les faits mentaux à la *représentation*, qui est dépourvue de tout caractère dynamique, et d'ailleurs dérivée. La psychologie des idées-forces, au contraire, part de ce principe que « l'élément universel de la vie mentale est un processus indivisiblement sensitif, émotif et appétitif, qui, réfléchi sur lui-même, devient une *idée* au sens cartésien et spinoziste, c'est-à-dire un *discernement* inséparable d'une *préférence* » (p. IX).

Si la psychologie doit réagir contre l'épiphénoménisme, elle doit aussi cesser d'être « purement *analytique* ». Elle doit, comme la biologie, prendre le « caractère *synthétique* », étudier toujours les phénomènes « dans leurs relations, constamment impliquées, avec le sujet sentant et voulant qui réagit ». En outre, elle doit considérer l'*évolution* mentale de l'être sentant. Mais par quel mode d'action se manifeste le sujet conscient ? — Ce mode est la *tendance à une fin*. C'est dans le principe tout psychique de l'intérêt qu'il faut chercher l'explication profonde de la vie et surtout de la lutte pour la vie. La psychologie complète ainsi le déterminisme mécanique et extérieur par lequel la

(1) *Revue de Métaphysique*, 1890.

biologie explique la vie ; chez l'être vivant, causalité et finalité trouvent leur identité dans « la volonté » et l'on peut définir la psychologie « l'étude de la volonté. »

La question est alors de savoir — dernière transformation du problème — si, dans l'être tendant à une fin et doué de volonté, il existe vraiment une activité d'ordre *mental*, qui justifie l'expression d'*idées-forces*. Fouillée défend contre Münsterberg et W. James le caractère *actif* du *sujet conscient*, caractère qui lui semble manifeste dans le plaisir et la douleur, dans le désir et l'aversion. Là il y a action ou réaction évidente.

La conscience spontanée, à laquelle s'applique la psychologie, n'est ni une faculté, ni un acte distinct : elle est « l'*immédiation* des fonctions intérieures et subjectives ; elle n'est pas l'*observation*, elle n'est pas la *réflexion*, elle n'est pas la *pensée*, elle n'est pas la *connaissance ;* elle est *la fonction psychique* considérée dans son caractère de *subjectivité irréductible*. » (1)

Une seconde preuve de l'activité psychique, c'est l'essentielle *intensité* des états mentaux. M. Pillon d'abord, M. Bergson ensuite ont eu tort de réduire l'intensité à la qualité. Le caractère dynamique est tellement inhérent aux états mentaux qu'on peut le considérer, avec Kant, comme une « anticipation de la perception ».

Après avoir ainsi caractérisé la position originale qu'il prend en psychologie, Fouillée s'attache, dans son premier volume, à étudier les différentes manifestations de la vie sensible proprement dite ; sensation, émotion, réaction motrice, et à établir « *l'universalité du processus appétitif* », principe qui domine toute la psychologie des idées-forces. La *sensation*, dans sa genèse et dans son développement, est « *fonction de l'appétit* ». Les sensations *avantageuses* parmi un nombre indéfini de sensations possibles sont seules devenues actuelles. Nos sens sont des organes « de *sélection* », non d'une sélection purement mécanique, mais qui a pour facteurs le milieu externe et la réaction

(1) *Intr. ibid.* et suiv.

appétitive interne. Les caractères de la sensation confirment cette théorie, qui pose de nouveau la réalité d'une « énergie mentale ». En effet, outre une *durée* et un élément d'*extensivité*, la sensation a une *intensité* et une *qualité spécifique* qui ne peuvent se réduire à de pures relations ; de plus, elle a un rapport étroit avec un *mouvement* particulier qui toujours la précède, l'accompagne et la suit. De ces caractères, il résulte que « la sensation est la *révélation d'une force qui agit en conflit ou en concours avec les forces extérieures* ». A ce titre, il faut rejeter l'épiphénoménisme, pour qui, dans le monde, le mouvement est l'essentiel et la conscience l'accessoire. L'hypothèse probable est que le *mouvement* est une transposition des éléments sensationnels et appétitifs en « *langage visuel et tactile* ». Le mouvement est « *un extrait des sensations mêmes et appétitions, et une expression spatiale de leurs rapports* ».

L'*émotion* est de même étudiée dans son rapport à l'appétit et au mouvement. Le darwinisme explique — et encore imparfaitement — les rapports du plaisir et de la douleur, *une fois donnés*, avec la vie individuelle et spécifique ; mais il ne nous apprend rien sur la *nature* du plaisir et de la douleur mêmes, sur leurs *conditions*, leurs *causes* immédiates. Physiologiquement, la condition du plaisir est le travail positif de dépense du nerf, tant qu'il n'excède pas une certaine limite. Psychologiquement, il est une *hausse de vie*, au moins partielle, une satisfaction de la *volonté*.

Il serait trop long de continuer cette analyse des faits psychiques, qui se poursuit pendant deux volumes débordants de faits et d'idées ; nous n'avons voulu que faire comprendre la conception directrice et la méthode de l'auteur. Les critiques ont admiré surtout, dans cet ouvrage, l'analyse de *l'appétition* et de la *volonté*, les chapitres relatifs à la *genèse des idées*, enfin la manière dont Fouillée explique la formation probable du *moi* par l'action de l'*idée même* du *moi*.

En somme, selon Fouillée, la « *représentation* » implique avant soi une modification quelconque capable de représenter, c'est-à-dire d'être rapportée à une cause, à un objet ; le rapport du sujet à l'objet suppose donc que le subjectif existe d'abord sans ce rapport *explicite :* « avant que le miroir vivant *conçoive l'objet* qu'il reflète, il faut bien qu'il *sente* tout d'abord le reflet sous forme de *modification.* » Par conséquent, c'est la modification quelconque qui est primitive, non la représentation. « Ce qui est vrai, c'est qu'il y a un côté représentatif *possible* dans tout état de conscience. D'abord, l'état de conscience peut se présenter lui-même à lui-même, se réfléchir sur soi. De plus, par une opération ultérieure, il peut aussi être rapporté à une cause, à un antécédent, à un objet ; mais c'est là, encore une fois, une fonction dérivée, qui suppose un terme antérieurement donné, soit action, soit passion, que nous rapportons ensuite à une cause. » Dans l'état total dont nous avons conscience, « nous extrayons certaines qualités, ou plutôt certains rapports, pour les projeter hors de nous et en faire la représentation d'objets extérieurs ; mais cette image objective est une esquisse, un linéament, un contour dont l'intérieur est *sentant, jouissant, pensant, désirant* ». Fouillée, il importe de le redire, place les *appétitions* de Leibniz sous les *perceptions.* « Au lieu de dire avec Leibniz que l'appétition est le passage incessant d'une perception à une autre, nous disons que *la perception est un rapport et une forme d'appétitions ;* elle est *la fixation plus ou moins durable d'appétitions toujours mouvantes.* » (1) Cette belle formule caractérise excellemment la différence du système de Fouillée et du système de Leibniz, qui, de plus, est monadiste tandis que la philosophie des idées-forces est moniste.

Pour avoir une idée complète de la psychologie de Fouillée, il faut ajouter à la *Psychologie des idées-forces* les chapitres de l'*Évolutionnisme des idées-forces* relatifs à l'*instinct* et à l'*inconscient.* Selon Fouillée, — et il s'appuie sur de longues et savantes

(1) *Psychologie des Idées-forces.* Tome I sq.

considérations, — il n'y a pas de véritable *inconscient*, à moins qu'il ne s'agisse de phénomènes purement mécaniques et corporels ; dès qu'il y a fait psychique, il y a une conscience plus ou moins distincte et différenciée, parfois indifférenciée et générale, formant la cénesthésie. Dans le profond chapitre sur l'*instinct*, modèle de psychologie méthodique et pénétrante, Fouillée ne répond pas seulement aux théories mécanistes de Maudsley et aux théories cause-finalières de Hartmann. Il répond aussi, par avance, à la théorie de M. Bergson qui fait de l'instinct je ne sais quel pouvoir mystérieux où l'élan vital s'écarterait de la voie qui aboutit à l'intelligence, pour laisser à celle-ci une voie toute différente ; si bien qu'il y aurait ainsi une bifurcation dans l'élan évolutif. La psychologie de Fouillée demeure moniste : il montre dans l'appétition la commune origine de l'instinct et de l'intelligence, sans cesse mêlés. Après avoir donné des explications très ingénieuses et très plausibles des instincts les plus merveilleux, comme celui du sphex et celui du coucou. etc., Fouillée demande : — Faut-il dire que c'est Dieu qui, par un *fiat* spécial, a ordonné au coucou d'Europe, mais non à celui d'Amérique, de pondre dans le nid des autres oiseaux et de jeter ensuite hors du nid ses frères adoptifs pour la plus grande gloire des causes finales ? S'il n'y a pas là intervention divine, il faut bien que l'instinct du coucou soit le produit des circonstances et de l'hérédité. Il ne s'agit pas plus d'expliquer dans le détail tous les instincts que d'expliquer dans le détail la forme de tous les organes : il suffit de comprendre qu'avec plus de renseignements historiques et physiologiques tout deviendrait explicable (1).

Fouillée conclut, de longues et savantes considérations, que les *instincts* sont « des variations de l'*appétit* produites en partie par le mécanisme et la sélection naturelle, en partie par la réaction de l'être

(1) *Evolutionnisme des Idées-forces*, p. 228.

sensible et intelligent. » L'histoire mentale des animaux a trois moments. « D'abord la sensibilité est obscure encore, l'appétit est sourd, ayant à peine conscience de soi : c'est le premier degré. Puis, réagissant contre le monde extérieur, l'appétit prend la forme du mécanisme, s'encadre dans ses actes, se cristallise pour ainsi dire dans les instincts : c'est le deuxième moment. Mais le mécanisme, chez les espèces supérieures et surtout chez l'homme, tend à se transformer, à se rendre progressif. Dans l'espèce humaine, à côté des instincts qui ont pour objet l'intérêt, soit de l'humanité, soit de la race, soit de la nation, il y a un instinct qui pousse chaque individu à se faire une personnalité. Là est le point où l'instinct se retourne en quelque sorte contre lui-même, finit par se réduire de plus en plus, par s'absorber dans la puissance intellectuelle, essentiellement mobile et progressive. Tandis que, chez les animaux, l'espèce ne semble songer qu'à l'espèce, dans l'humanité l'espèce songe à l'individu : à mesure que l'espèce se développe, l'individu se développe ; aussi il tend de plus en plus à être lui-même, et l'instinct qu'il transmet à ses descendants est précisément la tendance à une *individualité progressive*. En un mot, peut-on dire, tandis que le désir de vivre et de jouir enracine de plus en plus dans l'animal l'instinct mécanique, il pousse de plus en plus les hommes à agir par d'autres raisons que par le mécanisme fixe de l'instinct ; la conscience réfléchie s'accroît, les lois mêmes de l'espèce tendent à rendre à l'individu la personnalité ; ce que la race humaine transmet à l'individu, c'est un esprit d'initiative qui le délivre partiellement des fatalités de race pesant sur lui. L'intelligence, en ces lois et idées essentielles, devient elle-même un instinct supérieur, une adaptation supérieure à un milieu plus large et universel. »

Maudsley croit que tout acte instinctif est automatique d'un bout à l'autre. — Sans doute, répond Fouillée, le calcul, la réflexion, la volonté, le *moi* n'ont rien à y voir ; mais il y a pourtant dans cet acte plus que des actions et réactions physiques : il y a d'abord la perception, puis l'appétit (faim, soif, etc.), qui est le vrai moteur ; il y a aussi une conscience plus ou moins nette de l'activité déployée ; il y a enfin, de cellule en cellule, de centre nerveux en centre nerveux, des actions et réactions internes qui peuvent envelopper un plaisir et une douleur vagues. Il se produit ainsi, selon Fouillée, une *communication de sensibilité* et non pas seulement de mouvement entre les cellules vivantes : celles-ci ne peuvent être assimilées à des billes, à des cailloux, à des rouages inertes de machines. Si l'animal est un « *automate* », c'est du moins un automate formé de parties *vivantes et sentantes*, non de parties mortes et insensibles : il n'est inconscient que là où il est automate ; il est sensible et conscient comme *vivant composé de vivants*. Fouillée n'accorde pas à Maudsley que, dans la machine animée, le sentiment soit un « luxe », qui n'est pas « indispensable au travail de la machine ». *Penser* est souvent du luxe, soit ; mais *sentir* est du nécessaire ; or on ne sent pas sans avoir conscience de sentir. Fouillée s'écarte donc à la fois, dans cette question, comme dans toutes les autres, et des purs mécanistes comme Maudsley, et des cause-finaliers comme Hartmann : il fait une part dans l'instinct et dans l'intelligence même à un mécanisme sans conscience, mais il y admet aussi des états de sensibilité nécessairement conscients ; il rejette « l'état mental inconscient » et « la sagesse instinctive de l'inconscience », enfin les « idées inconscientes » qui, dans l'instinct, guideraient une « volonté également inconsciente » (1). Il eût rejeté aussi, s'il les avait prévues à cette époque, les « intuitions » et « sympathies » merveilleuses que M. Bergson devait prêter plus tard aux animaux, de manière à creuser entre la connaissance par instinct et la connaissance par intelligence un inexplicable abîme. La force des états mentaux, selon Fouillée, dérive partout des sentiments ou appétits,

(1) *Évolutionnisme des Idées-forces*, p. 230 et suivantes.

auxquels elle fournit des représentations directrices et des thèmes d'action (1).

(1) La Psychologie de Fouillée nous semble autrement cohérente que celle de William James, tout éparpillée en observations *empiriques* tantôt justes, tantôt inexactes, pleine de paradoxes et généralement dépourvue de toute explication des phénomènes. Parmi les paradoxes de James, il en est un dont Fouillée avait déjà fait longuement la réfutation dans son *Evolutionnisme des idées-forces* : c'est la théorie empruntée à Grote par James, selon laquelle l'émotion n'est que l'effet psychique des mouvements viscéraux et des impressions afférentes: « Nous ne pleurons pas, dit James, parce que nous sommes tristes, mais nous sommes tristes parce que nous pleurons. » Fouillée rétablit les faits avec la plus rare sagacité.

Voir aussi dans la *Psychologie des idées-forces* et dans l'Introduction à la *Genèse de l'idée de temps* par Guyau, l'analyse et la critique de l'idée de *durée*, dont Guyau, avant M. Bergson, montra l'origine dans le sentiment même de la vie et de l'appétit, se déployant au milieu de l'espace.

CHAPITRE IX

L'ÉPISTÉMOLOGIE DE FOUILLÉE
IL DEVANCE ET DÉPASSE LE PRAGMATISME

I. — La théorie de la connaissance a été approfondie par Fouillée dans plusieurs de ses ouvrages. Il a longuement étudié la genèse des idées, la valeur et les limites de la connaissance dans sa *Psychologie des Idées-forces*, puis dans le *Mouvement idéaliste*, qui contient une importante critique de Kant et une longue étude sur l'inconnaissable, enfin dans la *Pensée*. Il rejette également l'apriorisme formel de Kant et l'empirisme réaliste des Anglais. Selon lui, les formes *a priori* sont des *actes* et démarches de la *volonté de conscience*, la *raison* se ramène à l'expérience profonde et radicale, qui est la conscience même de la volonté. Une des idées originales de Fouillée, c'est d'avoir montré que l'*a priori* de Kant, résultant d'une « spontanéité » de la raison, présupposerait dans la raison même cette « causalité intelligible », cette spontanéité nouménale, cette liberté que Kant lui-même déclare impossible à établir ; si bien que l'*a priori* est en désaccord avec la théorie du noumène. On peut voir à ce sujet, dans la *Pensée*, le chapitre consacré à Kant. Pour Fouillée, l'*a priori* est la conscience du vouloir et de ses directions les plus essentielles ; il est l'expérience même en ce qu'elle a de plus radical et de plus constant. Mais l'expérience n'est pas seulement notre action sur le monde *extérieur*, comme le croient les pragmatistes : elle est aussi et avant tout l'*action intérieure*, jouissant d'elle-même, tendant tout ensemble à la *conservation* de son individualité et à son *progrès* vers l'universel. Inutile d'insister sur la profondeur de cette conception.

Nul n'a mieux fait voir que Fouillée l'insuffisance du pur intellectualisme. Dans la seconde édition de *la Liberté et le Déterminisme* et dans la *Critique des systèmes de morale contemporains* (chapitre sur *la morale de l'école spiritualiste*), il a montré, bien avant d'autres, que l'intelligence objective, appliquée aux choses extérieures, 1º prête à son objet une fixité artificielle, 2º en méconnaît l'hétérogénéité changeante, 3º le divise et en fragmente la continuité, 4º le « détruit » en le posant, comme on détruirait la vie en faisant l'anatomie d'un être vivant. Fouillée est allé jusqu'à dire qu'on pourrait retourner, pour la pensée objective de nous-mêmes, le mot de Descartes et le remplacer par : « Je me pense, donc, en tant que je me pense, je ne *suis* pas ». Fouillée a ainsi devancé, mais sans tomber dans leurs exagérations, les anti-intellectualistes de nos jours. Il ne s'est pas abîmé comme eux dans un volontarisme vide et insaisissable ; il a maintenu tout ensemble les titres de l'intelligence et ceux de la volonté ; c'est cette synthèse, encore un coup, qui est la caractéristique de son œuvre et qu'exprime le terme même d'idée-force.

Nous avons déjà remarqué qu'au lieu de voir, comme Leibniz, dans l'appétition, le passage d'une perception à l'autre, Fouillée voit dans la *perception* la conscience que l'appétition prend de soi, de ses limites, de son passage à une autre appétition, de son conflit ou de son harmonie avec des appétitions inhérentes à d'autres êtres ; de même, les *catégories* ne sont que la conscience des formes et directions essentielles de l'appétition ou du vouloir. C'est en nous que nous trouvons *unité*, *pluralité*, *totalité*, en nous que nous trouvons *qualité* et *détermination qualitative*, en nous que nous trouvons *causalité* et *réciprocité causale*. Fouillée ne reconnaît d'ailleurs, on l'a vu, que deux principes dominateurs de la connaissance : identité et raison suffisante; mais il les explique autrement que Leibniz. L'*identité*, c'est la volonté consciente qui se pose et qui, ne pouvant rien concevoir que de semblable à elle-même, universalise sa loi essentielle. Quant au principe d'*intelligibilité* ou de *raison suffisante*, Fouillée l'a étudié sous tous ses aspects, depuis la *Philosophie de Platon* jusqu'au livre sur la *Pensée*. Il voit dans ce principe l'expression abstraite de l'acte essentiel à la pensée : unir la variété, en conditionnant un objet de pensée par un autre objet de pensée. Le principe d'identité est, pour ainsi dire, statique et exprime la *conservation* de la volonté de conscience ; ce principe de raison est dynamique et exprime le progrès de la volonté de conscience, qui va étendant son domaine à l'infini.

Selon Fouillée, le principe de raison universelle ne s'établit pas par démonstration logique (ce qui le réduirait à l'*identité*, comme Taine a voulu l'y réduire), mais il s'établit par démonstration *critique*, en ce sens que la critique de la connaissance reconnaît dans la causalité la *condition même de l'exercice de la pensée* et l'immédiate expression de notre volonté de *conscience universelle*. Comme, d'autre part, l'expérience confirme partout et de plus en plus l'existence des causes et raisons, nous avons une démonstration suffisante, non une pétition de principe. « A moins qu'on ne dise que tout principe est une pétition de principe ! Mais notre pétition porte uniquement sur le principe d'*identité* et sur celui de *raison* : si on ne les accorde pas tous les deux, il n'y a plus moyen de juger ni de raisonner : la seule ressource est de se taire » (1).

Fouillée a montré que l'*induction* et la *déduction* se ramènent l'une à l'autre. La première n'est qu'une déduction d'où le *temps* est éliminé comme sans au-

(1) *Histoire de la Philosophie*, conclusion, p. 525.

cune efficacité causale ; si bien que le nerf de tout raisonnement est l'identité des conséquences dans l'identité des principes ou raisons (malgré la différence de temps) et la non-identité des conséquences dans la non-identité des principes (quel que soit le temps, qui, à lui seul, est zéro). La « *durée réelle et vécue* » n'est, à ses yeux, que *la réalité qui dure* et qui, selon les *causes* agissant sur elles ou en elles, *change* ou ne change pas ; mais attribuer une action à la durée comme telle, supposer qu'elle « mord sur les choses » c'est se leurrer aux mythes métaphysiques. Toute induction, toute déduction est une affirmation de l'*inefficacité de la durée par elle-même et par elle seule*. Il ne s'ensuit nullement que tout soit identique et que rien ne change : le changement est un fait premier, qui s'impose à tous et que personne ne peut expliquer.

Nous ne pouvons, selon Fouillée, avoir l'« *intuition* » d'une réalité extérieure à nous ou supérieure à nous. Ce que nous prenons pour une intuition est un jeu d'apparences internes, d'optique intérieure, ou un coup de raisonnement prompt comme l'éclair et presque instinctif. « Le vol de l'hirondelle, si rapide soit-il, est toujours une série de mouvements mécaniquement liés ; le vol de la pensée, si intuitif qu'il paraisse, est toujours une série de jugements logiquement liés. » Toutes les intuitions, sauf le *cogito-sum*, sont donc sujettes à la *critique* et ne nous mettent en possession d'aucune réalité indiscutable. Il résulte de là qu'il n'y a pas d'intuition métaphysique. Non seulement, comme dit Kant, l'intuition sans concept est aveugle, mais, selon Fouillée, elle n'existe pas ; de même que le concept sans *conscience* est vide ou plutôt nul. (1)

La *genèse des idées* a été exposée par Fouillée dans la *Psychologie des Idées-forces* et dans la *Pensée*. Il fait d'abord la part de la théorie biologique, qui explique nos idées par les besoins de la vie ; avant Nietzsche, avant les pragmatistes, avant M. Bergson,

(1) *La Pensée*, chapitre sur l'intuitionnisme.

Fouillée a tiré de cette théorie toutes les explications qu'elle peut donner ; mais, en même temps, il en a montré l'insuffisance. Aussi, selon sa méthode habituelle, après l'avoir *rectifiée*, il essaie de la *compléter* par une autre théorie : la théorie *sociologique*, qui explique les idées et les catégories par les nécessités de la vie sociale. Il a lui-même apporté à cette théorie, avant M. Durkheim et M. Lévy-Bruhl, d'importantes contributions. Mais il a fait voir que la théorie sociologique, comme la théorie biologique, est incomplète et, quand elle est seule, tourne en un cercle vicieux. La vraie théorie fondamentale où viennent se concilier les autres, c'est la théorie psychologique, à la fois volontariste et intellectuelle.

« Vous me demandez, dit Fouillée dans une lettre importante, comment je conçois la genèse des idées. Je l'ai exposée dans la *Psychologie des Idées-forces*. Si certaines *assertions de la pensée*, qui sont en même temps des *exertions de puissance*, sont nécessaires pour la *vie* au milieu de la nature et pour la *vie* au milieu de la société, c'est qu'elles expriment ce qu'il y a de fondamental dans la vie même, donc dans la volonté tendant à la conscience, donc dans ce que j'ai appelé la « *volonté de conscience* », dont le vouloir-vivre n'est qu'une forme et une application. Et la volonté de conscience implique la *volonté d'action*, la *volonté de jouissance*, la *volonté de connaissance*. Entre notre volonté consciente et les autres sujets ou objets qui nous entourent, il y a sans cesse action et réaction ; nous subissons l'action du dehors sous forme de sensation, nous y répondons sous forme d'appétition et de mouvement. Les diverses *idées* sont la conscience des diverses formes de *causalité réciproque* entre le sujet et les objets : elles sont donc une conscience de passion et d'action. Toute idée enveloppe des résidus de sensation et des débuts d'actions motrices. Penser, ce n'est pas seulement, comme on l'a dit, se retenir de parler et d'agir ; c'est parler et agir réellement, mais *cérébralement* ; c'est ébaucher une série d'actes intérieurs formant tout un microcosme. Les idées sont non seulement les *dessins*, mais les *ébauches* de notre action sur les choses et de l'action des choses sur nous, donc de la *causalité réciproque* selon des *lois* communes au sujet et à l'objet. Il n'en résulte pas que les idées soient des esquisses purement matérielles et spatiales. Elles enveloppent sans doute un élément spatial parce que l'espace est la forme non pas seulement de la *coexistence* des objets, comme disait Leibniz, mais aussi de leur *réciprocité causale*, toute action d'un pur esprit sur un pur esprit nous étant inconnue. Mais, à côté de l'élément spatial, pour lequel il me semble que Bergson a beaucoup trop de dédain et dont il espère vainement opérer l'élimination totale dans la durée *pure*, il y a un élément *temporel*, un élément de durée, sur lequel j'ai insisté moi-même avant Bergson, sans en faire, comme lui, la *réalité* même. Toute idée exprime non seulement un rapport statique, mais encore un rapport *dynamique*, et ce rapport dynamique implique lui-même un processus *temporel*, une *durée* qui permet l'évolution. Toute idée est donc une *conscience d'évolution possible et déjà commencée* : espace, temps et *causalité réciproque* y sont inséparables, parce que notre volonté a toujours un point d'application causale dans l'espace et dans le temps, avec réciprocité de la part des objets ou sujets sur lesquels elle agit.

« Maintenant, vous me demanderez d'où vient le caractère de *généralité* qui appartient toujours plus ou moins aux idées ? — J'ai répondu, il y a longtemps (dans *La Liberté et le Déterminisme*), que la généralité vient de la *puissance* volontaire dont nous avons conscience comme débordant l'action présente et l'image présente. La généralité est une possibilité indéfinie d'action et de réaction, dont nous avons conscience et que nous nous représentons sous forme d'images flottantes et mobiles, comme celles d'homme, de cheval, de pierre, etc. Ces images sont à la fois sensibles et motrices, et chacune d'elles développe une *tendance* à passer de l'une à l'autre, quelque chose qui rappelle l'appétition.

« La généralité de certaines idées ou principes peut aller jusqu'à l'*universalité*, qui provient de ce qu'on fait abstraction de tout temps déterminé et de tout espace déterminé, comme fait le géomètre ou l'arithméticien.

« Quant à la *nécessité*, elle n'est pas seulement, comme l'a cru l'école anglaise ou écossaise, le sentiment d'une impuissance de fait où nous sommes de concevoir les choses autrement ; elle est, comme je l'ai fait voir, le sentiment d'une *puissance* qui nous est immanente et inhérente. Le principe que *ce qui est est* est nécessaire parce qu'il exprime abstraitement, indépendamment des lieux et des temps, la puissance volontaire et consciente qui se *pose* et, en se posant, s'affirme : c'est une *exertion et assertion de puissance* en dehors de laquelle nous ne pouvons concevoir l'être ; mais, je l'ai fait voir dans la *Pensée*, l'apparente impuissance à laquelle se ramène l'*impossible*, se ramène elle-même à la *puissance* qui se pose et s'affirme. Le principe d'identité est comme attaché à la conscience même et à la volonté de tout être vivant et conscient : il exprime la volonté de conservation. Le principe de raison exprime la volonté et la puissance de progrès : il pose à la fois le *nouveau*, l'*ancien*, le *rapport du nouveau à l'ancien*, si bien que, sous le *différent*, il y a toujours du *même* qui établit la *continuité*, si bien que, pour changer et progresser, il faut aussi se conserver et maintenir une certaine identité de soi avec soi. Non-contradiction et raison suffisante expriment ainsi notre constitution même, qui est, non pas une *structure* toute faite comme un organe, mais une *fonction* ou action mobile, ayant conscience de soi. Les formes de la pensée sont les fonctions essentielles de la volonté de conscience. Elles ne sont pas statiques, mais dynamiques. Vous en trouverez les preuves dans la *Psychologie des Idées-forces*.

« Vous savez que le même principe : « *Conservation et progrès de la volonté de conscience* », m'a servi (dès *La Liberté et le Déterminisme*) à expliquer le *passage du subjectif à l'objectif*, du moi à un non moi, qui est un autre moi. Premier moment : la volonté se pose et s'affirme ; deuxième moment : elle a conscience d'être modifiée, d'être *autre* sans l'avoir voulu ; troisième moment : elle conçoit, grâce aux idées de la *volonté* active et de l'*autre* dont elle est en possession, une *autre volonté* qui est comme la projection et le prolongement de la sienne. Elle se conserve ainsi, avec le moindre abandon possible d'elle-même, en se concevant autre sous forme d'une *autre volonté*. Il n'y a pas là une « intuition » d'autrui comme celle qu'imagine certains philosophes ; il n'y a pas non plus « raisonnement » fondé sur un principe abstrait et antérieur de causalité ; il y a la causalité même en exertion et en assertion ; il y a une représentation sympathique d'autrui qui n'est pas purement passive, mais qui implique un dédoublement de la volonté se posant et posant autrui, pour pouvoir maintenir la position d'elle-même par ce dédoublement d'elle-même. »

II. — Fouillée, répétons-le, a devancé le pragmatisme dans ce qu'il a de vrai, il l'a réfuté dans ce qu'il a de faux. D'abord en 1869, puis en 1872, il montrait par de nombreux exemples que toute idée a une force *pratique* de réalisation. Selon lui, l'idée est efficace pour *produire, dans la mesure du possible* et selon les lois de la causalité, la *réalité* de son objet ; l'idée active confère à son objet une certaine *vérité* et une *valeur* en tant que, le concevant comme vrai et valable, elle en commence la réalisation, en vérifie la vérité relative, en fonde pratiquement, par son *succès*, la valeur partielle. Dans la thèse sur *la Liberté*, soutenue en 1872 et que connut William James, Fouillée faisait voir, on s'en souvient, que « *l'élan* par lequel je tends à persévérer dans une direction quelconque, à maintenir et à continuer mon action », ne diffère pas « de ce qu'on appelle *l'affirmation* ». « Dès que *j'agis* avec le sentiment ou la conscience de mon acte et des modifications qu'il subit, on peut dire déjà que *j'affirme...Nous ne franchissons pas encore le subjectif* et, à ce point de vue, *affirmer et agir avec la conscience de son acte* sont la même chose. » (1) La sensation détermine et endigue pour ainsi dire le courant de la volonté, qui ne demandait qu'à s'épandre indéfiniment. Supposez un courant qui se voie lui-même marcher par une conscience permanente de son action, sorte de transparence intérieure, c'est la volonté devenue *intelligence* et *croyance* (2). « La *volonté* ressemble à la *force* d'un courant et la *croyance* à sa *vitesse*. L'un engendre l'autre; *croire*, au fond, c'est sentir sa puissance de vouloir et d'agir, c'est en faire à la fois *l'exertion* et *l'assertion*. » La croyance accompagne l'action et *précède* l'expérience extérieure (3). « Quand nous prononçons un jugement sur des choses qui ne dépendent

(1) *La Liberté et le Déterminisme*, 1ʳᵉ édit., p. 150.
(2) *La Liberté et le Déterminisme*, 1ʳᵉ édit., p. 447.
(3) *Ibid.*, p. 149.

pas de nous, plus est grande dans leur réalisation la part des causes extérieures, plus nous serons exposés aux échecs et aux erreurs de toutes sortes. Une proposition *certaine* est donc celle qui porte sur des choses que nous *pouvons* réaliser... *Le soleil est chaud* exprimera une proposition certaine s'il dépend de moi de me mettre en présence du soleil et de déterminer occasionnellement l'impression de chaleur ; mais, comme ici tout n'est pas déterminé par moi, la part de l'incertitude se montre... *Si tout pouvait dépendre de moi, je tiendrais pour ainsi dire à ma disposition la vérité des choses avec leur réalité* » (1). Phrase vraiment topique dont on ne saurait méconnaître la haute importance. Mais, notre activité ne s'exerçant qu'en « concours » ou en « conflit » avec d'autres activités, la vérité ne dépend plus de nous seuls : elle exprime un *rapport d'activités*. Toute idée enveloppe une « formule de ce rapport » et peut, en le formulant, le faire passer à l'acte ou même le modifier.

Si, dans le livre de M. Moore, *Pragmatism and his critics*, on lit le chapitre intitulé : « Comment les idées opèrent », *How ideas work* (chapitre publié par *The Journal of philosophy*, nov. 1910), on reconnaîtra que le pragmatisme psychologique y est réduit à la théorie des idées-forces, que quelques pragmatistes ont citée, mais que la plupart passent injustement sous silence. M. Moore, en effet, ramène les fondements du pragmatisme à ces propositions : — « La *pensée* a un caractère *actif* et *constitutif*. » — « Les choses ne restent pas *après l'idée* comme elles étaient auparavant, mais l'idée marque le début d'une *nouvelle connexion* entre les choses, connexion qui, pour se produire ainsi par l'intermédiaire d'une idée, n'en est pas moins *réelle*. » « Pensez à une chose, ajoute M. Moore et, *presto*, elle devient quelque chose de plus. » Mais ici commence l'exagération d'une doctrine vraie. « De telles propositions, répond Fouillée, ne s'appliquent qu'aux

(1) *Ibid.*, 152, 153. Le chapitre expose d'avance, comme on le voit, toute la psychologie du pragmatisme.

choses qui peuvent se modifier par l'action de notre pensée ; mais, quand je pense à l'étoile du soir, j'aurai beau dire *presto*, l'étoile ne changera guère ; si elle devient un objet de ma pensée, c'est *moi* qui deviens quelque chose de plus en la concevant, non pas elle. » (1)

La *Psychologie des Idées-forces* a fait voir que la pensée n'a pas seulement « cette valeur *statique* que certains lui attribuent, comme celle d'une plaque sensibilisée qui reçoit, immobile, les images mouvantes des objets ; elle a par elle-même une « vertu *dynamique* ». Considérez les idées en appparence toutes géométriques du cercle, du triangle, du carré, de la ligne droite, etc. Notre représentation de la ligne droite est, psychologiquement, le *plan* et le *début* d'un mouvement en avant ; elle est une *méthode* et même un *premier pas* pour aller au but par le plus court chemin. L'idée générale elle-même, comme celle d'homme ou d'animal, enveloppe un pouvoir dont la pensée a conscience : celui de passer, grâce à une image vague ou à un mot, d'un homme quelconque à un homme quelconque, d'un animal à un autre : la *généralité* est « la *liberté de changement* qu'a la pensée et elle est aussi un *schéma* d'actions possibles » (2). L'idée *abstraite* est une *méthode d'analyse* : elle symbolise à la fois cette méthode et son résultat. En un mot, toute idée est, par quelque côté, *directrice du vouloir*. A plus forte raison, toute idée qui prend la forme d'un *idéal*, soit scientifique, soit esthétique, soit moral, est-elle un *plan d'action*. Les idées sont donc des forces parce qu'elles sont *causées et causantes*, et elles sont causantes parce qu'elles causent des *effets* qui, par rapport à nous, peuvent être considérés comme des *fins*. Mais, au lieu d'en conclure, comme les pragmatistes, que l'intelligence, à vrai dire, ne connaît pas et agit seulement, Fouillée en conclut, tout au contraire, qu'elle agit et réussit dans la mesure même où elle connaît.

---

(1) Voir, dans *La Pensée*, le vigoureux chapitre sur le *Pragmatisme*.
(2) *La Liberté et le Déterminisme*, loc. cit. C'est, comme nous l'avons déjà remarqué, une des théories les plus neuves de Fouillée.

Quand Fouillée pose ainsi la force efficace des idées, il se place au point de vue vraiment scientifique de la causalité, il constate la puissance qu'ont les idées pour causer des effets. Si, après cela, ces effets sont *utiles* ou *bons*, le principe de finalité pourra intervenir à son heure ; mais *finalité* et *causalité* restent subordonnées à une relation supérieure, celle de concordance entre la pensée et les choses d'expérience, celle de *vérité*. Fouillée ajoute d'ailleurs que la vérité expérimentale est elle-même *un cas de causalité réciproque dégagé de la mutuelle action des objets sur nous et de nous-mêmes sur les objets*. Le pragmatisme est un cause-finalisme transporté dans la connaissance. Les pragmatistes sont des utilitaires qui réduisent la vérité à *l'utilité* ou tout au moins ne jugent de la vérité que par l'utilité, soit *biologique*, soit *psychologique*, soit *morale* et *religieuse*. C'est donc, parmi les catégories de la relation, une seule de ces catégories, *finalité*, que considère le pragmatisme. Il néglige, dans la connaissance, la relation de cause à effet ou n'y voit qu'une relation déguisée de moyen à fin, et cette fin est *humaine*.

La *portée objective* du jugement, sur laquelle sensualistes et idéalistes ont tant disserté, s'explique en grande partie, dans la *Psychologie des Idées-forces*, par l'*action appétitive et motrice* qui appartient à toute représentation et qui se dépense en mouvements *plus ou moins étendus* dans une sphère *plus ou moins large*. A quel mouvement de la volonté et des organes aboutit une vague sensation d'odeur, comme celle que Condillac prête seule à sa statue ? A un mouvement aussi faible et aussi vague qu'elle-même. Cette sensation, à vrai dire, n'agit pas ou agit aussi peu que possible, elle n'a pas de vraie force motrice et pratique : c'est cette stérilité qui fait qu'elle est à peine une connaissance « objective », ou plutôt qu'elle est une connaissance limitée à un point du temps, à un phénomène mort-né (1).

(1) Voir le chapitre sur le *rôle de l'appétition dans le jugement*, *Psychologie des Idées-forces*, tome I.

La *Psychologie des Idées-forces* met ainsi en pleine lumière le côté *vital* et *pratique* de l'intelligence ; mais ce rôle n'empêche pas sa valeur cognitive, qu'il présuppose. Fouillée a fait voir des premiers que l'intelligence n'est pas faite d'abord pour spéculer, mais pour agir ; seulement, elle ne peut agir si, dans une certaine mesure, elle ne connaît pas. Que toute idée soit une action, qu'elle ait pour origine l'action, qu'elle ait sa fin naturelle et nécessaire dans l'action, c'est ce que soutient précisément la philosophie des idées-forces qui marque ainsi un point culminant de la pensée contemporaine. Mais il faut s'entendre sur le sens de ce mot : *action*, laissé dans le vague par le pragmatisme. L'*action* est la *production de changements dans notre conscience ou dans les objets extérieurs*. Or, il y a des changements de toutes sortes, que les pragmatistes négligent de classer. Ils se contentent des changements *utiles*, et encore ne disent-ils pas *à quoi*. Mais, si je produis en moi le changement appelé *connaissance* et même connaissance *théorique*, ce sera aussi un *changement* ; ce sera aussi une *action* ; ce sera aussi la preuve que les idées ont une force. L'intelligence est une *exertion* de volonté en même temps qu'un *résidu de sensations*, et cette exertion est motrice par les mouvements qui sont liés aux impressions cérébrales ; mais il n'en résulte pas que l'intelligence, moyen d'action, n'ait aucune valeur de connaissance ; car la connaissance porte précisément sur les *actions et les réactions des choses ou de nous-mêmes* ainsi que sur leurs rapports aux *sensations* actuelles ou futures. La *vérité*, conclut Fouillée, est donc bien un rapport mutuel d'*actions* selon des lois, rapport intelligible saisi par l'intelligence, ayant une valeur cosmique ou supra-cosmique et non *humaine* (1).

III. — La théorie de la connaissance aboutit au pro-

(1) Guyau, lui aussi, avait pressenti le pragmatisme. Ne disait-il pas dans son *Irréligion de l'avenir*, à propos des doctrines métaphysiques et religieuses sur l'invérifiable : — « Ne leur demandez pas d'être *vraies*, mais seulement d'être *fécondes* » ?.

blème de l'*inconnaissable*. L'inconnaissable est ce qui, tout en étant réel, échapperait par hypothèse à tous les modes de connaissance, soit intuitive, soit discursive, soit immédiate, soit médiate, soit fondée sur la conscience et l'expérience, soit fondée sur le raisonnement. Selon Fouillée, on ne peut affirmer ni la *possibilité*, ni la *réalité* d'un tel *inconnaissable*. Kant suppose des apparences dont la réalité nous échappe, « comme si le phénomène se promenait d'un côté, l'être de l'autre. » Or, s'il en était ainsi partout, il est clair que jamais aucun procédé ne nous permettrait de ressaisir l'être nulle part. « Nous n'aurions pas même l'idée de l'être par opposition au phénomène. »…. Mais est-il vrai que partout nous saisissions de pures *apparences* ? « Dans le domaine intérieur, si je souffre, ma souffrance est-elle une apparence ? Si je pense, ma pensée est-elle une apparence ? On peut contester à Descartes le droit de passer du *cogito* à un *sum* qui désignerait une substance (1) ; mais il demeure vrai que la pensée se saisit elle-même comme une réalité, non comme un fantôme. » La théorie de l'apparence, selon Fouillée, n'est applicable qu'aux choses extérieures, qui ne peuvent se révéler directement à moi dans leur *être* ; mais, s'il s'agit de moi-même, de ma vie interne la plus profonde, de celle où je me sens exister, où je me sens sentir, faire effort, tendre et agir, il n'y a plus d'un côté un phénomène, de l'autre une réalité inconnaissable. Par la conscience profonde et intime, nous prenons notre être sur le fait, nous sommes au cœur de la réalité, au *punctum saliens;* nous coopérons, pour notre part, à *constituer* la réalité même et ses déterminations. (2) »

(1) Voir le *Descartes* de Fouillée (Hachette).
(2) Voir la *Pensée*, chap. I. A propos de cet ouvrage, M. Bergson écrivait à Fouillée : « J'ai retrouvé dans ce nouveau livre la même force dialectique, le même élan qui faisaient déjà mon admiration à l'époque, où, sur les bancs du collège, je lisais votre *Philosophie de Platon* » (3 juin 1911). Plus loin, M. Bergson insiste sur « l'originalité, la verve, le bel entrain de l'œuvre », et sur« les vues toujours neuves et profondes » qu'elle renferme. De son côté, M. Lachelier écrivait le 20 juin 1911 : « Votre livre est aussi vivant, aussi débordant de richesses de pensée et de style que pas un de ses précédents. »

Aussi Fouillée rejette-t-il le prétendu *sens intérieur* que Kant mettait sur le même pied que les sens extérieurs, comme ne saisissant que « nous-mêmes modifiés par nous-mêmes. » Nous n'avons aucune raison de supposer un *moi* caché et inconnaissable qui agirait sur soi et n'aurait conscience que de ses modifications phénoménales. Nous nous sentons à chaque instant de telle ou telle manière par une conscience synthétique et concrète ; il n'y a *pas à chercher de dessous :* notre réalité est ce que nous sentons. Mais il y a à chercher des *relations* à toute chose, surtout des relations de *causalité.* C'est notre *origine*, c'est notre *cause* qui est inconnue, non pas notre réalité. Berkeley disait : *Esse est percipi ;* Fouillée répète cette parole, *esse* n'est pas même *percipere;* c'est *esse* et *sentire.* La perception est dérivée, le vouloir et le sentiment sont le primitif et l'essentiel.

CHAPITRE X

LA MORALE DES IDÉES-FORCES

Fouillée, à maintes reprises, traita de la morale, notamment dans ces deux œuvres capitales, l'une plus négative et critique, l'autre positive et constructive : la *Critique des systèmes de morale contemporains* et la *Morale des Idées-forces*. Dans le premier de ces livres, que l'on a appelé le « bréviaire de la libre pensée en morale », l'auteur devance sur plusieurs points Guyau et Nietzsche : comme eux, il renverse des idoles et déblaie ainsi le terrain pour une morale où l'idée de *loi* n'aura plus qu'un rôle très secondaire. Il y a notamment dans ce livre une critique aiguë de Kant et de l'impératif catégorique, qui ressemble tellement aux objections de Nietzsche à Kant qu'on se demande parfois si Nietzsche n'eut pas connaissance de l'œuvre de Fouillée. Il la connut du moins indirectement par l'*Esquisse d'une morale sans obligation ni sanction*, où sont nombreuses les références au livre de Fouillée.

Déjà, dans l'*Idée moderne du droit*, Fouillée avait dit que c'est l'erreur du théologisme de se figurer fonder un devoir sur une *existence*. Si la morale ne peut être fondée sur aucun donné extérieur, l'homme, comme être moral, s'appartient à lui-même ; il n'est responsable de sa destinée que vis-à-vis de sa conscience. Lorsque cette vérité a pénétré dans notre esprit, il devient impossible de la renier et de ne pas sentir ce qu'il y a de conventionnel, de scolastique, d'asservissant dans la plupart des formules dont on revêt la moralité « comme d'une livrée ». La vraie morale se caractérise par une *démarche d'affranchissement*. La *Critique des systèmes de morale contemporains* fut cette démarche, qui devait aboutir plus tard à la *Morale des Idées-forces*.

Taine écrivit à Fouillée en 1883 : « Je viens d'achever la *Critique des systèmes de morale contemporains*. Vous êtes un terrible dialecticien, d'autant plus que vous ajoutez à l'art de raisonner l'élan, le trait, les images. Je vous félicite de tout mon cœur, et à double titre, comme écrivain et comme philosophe... » Suivait une longue étude sur la méthode en morale, où Taine exposait d'avance la méthode de MM. Durkheim et Lévy-Bruhl. La lettre se terminait ainsi : « Pourquoi n'avez-vous pas passé par Menthon-Saint-Bernard cette année en allant au Midi ? Tâchez de le faire une autre année ou de revenir à Paris avant avril. Il n'y a personne avec qui j'aurais plus de plaisir à causer qu'avec vous et avec M. Guyau, et vraiment on ne cause pas suffisamment par lettre. »

A la même époque, M. Jules Lachelier, après avoir lu, lui aussi, la *Critique des systèmes de morale contemporains*, avait écrit à Fouillée une lettre d'une quinzaine de pages, pleine de vues profondes, où il disait : «... Quoiqu'il s'agisse avant tout, entre nous, du vrai et du faux, vous me permettrez bien de vous dire combien je suis toujours charmé et ébloui de l'abondance, de la subtilité et de l'éclat de votre dialectique. Sur le fond des choses, je résumerai mon impression en deux mots. Des doctrines faibles, comme celles de M. Renouvier, de l'éclectisme, etc., il ne reste pour moi, après vos critiques, *absolument rien*. Quant aux doctrines fortes, et en particulier à celle de Kant, je trouve que vous en avez très sérieusement entamé la lettre, sans en faire peut-être, cependant, évanouir l'esprit... » (19 novembre 1883). Paul Janet, après avoir lu la *Critique des systèmes de morale contemporains*, écrivait : « Jamais destruction ne fut plus magistrale ; vous avez accumulé les ruines. Je suis curieux de voir comment, après avoir tant détruit, vous pourrez reconstruire. » Cette reconstruction devait être la *Morale des Idées-forces*.

On sait que, comme préparation à ce grand ouvrage, Fouillée écrivit d'abord *Le Moralisme de Kant et l'amoralisme contemporain*, puis les *Éléments sociologiques et biologiques de la morale*. A propos de ce dernier livre, M. Henri Bergson lui écrivit une lettre importante, dont nous nous permettons de détacher quelques fragments. « J'ai lu votre ouvrage d'un bout à l'autre avec un intérêt toujours croissant. C'est, sous une forme séduisante et dans cette langue dont vous avez le secret, une critique très pénétrante et forte des morales dites *scientifiques*. Vous revendiquez contre elles les droits de la vraie science. Le véritable esprit scientifique consiste à tenir compte du caractère propre de l'objet qu'on examine et à créer au besoin, pour l'étudier, une méthode nouvelle ; au lieu que les récents systèmes de morale reposent sur une assimilation établie *a priori* entre l'objet de la morale et celui de telle et telle science arbitrairement choisie, la physique, par exemple. Vous montrez d'ailleurs comment les sciences déjà constituées, là où elles peuvent fournir des indications à la morale, les donnent tout autres que ce qu'on croit le plus souvent. J'ai remarqué tout particulièrement, à ce propos, vos chapitres relatifs à la biologie. La difficulté, pour moi, est de trouver quelque chose d'intermédiaire entre cette morale dont vous démontrez si bien l'insuffisance et la morale *a priori* de l'obligation pure. Je sens bien que la vérité doit être entre les deux, mais je ne la démêle que confusément, et le problème moral est de ceux sur lesquels je ne suis pas encore arrivé à une solution, même approximative, qui puisse me satisfaire. C'est vous dire que j'attends avec quelque impatience la conclusion dogmatique que vous donnerez à vos recherches et que vos deux derniers volumes (1) ont si bien préparée. Avec votre principe de l'idée-force, vous vous placerez sans doute précisément à mi-chemin entre la morale de l'impératif catégorique et une simple *physique des mœurs*... (14 décembre 1905). M. Bergson ne s'était pas trompé, mais il n'avait pas prévu l'usage que l'auteur de la *Morale des Idées-forces* ferait de la conscience de soi enveloppant la conscience d'autrui, ni la théorie de la primauté de la conscience, ni la théorie *scientifique* des biens. La *Morale des Idées-forces* parut précisément la même année que l'*Evolution créatrice*. Ce furent les deux événements philosophiques de 1907.

La Morale des Idées-forces, écrite pendant les années où Fouillée fut le plus souffrant, « enfantée dans la douleur », étonna tout le monde par la force d'une pensée toujours jeune. M. Bergson écrivit de nouveau à Fouillée : « Je tiens à vous dire combien je trouve originale cette tentative pour faire *jaillir la morale de la réflexion même de la conscience sur soi*. » Et, revenant sur le même sujet dans une autre lettre, M. Bergson ajoutait :

« Combien votre nouvelle œuvre me paraît riche d'idées, suggestive et forte ! Ou il faut renoncer à fonder la morale, ou il est indispensable, comme vous le montrez si bien, de tenir compte de *tout* le donné, de l'expérience *intégrale*, aussi bien interne qu'externe, — et non pas seulement de ce qui est, mais de ce qui *tend* à être. Votre conception de l'*idée-force* renferme sans aucun doute la solution de bien des difficultés. Et votre analyse de la conscience, en établissant la solidarité de la conscience de chacun avec celle d'autrui, fait voir comment tout l'essentiel de la moralité est *préformé* dans la *nature*... »
Il était difficile, croyons-nous, de mieux saisir et de mieux rendre la pensée intime du philosophe. L'idée-force est bien l'idéal qui *tend* à être et qui est déjà préformé dans la nature, dans la conscience, dans la solidarité des consciences.

Le regretté Victor Brochard, qui avait publié lui-même, dans les années précédentes, des articles retentissants sur la morale de Kant et sur la morale antique, écrivait, au milieu de la cruelle maladie qui devait l'emporter quelques jours après, une lettre (20 novembre 1907) terminée par ces mots : « Je considère votre philosophie des idées-forces comme le *corps de doctrine* le plus *cohérent* et le plus *suggestif* qui ait été tenté en France depuis longtemps ; et je ne cesse d'admirer votre vaillance, votre richesse d'idées, votre infatigable activité et la puissance de votre esprit. »

Enfin M. Jules Lachelier, qui ne manqua jamais de correspondre longuement avec Fouillée à propos de tous ses livres, de lui communiquer toutes ses réflexions et, au besoin, tous ses doutes, écrivait le 1er décembre 1907 : « J'espère avant tout que vous avez achevé de vous remettre et que la publication de votre *Morale* n'a pas été pour vous une nouvelle cause de fatigue. Je viens de vous lire et je suis, comme toujours, émerveillé de vos inépuisables ressources de pensée

---

(1) *Le Moralisme de Kant et l'amoralisme contemporain*, puis *les Eléments sociologiques de la Morale*.

et de style. Bien des pages de votre livre, notamment dans la conclusion, me paraissent au nombre des plus belles que vous ayez écrites. Il me semble, d'un autre côté, que vous avez fait, en même temps que la synthèse de toutes les morales, celle de votre œuvre philosophique tout entière... »

Dans la crise actuelle, où l'existence même et l'utilité de la morale sont mises en question, Fouillée cherchait un domaine où la vraie moralité ne puisse être atteinte. Un *fait indéniable*, le fait de conscience, une *idée indéniable* et qui est elle-même un fait, l'idée-force de moralité, avec sa puissance de réalisation, telles furent les bases philosophiques de la morale des idées-forces, sans compter les bases biologiques et sociologiques, sur lesquelles l'auteur insista légitimement. La moralité se fonde ainsi elle-même en se concevant et se conçoit par le seul fait que nous sommes des êtres conscients. « Elle se *fonde*, parce qu'elle se donne valeur *théorique* et force *pratique* ; elle se *conçoit*, parce que la pleine conscience de nous-mêmes enveloppe l'idée des autres et du tout. » (1)

La méthode de Fouillée, en morale, est l'appel à l'expérience la plus radicale comme la plus complète, dernier terme de l'analyse et de la synthèse (dernier *pour nous*, dans l'état actuel de nos connaissances). — Or, la conscience est la condition de toute expérience, ou plutôt elle est l'expérience primordiale ; c'est pour cela qu'il faut consulter avant tout la conscience, principe de toute science, où se pose le sujet pensant et voulant, avec le sentiment qu'il a de soi et l'idée qu'il a d'autrui. Il faut ensuite faire appel à toutes les autres formes de l'expérience personnelle ou collective ; il faut tenir compte de tous les éléments contenus dans les diverses croyances « vécues par l'humanité, formulées par les philosophes ». La morale est ainsi « *l'ensemble des conséquences pratiques auxquelles on arrive, en prenant pour point de départ non seulement les conditions objectives de la vie individuelle et sociale, mais encore et avant tout une analyse radicale de l'expérience intérieure et de l'idée même*

(1) *Morale des Idées-forces*, préface.

de *moralité*, où la conscience s'exprime, ainsi qu'une synthèse intégrale des données de l'expérience. » (1) Aux doctrines unilatérales, Fouillée veut substituer une doctrine « omnilatérale » (2).

Le plan et les divisions de la morale s'imposaient à Fouillée avec une logique rigoureuse. La méthode d'analyse, en effet, devra être successivement appliquée aux quatre données essentielles de la morale : *sujet, rapport des sujets entre eux, objet, rapport du sujet à l'objet*. L'analyse du sujet conscient nous révèle ce que Fouillée nomme la *primauté théorique et pratique* de la conscience de soi. L'analyse du rapport entre les sujets nous révèle l'*altruisme* essentiel de la conscience, son intime socialité et, pour ainsi dire, sa polarité nécessaire. L'analyse de l'objet nous découvre les *valeurs idéales* ou idées-forces directrices de la pensée et de l'action. Enfin l'étude du rapport qui relie le sujet à l'objet nous révèle l'action essentiellement *persuasive* de l'idéal sur le sujet pensant. Par là se trouvent établies les quatre grandes théories qui dominent la morale des idées-forces : *primauté de la conscience de soi, altruisme de la conscience, hiérarchie des valeurs objectives, idéal persuasif*. Ces théories peuvent se résumer, quoique d'une manière bien insuffisante, en quatre propositions essentielles : 1º l'idée force de moralité est liée à la primauté de la conscience de soi : *Je pense, donc j'ai une valeur morale ;* 2º l'idée-force de moralité crée des valeurs objectives et les classe : *Je pense, donc j'évalue les objets ;* 3º l'idée-force de moralité s'actualise en se concevant : *Je pense, donc je réalise l'idéal ;* 4º l'idée-force de moralité fonde la vraie société : *Je pense, donc je commence à créer, dans et par la société humaine, la société universelle des consciences* (3). Toutes ces applications du *Cogito* reposent sur la loi qui relie la pensée à l'action. De plus, au *Cogito* de Descartes, qui a produit une

---

(1) *Morale des Idées-forces*, préface, II, introduction, p. XXXIII, et *passim*.
(2) *Ibid.*, p. XV, p. 5.
(3) *Morale des Idées-forces*, préface, VI.

si importante évolution dans la philosophie théorique, doit s'ajouter un autre principe : *Cogito ergo sumus*, qui peut entraîner une évolution analogue dans la philosophie de l'action. De cette nouvelle formule exprimant le fait de conscience, Fouillée tire des conclusions qui fondent la morale sur la nature même de la pensée et sur son efficacité, en même temps que sur un acte de volonté primordial par lequel nous acceptons la valeur de notre pensée et de ses idéaux.

I. — Fouillée analyse d'abord dans leur intégralité les éléments de la conscience individuelle (1). « Combien peu d'hommes, dit-il, réfléchissent à cette merveille intérieure de la conscience qui n'échappe à notre attention que parce qu'elle est ce qu'il y a de plus familier pour nous, étant nous-mêmes ! » La psychologie moderne a mis en lumière « la forme spontanément *sociale* de toute pensée », cette projection du moi dans les choses par laquelle seule nous les pensons. « Pour concevoir d'une conception scientifique une autre existence qui ne soit pas négation pure et abstraite, on est toujours obligé de lui prêter quelque chose de soi-même, si peu que ce soit, et ce peu est déjà le commencement d'un autre *moi* plus ou moins semblable au nôtre. » Le sujet ne s'affirme donc qu'en se distinguant de quelque autre, à la fois différent et analogue à lui, faisant avec lui partie d'un tout : « *Tous les objets de ma pensée sont plus ou moins d'autres sujets.* » De là le *cogito, ergo sumus*. Or, un sujet n'en peut comprendre pleinement un autre qu'en se mettant plus ou moins « à sa place » : dès qu'il y a représentation d'objets autres que moi, il y a *sympathie* possible et il peut y avoir « *synergie* volontaire » ; toute conscience suppose « un *concert de consciences* » (2). Par cela seul, l'égoïsme est déjà logiquement dépassé, ou plutôt ruiné, au nom de la contradiction intime qu'il enveloppe : pour me satisfaire pleinement, j'ai besoin de connaître et de comprendre les

---

1) *Ibid.*, livre Ier, p. 1 sqq., p. 10. p. 26.
(2) *Ibid.*

êtres qui m'entourent, et pour les comprendre, il me faut pénétrer en eux et m'identifier à eux ; « l'*immoralité* est de l'*irrationalité* », parce qu'elle est toujours en quelque mesure de « l'*inconscience* ». Il faut dépasser comme incomplète cette sorte d'explication, familière aux sciences positives « qui ne voit partout qu'automatisme et anéantit les *êtres* pour ne laisser subsister que leurs *relations* » (1) ; on s'aperçoit alors que la pleine satisfaction intellectuelle serait, non la *science* universelle, mais la *conscience* universelle : « je sentirais vos joies comme miennes, vos peines comme miennes, dans mon cœur battraient votre cœur et tous les cœurs ; mon tressaillement serait celui de l'univers » (2). Il suffit donc de prendre en leur totalité les éléments du « je pense », c'est-à-dire de la conscience, pour que l'égoïsme s'apparaisse à lui-même comme *objectivement absurde*, contraire au point de vue *universel* de la *pensée* : si vous vous connaissiez vraiment vous-même, « vous apercevriez en vous l'action du Soleil, de Mercure, de Mars, de Vénus, de Jupiter et de toutes les planètes, vous verriez en vous tout le système solaire et même stellaire, et vous communiqueriez avec l'univers entier ». Les exigences les plus positives du développement intellectuel nous imposent donc cette maxime morale : « *Sois*, autant que possible, *intégralement conscient et universellement conscient, conscient des autres, de la société et du tout comme de toi-même.* » A une brutale et superficielle volonté de puissance, telle que Nietzsche l'imagine, la nature plus profondément analysée nous contraint de substituer la *volonté de conscience*. La règle de bonté en découle : « *Agis envers les autres comme si tu avais conscience des autres en même temps que de toi.* »

Il n'est pas exact d'objecter que, même si nous pénétrions entièrement dans la conscience d'autrui, nous n'aurions fait encore que déplacer l'égoïsme en lui donnant un autre individu pour objet. Vivre de la

(1) *Ibid.*, p. 73 sqq ; p. 78, 79 ; pp. 24. 25.
(2) *Morale des Idées-forces*, livre II, pp. 115 sqq, p. 157.

vie d'un autre individu, c'est déjà se dépasser. En outre, nous ne devons pas nous borner à *réaliser* dans notre conscience (au sens anglais du mot) la conscience d'un autre individu *particulier*, mais nous devons acquérir la conscience de *tous* et du *tout*.

Au début, l'idée de l'*autrui* n'est encore pour le moi qu'un moyen de se réaliser, une perspective de sa projection au dehors, un agrandissement de son horizon. Mais cette duplication du moi qui permet le passage du subjectif à l'objectif (1), n'en est pas moins le germe d'un véritable altruisme. Le second moi, celui d'autrui, acquiert une existence de plus en plus importante et indépendante ; après avoir été un moyen, il devient une *fin*, une idée-force directrice; après avoir été un point de la *circonférence*, il pénètre dans le *centre* ; d'*objet* il devient *sujet*. De plus, la conscience passe d'un à plusieurs, de plusieurs à tous. Si je me dévoue, si je me sacrifie à ces autres *moi* qui m'ont d'abord servi à poser par contraste ma réalité propre, pourra-t-on dire, avec les disciples de Nietzsche, que mon dévouement soit de l'égoïsme? Le *désintéressement* est sans doute, en un sens, un *intérêt supérieur*, celui que je prends à la partie la plus haute de mon être, à celle où je ne vis pas seulement en moi et pour moi, mais *en autrui* et *pour autrui*; c'est encore là, si vous voulez, un *moi*, plus large, pénétrable à tous, identifié même avec tous. Mais le vrai désintéressement ne peut être l'anéantissement de ma personnalité propre, qui, elle aussi, a son titre à l'existence comme toutes les autres ; il en est l'*agrandissement ;* et, comme je ne puis identifier ma volonté de conscience avec votre volonté de conscience qu'au prix de l'effort, de la douleur, de la mort peut-être, vous avouerez que cet amour supérieur de soi mérite de s'appeler aussi amour d'autrui. Ce n'est donc pas le désintéressement qui est une « métaphore »; ce qui est une métaphore, au contraire, et une altération du sens des termes, c'est d'appeler égoïsme l'intérêt pris

(1) Voir la *Liberté et le Déterminisme* et la *Psychologie des Idées-forces.*

au désintéressement par une conscience qui ne peut cesser de dire *moi* en même temps qu'*autrui* (1).

On voit en quoi consiste, selon Fouillée, l'*universalité* à laquelle nous tendons par l'acte moral. Il ne s'agit plus alors d'une simple *forme* rationnelle, ni même d'une simple « *intuition* » plus ou moins objective ; il s'agit d'une vivante et intime conscience saisissant en soi le réel qu'elle constitue. — L'universalité, demandera-t-on, n'est-elle que l'univers et faut-il dire avec Marc Aurèle : « O monde, je veux ce que tu veux »? — « Il faut dire, répond Fouillée : O monde des consciences, je veux ce que tu veux. *Toti te insere mundo* ne s'applique qu'à l'univers considéré comme *société des consciences*, non comme *mécanisme* brut ou *organisme* aveugle.

II. — Il faut maintenant transporter la volonté moralement bonne dans un monde d'*objets*, dans une *nature*, comportant des *valeurs* et des perfections inégales : il faut établir une théorie de l'idéal, une hiérarchie des *biens*. « Nous avons toujours pensé, écrit Fouillée, que la considération de l'*idéal*, conséquemment du *parfait en tel genre* et du *parfait en tous les genres*, pouvait prendre une forme nouvelle en harmonie avec la science. La morale de la perfection, en se faisant morale des idées-forces, peut devenir positive et critique, puisqu'il suffira qu'une valeur puisse être définie pour qu'elle tende à se réaliser et acquière quelque force de réalisation. » — Retomberons-nous pour cela sous la critique kantienne de toute morale *matérielle* et *hédoniste* ? Dire que nous devons tendre à tel objet plutôt qu'à tel autre parce qu'il est plus parfait, est-ce dire que c'est en vertu de son *attrait* et en vue du *plaisir* que nous irons vers cet objet ? Non, car il est faux que l'homme agisse toujours par un calcul d'intérêt et en vue du plaisir ; mais il agit toujours : 1° en jouissant de son acte même ; 2° en jouissant de l'idée qui le dirige. Sans cette jouissance *immanente*, à la fois subjective et objective, il n'agirait pas ;

(1) *Revue philosophique*, 1908. Article sur la *Volonté de conscience*, 345 et ss.

mais il agit sans retour sur soi, sans égoïsme, « parce qu'il se donne et qu'il s'oublie » (1).

Si d'ailleurs il n'y avait pas en tout plaisir un élément représentatif, donc objectif, « comment pourrait-on savoir qu'il est *tel plaisir* »? Tout plaisir est rapporté à un objet et à une *cause*. L'idée de l'objet, origine du plaisir et de sa valeur, ne peut donc pas être indifférente, « puisqu'elle en est *partie* intégrante, *élément* ou *cause* ». Que certains actes aient une *valeur* autre que celle du *sentiment agréable* qui les accompagne, on ne peut le nier dans une philosophie des idées-forces, car ils ne produisent le sentiment agréable que justement « par la représentation de cette *valeur* autre et indépendante ». Par exemple, « nous ne pouvons jouir de la vérité qu'en nous la représentant comme valable pour notre intelligence et pour notre vouloir indépendamment du plaisir même qu'elle nous cause : c'est en faisant abstraction de cette jouissance que nous rendons la jouissance possible » (2). Aussi les pragmatistes, ces Larochefoucauld de la pensée, sont-ils dans l'erreur.

La morale des idées-forces enveloppe, en la dépassant, outre la morale du plaisir, la morale de l'amour (3). — L'universalité purement *formelle* et *rationnelle* des kantiens « laisse l'esprit aussi vide qu'elle-même », puisqu'on ne sait comment la chose universalisée serait bonne, si elle n'a rien « ni d'idéal et d'intelligible, ni d'aimable et d'essentiel à la félicité ». Avec Aristote et Platon, Fouillée redit que la joie est « immanente à l'acte » et qu'on ne peut concevoir un idéal sans joie ; la moralité sera donc la recherche d'une perfection qui n'est pas parfaite sans le bonheur, d'un bonheur qui n'est pas entier sans la conscience d'une perfection. « Le *bonheur* n'est que *la perfection ayant la conscience et la jouissance de soi.* » Et dès lors, pas de moralité sans l'amour du Bien : Kant lui-même, s'il

---

(1) *Ibid.*, pp. 121-123 sqq.
(2) *Morale des Idées-forces*, p. 242.
(3) *Ibid.*, p. 242 sqq.

agit par raison, c'est qu'il aime la raison : « il est tout plein du grand amour » (1). La froide raison et le cœur irraisonnable ne peuvent donc, chacun à part, fonder une théorie de la conduite : il faut qu'ils trouvent leur unité, et alors est accomplie la grande synthèse morale où « les termes valent par leur union même, constitutive du réel. »

III. — Les morales qui reposent sur les *rapports des sujets entre eux* (doctrines *sociologiques* et *solidaristes)* doivent être acceptées en leurs éléments positifs, mais elles sont insuffisantes. « Si l'homme n'était pas un animal plus intelligent, plus aimant, plus maître de sa volonté que le tigre, le chacal ou l'ours, la *société humaine* n'aurait pas les qualités spécifiques qui la distinguent des autres groupements et qui la rendent elle-même digne de respect et d'amour. Une bande de buffles n'est pas plus sacrée qu'un seul buffle, tandis que, dans la société humaine, il y a quelque chose de plus et de plus sacré que dans l'ensemble des individus. »(2) Pourquoi ? « C'est que, dans l'individu *humain* lui-même, il y a déjà quelque chose de plus que sa propre individualité, que la conscience de son seul *moi* : à savoir l'*idée* d'une société universelle, idée qui en commence la réalisation et la fait d'avance vivre en lui, par lui. » (3)

Il faut donc subordonner les doctrines sociologiques et solidaristes à la théorie nouvelle qui cherche à l'*intérieur même du sujet conscient sa première et fondamentale relation aux autres sujets ou objets*. Pas plus que la solidarité ou la fraternité, la charité n'est, selon Fouillée, un pur *sentiment* ; elle est « une *pénétration mutuelle des consciences* » ; elle est, elle aussi, « *notre conscience de nous-même tendant à sa plénitude par son expansion en autrui* ». Et, encore une fois, comme il ne saurait suffire d'entrer dans la conscience de tel individu *particulier* qui est l'objet propre et spécial de la charité,

---

(1) *Ibid.*, p. 265.
(2) *Revue philosophique*, 1908. *La volonté de conscience*, p. 127.
(3) *Ibid.*

comme il faut aussi, autant qu'il est possible, entrer dans la conscience de *tous* ceux avec qui cet individu est en rapport, avec qui nous sommes en rapport nous-mêmes, la charité est obligée de se faire *objective*, rationnelle, *scientifique* ; « elle est obligée de se faire *justice* ». La *conscience* étant inséparable des idées-forces concernant les valeurs objectives, la vraie charité et la vraie justice, au lieu d'être de purs « sentiments » ou de pures « intuitions », se rattachent *à la plénitude et à l'universalité de la conscience*, qu'exprime le *cogito, ergo sumus* (1).

IV. — Restent les morales fondées sur le *rapport du sujet à l'objet*, soit qu'elles admettent *l'obligation*, soit qu'elles la rejettent. Elles ont pour types, les unes le kantisme, les autres les théories de Guyau et de Nietzsche. Ici encore, la doctrine des idées-forces absorbe et se subordonne les autres doctrines. La *volonté de conscience*, réalité pour soi qui se saisit continuellement sans jamais pouvoir *se représenter à elle-même*, dépasse toujours toute représentation, toute *connaissance* proprement dite, tout désir particulier, tout sentiment particulier. C'est pourquoi, dans le domaine de l'action, « *elle impose à tout motif, à tout mobile, comme limitative, son action radicale et indéfectible, qui va toujours plus loin et plus haut* » (2). Cette action est, en elle-même, une *expansion spontanée* de l'intelligence et de la volonté, une *persuasion* de la volonté par l'intelligence.

S'il en est ainsi, le suprême « *persuasif* », que Fouillée substitua à l'impératif, n'est pas un simple *sentiment*, ni un simple « *désirable* ». Ainsi que la « charité », il est la *tendance fondamentale de la conscience de soi à devenir conscience universelle*, de la *volonté de soi à devenir volonté universelle*. C'est donc bien plus qu'un mode de la sensibilité ou même de l'intelligence ; c'est « la révélation la plus haute de notre action primordiale » et de notre *vouloir primor-*

(1) *Ibid.*
(2) *Ibid.*, p. 128.

dial, tel qu'il tend à être quand il n'est pas empêché. Aussi la « persuasion est-elle, comme Fouillée l'a dit souvent, établie au fond même de notre être », elle est « *auto-persuasion* ». Notre conscience en déduit, *proprio motu*, une auto-obligation, une *loi* intime ; mais cette loi reste inférieure et inadéquate à notre conscience de nous-même enveloppant autrui, d'où jaillissent à la fois idée, sentiment et amour. C'est donc toujours et partout la pleine volonté de conscience qui a la primauté (1).

On voit que, dans sa théorie de l'obligation, Fouillée n'en reste pas au point de vue inférieur de l'*entendement* et de la *logique*, qui fut celui de Renouvier, ni même au point de vue des *formes* de la *raison*, qui fut celui de Kant. Le *fondamental*, le *réel* et le *vivant*, voilà ce qu'il faut désormais poursuivre. « Où le trouver, sinon dans ces profondeurs de la vie *volontaire* et *consciente* où l'être existe pour soi et se réalise par soi, mais en concevant et voulant autrui ? »

Le caractère *persuasif* dérive, nous l'avons vu, de cette *spontanéité* qui caractérise la volonté de l'*universel*, résultant de la volonté de pleine *conscience*. Le *doute suprême* motivé par la *relativité de nos connaissances* est une seconde raison qui donne à l'« impératif » un caractère primitivement *persuasif*. La morale, en effet, est bien différente de la science positive. Toute science positive, par exemple la physique, subsiste théoriquement et pratiquement malgré le doute philosophique sur la valeur ultime de notre intelligence. En effet, la science porte sur des objets ou apparences d'objets qui existent indépendamment de toutes nos spéculations et qui sont sans cesse vérifiés par l'expérience. Que l'espace soit ou non une simple forme de la pensée, tout continuera de se passer autour de nous comme si les corps étaient dans l'espace, comme si les objets pesants tombaient vers le centre de la terre avec telle vitesse déterminée, etc. Illusoires ou non au point de vue absolu, nos idées scientifiques sont sans

(1) *Ibid.*

cesse confirmées et réussissent toujours. « Dans la morale, au contraire, il s'agit non plus de ce qui *est*, mais de ce qui *peut* être, de ce qui *tend* à être et *doit* être par le moyen de nos idées et de nos volontés. Si je dois sacrifier ma fortune ou ma vie plutôt que d'accomplir un acte déshonorant et injuste, par exemple un faux témoignage, il n'est plus indifférent de savoir si mon idéal moral est ou n'est pas en lui-même une illusion, produite par ma constitution physico-psychique et par le milieu social où je vis. Nous ne pouvons rien changer aux choses mathématiques, qui, quoi que nous fassions, se *présentent* toujours à notre pensée, tandis que nous pouvons changer ou même empêcher d'être les choses morales, si nous pensons que le malin « génie de l'espèce » nous dupe par le fantôme d'un bien impératif. Le doute ne modifie pas ce qui est *donné*, mais il peut modifier ce qui est *à donner*, nous empêcher de le vouloir, et de le donner, par le point d'interrogation élevé sur la valeur objective et définitive de notre conception. L'impératif de Kant n'est donc « catégorique » que dans l'hypothèse où notre « raison » concevant l'universel ne concevrait pas une forme vide et subjective, mais un contenu objectif et digne d'être pris pour fin ; l'impératif n'est *catégorique* qu'*hypothétiquement*. De plus, sa valeur dernière est suspendue à une suprême *condition de vérité et de réalité* qui reste elle-même *problématique*, je veux dire l'existence, au fond de nous et au fond des autres êtres, d'un *pouvoir* adéquat à l'idée de ce *devoir* dont nous avons le *vouloir* pour nous et pour tous. Il faut donc d'abord lever le doute en acceptant le devoir et en nous attribuant le « pouvoir », la « liberté ». L'obligation présuppose une persuasion antérieure de tout notre être intelligent, sentant et agissant, c'est-à-dire de notre volonté de conscience. » (1)

Fouillée conclut : « Je ne *sais* pas si, en définitive, le dévouement et l'amour sont supérieurs *en fait* à

(1) *Morale des Idées-Forces*, 130.

l'égoïsme, car je ne sais pas si, dans le monde réel, l'amour n'est pas finalement dupe de soi. » (1) Je ne sais même pas si la *validité objective* de l'idée du bien est *certaine* car nous n'en pouvons démontrer l'objectivité *absolue*. Un x subsiste au fond de notre pensée. Si, dans ces conditions, nous affirmons néanmoins par nos actes la validité de l'idée du bien, notre mérite n'en sera que plus grand. Le *mérite* est une hausse de vie volontaire et intellectuelle, une hausse de notre volonté de conscience et, par cela même, de notre *valeur* personnelle. Il faut que, pratiquement, par respect et par amour de l'idéal le plus élevé, c'est-à-dire par autopersuasion, je fasse abstraction du doute pour me subordonner et au besoin me sacrifier à l'idéal, advienne que pourra. « N'y eût-il, dans l'infinité du temps et de l'espace, qu'une seule chance de faire triompher l'universelle bonté, l'homme veut la poursuivre. » (2) Ainsi, jusqu'au bout, et en tous les sens du mot, la moralité est une « *spéculation en acte* » : en ce sens d'abord qu'elle est la *pensée* devenant *pratique*, le *désintéressement intellectuel* de la pensée se développant en *désintéressement* actif et en altruisme ; en ce sens ensuite que, par le doute critique, la pensée pratique ou spéculative s'étant retournée sur et contre elle-même, la morale devient l'acceptation d'un καλὸς κίνδυνος : c'est la *spéculation* non plus du joueur, mais du penseur qui se fie à la pensée pour essayer d'agir d'après elle ; elle est donc un *acte* d'espérance dans l'avenir de l'humanité et du monde (3). A la devise découragée du savant allemand : *Ignorabimus*, Fouillée réplique par ce qu'on a appelé « la vaillante devise de sa philosophie » : *Sperabimus*. Si l'objet du devoir n'est point, comme l'affirment les kantiens, contraire aux vraies *lois* de la *nature*, il n'est toutefois pas une conséquence néces-

(1) *Ibid.*, p. 101-102 ; p. 198-199, 380.
(2) *Ibid.*, p. 380, 383.
(3) La « spéculation en acte » dont avait déjà parlé la *Critique des systèmes de morale contemporains*, prend chez Guyau une forme plus scientifique et positive, plus pragmatiste en un certain sens : « l'amour naturel du risque », du « risque métaphysique » et du « risque moral ».

saire de ces lois, *abstraction faite de notre conscience et de notre action volontaire.* « Le devoir est une *création de notre pensée,* par laquelle nous nous imposons de produire réellement le meilleur en nous et hors de nous. » Ainsi conçue, l'idée du devoir ne dépend pas de la question de savoir si, en fait, l'univers est capable de la réaliser : « ce dernier problème se pose *après* et non *avant.* » L'idée persuasive subsiste par sa propre valeur et agit par sa propre efficacité. L'homme est moral dans la mesure même de cette action ; sa valeur et son mérite actif, tout s'accroît avec elle : il devient par elle de plus en plus personnel et de plus en plus impersonnel, de plus en plus individualisé et de plus en plus socialisé.

« Ni la clarté, a dit M. Weber en rendant compte de la *Morale des Idées-forces* (1), ni la méthode, ni l'éloquence, ni l'enthousiasme, ni la sublimité des accents de la haute philosophie ne manquent à ce livre. Les qualités maîtresses d'Alfred Fouillée s'y retrouvent, à un degré éminent, tel que le comporte la nature du sujet. Le lecteur qui parcourra, livre en main, les étapes que nous n'avons fait qu'indiquer dans une esquisse rapide se sentira peu à peu pénétré et conquis par cette argumentation enveloppante, qui, loin de s'imposer avec la franche brutalité d'un raisonnement mathématique, séduit par la variété de ses ressources et charme par la souplesse de ses développements. Son tempérament de dialecticien explique en partie que l'auteur se représente, comme il le représente à autrui, l'idéal moral sous la forme de la persuasion suprême. Si, en quelques points, la démonstration est peut-être parfois un peu subtile, il ne demeure pas moins que, dans son ensemble, cette doctrine est plus vraiment *scientifique,* parce qu'elle s'inspire d'une large et humaine philosophie, que plus d'une théorie se réclamant jalousement de la « Science », mais d'une science, il est vrai, étroite, unilatérale et sectaire à force d'être « positive ». A ce titre, la morale des idées-forces exprime une réaction utile contre les courants où l'esprit philosophique risque de sombrer, parmi les écueils des pseudo-méthodes scientifiques, dans les remous sans direction définie des interprétations hâtives, des classifications arbitraires des faits de l'histoire et de la sociologie. A un autre point de vue, la morale des idées-forces est un effort réussi pour renouer la chaîne de la tradition et pour relier et adapter aux conceptions issues du savoir moderne les intuitions admirables et profondes de l'ancienne philosophie, de l'ancienne morale, bref de l'humanisme gréco-latin. Elle revendique justement les droits du passé à nous instruire encore et à guider les générations futures dans la conquête de l'idéal, que ses penseurs réservaient à une élite, alors que nous voulons aujourd'hui qu'elle soit l'œuvre de tous. Depuis les célèbres analyses de la *Critique de la raison pratique,* il semblait, en effet, que le fossé d'abord creusé par le christianisme entre les deux termes, *nature* et *moralité,* dût s'approfondir de plus en plus et devenir à jamais infranchissable, et il faut savoir gré à la doc-

(1) *Revue de métaphysique et de morale,* 1908.

trine des idées-forces d'avoir montré qu'on peut reconstruire la morale sur les bases de l'union de l'homme — de la nature humaine pleinement et scientifiquement comprise — avec le monde qui l'environne, avec les lois universelles qui le déterminent, et où il puise la force de s'affranchir en les pénétrant. »

« Le problème se pose bien, dit à son tour M. Parodi (*Revue phil.*, 1908, p. 353), tel que M. Fouillée l'aperçoit : il s'agit de réconcilier, en faisant à chacun sa juste part, tous les éléments divers, également agissants autour de nous, naturalisme et idéalisme, positivisme scientifique et exigences du sentiment, expansion individuelle et règles sociales, prétention illimitée du moi à se créer des tables de valeur, et force bienfaisante des traditions et des contraintes collectives... La morale des idées-forces fait très large place aux « éléments sociologiques de la morale », sans pourtant y sacrifier l'action individuelle ; sa méthode psychologique lui permet d'interpréter les grandes idées morales en leur ôtant tout air de transcendance et d'irrationalité. Enfin et surtout son principe directeur paraît plus propre que tout autre à fonder une doctrine positive de la vie, puisque, du point de vue même du naturalisme et de l'immanence, il prétend justifier les aspirations de la pensée et de la volonté humaines à agir sur les choses, à les modifier et presque à les créer telles qu'elles les conçoivent : le champ est ouvert, indéfini, aux espérances que nous pouvons mettre dans notre énergie, puisque l'idée-force puise en elle-même, dans sa clarté, son intensité et sa sincérité, la puissance de se faire réelle, et que rien n'en limite *a priori* l'efficace que les limites mêmes du possible. Aussi est-ce à bon droit qu'une telle philosophie s'intitule la philosophie de l'espérance, et M. Fouillée y conclut à peu près dans les mêmes termes que M. William James, lorsque, dans son dernier livre, celui-ci réclame le droit de se représenter l'univers malléable à l'action humaine, plutôt que rigoureusement déterminé dans toutes ses parties, ou même que prédestiné à notre bonheur ; l'un comme l'autre voient le véritable intérêt moral de l'homme dans le risque à courir d'un succès douteux, mais possible, dont, à travers tous les périls et toutes les souffrances, sa volonté pourrait se dire l'initiatrice authentique. » C'était aussi la doctrine de Guyau. M. Parodi termine en disant de la *Morale des Idées-forces* : « Est-il besoin d'en redire la richesse, la séduction et la portée? Il est bien possible que s'y rencontrent la plupart des éléments de la synthèse morale à laquelle semblent s'essayer les meilleurs esprits de notre temps. »

Fouillée restera, avec Guyau, le plus grand moraliste du XIXe siècle, le plus original et le plus moderne, le moins exclusif et le plus compréhensif. Il a excellemment montré : 1º que l'idéal moral est une construction spéculative en vue de la pratique, une création de la pensée; 2º que cette construction n'est pas arbitraire ni purement individuelle, parce que la vraie *pensée* de l'individu raisonnable est en harmonie avec celle de tous, avec les lois universelles de la vie et de la société. Enfin, Fouillée a fait voir que la liberté est un élément essentiel de l'idéal moral, parce que la bonté libre est infiniment supérieure à la bonté fatale, qui n'est qu'une nécessité et un besoin de nature. La liberté, entendue au sens positif, comme expansion volontaire au-delà de toute limite, y compris les limites de l'individualité, est l'essence même du bien, la fin suprême de nos actions. En même temps, elle est le moyen de la moralité, la cause efficiente du bien. Précisément parce que nous la prenons pour fin idéale, nous en commençons la réalisation effective en nous-mêmes. La liberté-fin suscite la liberté-moyen, qui introduit dans le monde une certaine forme d'indétermination par rapport aux causes extérieures, pour aboutir à l'auto-détermination intérieure sous l'idée de l'universel. La morale de la bonté, de la vraie bonté, ne sera jamais dépassée : tout ce qui reste en deçà est insuffisant, tout ce qui prétend aller au-delà est une déchéance. La bonté est la plus grande perfection volontaire travaillant à la plus grande perfection volontaire de tous les autres êtres et, par cela même, à leur bonheur. Elle n'enveloppe pas seulement amour, elle enveloppe intelligence et puissance ; elle est donc la plus complète satisfaction de la volonté de conscience.

DEUXIÈME PARTIE

SOCIOLOGIE DES IDÉES-FORCES

CHAPITRE PREMIER

SOCIOLOGIE THÉORIQUE ET PRATIQUE

I. — *La Sociologie théorique et ses principes.* — Lorsque parut *La Science sociale contemporaine* (1880), l'école positiviste et l'école organiciste se partageaient les esprits. Fouillée, un des fondateurs de la sociologie actuelle, introduisit un nouveau principe éminemment synthétique : *l'action que la conscience des sociétés exerce sur elle-même en se concevant*, par ses *idées* et ses *désirs*. Ce principe fait sa part à l'action *organique* des causes inconscientes et vitales, ainsi qu'à la réaction intelligente de l'humanité sur elle-même et au régime de plus en plus *contractuel* qui en est la conséquence. La conception de Fouillée devançait ainsi et dépassait tout à la fois celle de Tarde sur l'inter-psychologie, celle de M. Durkheim sur la société comme ensemble de *choses objectives* répondant à un ensemble de *représentations* ou *idées collectives*.

La sociologie est, selon Fouillée, l'étude de la *nature*, de l'*origine* et du *développement* des sociétés, sous l'action des causes physiques, biologiques, psychologiques et surtout sociales d'où procèdent leur *constitution* et leur *évolution*. Or, parmi ces causes, dans les sociétés humaines, il est essentiel de placer « l'idée même qu'elles ont de leur constitution actuelle et de leur évolution future » (1). Il n'y a, à proprement parler, de « fait *social* » que lorsqu'il y a *réaction d'une conscience sur une autre*, puis *réaction de l'ensemble des consciences sur lui-même*. Dès lors, le caractère le plus essentiel de l'ordre social, selon la doctrine originale et profonde de Fouillée, c'est « de se modifier en se concevant, d'être une auto-détermination collective par l'idée-force et le sentiment-force, si bien que toute société se trouve, pourrait-on dire, en état de continuelle *création de soi par soi*, de modification du réel par les idéaux ». Cette application de la loi des idées-forces avait été méconnue par les sociologues, notamment Comte et Spencer; elle est pourtant le complément indispensable de tous les autres points de vue auxquels ils s'étaient placés. L'honneur de Fouillée sera de l'avoir mise en lumière.

II. — Quatre grandes théories dominent la sociologie des idées-forces. La première est celle de *l'organisme contractuel*. Le point de vue biologique, selon Fouillée, a sa vérité, mais il est insuffisant.

« Une société est bien un *vivant*, ce qui ne veut pas dire qu'elle soit un animal ou un végétal. La *vie* est une *volonté de conservation et de progrès* qui anime des *organes* et s'exerce par des *fonctions*. Ces fonctions sont des modes de *finalité* interne et externe, c'est-à-dire d'adaptation mutuelle des organes à l'intérieur ou d'adaptation au milieu extérieur. Or, tous ces caractères essentiels de la vie se retrouvent dans une société organisée : il y a un commun *vouloir-vivre*, une commune direction de tendances en partie inconscientes à la conservation et au progrès de l'ensemble ; il y a adaptation des individus les uns aux autres et de chacun au tout ; il y a adaptation du tout au milieu extérieur ; il y a organes et fonctions ; donc une société vit et constitue un organisme, mais d'une espèce particulière ; elle ne réagit pas seulement aux sollicitations du dehors ; elle a une vie interne qui consiste à se créer des idéaux et à les réaliser. » (2)

Selon la doctrine soutenue dans la *Science sociale contemporaine* et dans les *Eléments sociologiques de la morale*, la société est constituée indivisiblement par

(1) *Revue de Métaphysique et de Morale*. Mai 1911.
(2) Fragment inédit d'une lettre de Fouillée.

« un ensemble de *nécessités collectives* » et par « un *consentement individuel* plus ou moins implicite à ces nécessités ». Il y a tout à la fois de l'involontaire ou de l'inconscient, du volontaire et du conscient dans le lien social. L'individu doit avoir, fût-ce sous la forme la plus confuse, le sentiment et le vouloir de son union avec autrui pour faire partie intégrante d'une société digne de ce nom. Pas de vraie société sans un *accord interne* des membres, sans un *désir d'unité* plus ou moins conscient et sans une *représentation* plus ou moins vague du tout dont ils font partie. Cette représentation est l'idée-force qui domine le développement social.

Ainsi transposée dans la vie collective, la loi des idées-forces a pour conséquence « une certaine *liberté* de la société en ses fonctions les plus hautes, sans qu'il faille par là entendre un libre arbitre indéterminé » (1). La société est, non une *chose toute faite*, mais une *organisation* qui, dans ses parties supérieures, se crée sans cesse elle-même. Il en résulte « une croissante *flexibilité de fonctionnement* et même une croissante *malléabilité de structure*, qui entraîne une perpétuelle variation malgré la constance des éléments essentiels ». « Le sociologue a moins affaire à des choses immuables et comme mortes qu'à un *perpétuel devenir* ou *tourbillon vital*. Le même événement, en effet, ne se produit pas deux fois d'une manière concrète dans les sociétés humaines, pas plus, d'ailleurs, que dans la vie individuelle. » De plus, il existe une *réaction* des éléments sociaux sur eux-mêmes par le moyen de la *conscience et des libres volontés*. Mais la complexité de cette réaction qui se réfléchit sur soi ne l'empêche pas d'être toujours rationnelle ; infiniment plus fluide et plus souple que les autres, elle reste néanmoins soumise à la loi de *causation* et, par conséquent, elle manifeste en sa variété un petit nombre de lois fondamentales.

(1) *Ibid.* Voir aussi la *préface* nouvelle ajoutée par Fouillée, en 1910, à la *Science sociale contemporaine* ; il y marque excellemment la place de ses idées dans le mouvement contemporain.

Ces lois se rattachent, d'un côté, aux lois biologiques, de l'autre, aux lois psychologiques ; mais elles n'en ont pas moins, selon Fouillée, leur originalité propre et constituent des lois vraiment *sociales*. « Est *social* en effet, ce dont l'explication doit être recherchée, non dans les consciences individuelles, mais dans l'*action réciproque des consciences* et dans la *réaction de la conscience collective sur soi*. C'est donc bien le déterminisme social et surtout l'*auto-détermination sociale* qui sont l'objet de la sociologie. » (1)

La sociologie se distingue de la psychologie individuelle ; car, pour découvrir les causes et les effets d'une institution sociale (le régime des castes, par exemple, ou le régime de l'égalité démocratique), il faut sortir de l'observation de nous-mêmes, de l'étude du moi.

Gabriel Tarde a trop réduit la sociologie à une interpsychologie. Il a eu d'ailleurs le grand mérite de mettre en lumière le rôle universel de l'*imitation* ; de plus, il a eu raison d'insister sur le rôle non moins universel de l'*innovation* et de l'initiative. Il a montré ainsi l'importance de l'*individu*, qu'on tend aujourd'hui à annihiler au profit du grand tout matériel ou du grand tout social. Mais l'imitation ne paraît pas à Fouillée aussi fondamentale que le supposait Tarde. L'imitation est un processus d'*expansion* pour les faits sociaux : instincts, sentiments, idées ; elle ne les *constitue* pas. Il y a, dit Fouillée, un élément volontaire et rationnel dans la participation d'un être intelligent à la vie sociale, sous l'une quelconque de ses formes et dans l'un de ses lieux d'action ; or, « cet élément *rationnel* ou *volontaire* est beaucoup plus vraiment social que l'élément imitatif, qui est machinal et voisin du mécanisme physique » (2).

Pareillement, le phénomène de l'*invention*, qui est plus proprement psychologique, n'est cependant pas encore caractéristique de l'ordre social. L'invention est surtout individuelle, le génie est surtout le propre

(1) *Ibid.*
(2) *Ibid.*

d'une personne. « Ce qui ne veut pas dire que la société n'ait point dans les inventions sa part, qui doit être mise en évidence par le sociologue. »

Comme elle se distingue de l'inter-psychologie soutenue par Tarde, la sociologie de Fouillée se distingue du néo-positivisme de M. Durkheim, qui veut étudier les faits sociaux du dehors comme des *choses* faites et données. La vraie science sociale ne considère pas la société comme simple ensemble de choses et d'institutions, mais comme *agent* et agent *conscient qui se dirige lui-même.* Elle doit donc se garder de cristalliser ce qui est essentiellement fluide et mouvant, de considérer comme *fait* ce qui *se fait* sans cesse soi-même en se concevant et en se désirant. « *La société digne de ce nom est fondée sur sa propre idée et sur sa propre volonté.* » La *contrainte*, dont parle M. Durkheim comme caractéristique du fait social, est un phénomène secondaire et encore mécanique. La vraie méthode scientifique, en sociologie, ne consiste pas à considérer uniquement les faits sociaux comme « des objets donnés » ainsi que le veut M. Durkheim, et donnés « du dehors ». Elle consiste à étudier de quelle manière et par quel genre *d'activité inhérente aux consciences* les objets sont produits. Il est trop commode de se *donner* d'avance les choses à expliquer, ce qui dispense d'explication ; il est trop commode aussi de ne chercher que des explications tout extérieures, matérielles et mécaniques. M. Durkheim, d'ailleurs, finit lui-même par faire appel aux représentations collectives, aux « idéaux », donc aux idées-forces collectives. Son système oscille ainsi entre le matérialisme sociologique de Marx et l'idéalisme volontariste de Fouillée.

A la « *conscience collective* » admise par M. Espinas, et par M. Durkheim, Fouillée objecte que rien n'autorise à supposer un *moi* social dont nous n'avons aucune expérience, ni même à supposer une conscience vraiment sociale, puisque tous les phénomènes de conscience se passent chez les individus en relation avec d'autres individus. Le *moi* social de la France n'existe nulle part ; les consciences individuelles des Français se bornent à dire : *nous* Français, *nous* la France ; mais nulle part la France ne dit *moi*. Il faut se garder de pousser trop loin les analogies psychiques de la société avec l'individu, tout comme on a poussé trop loin les analogies physiques de la société avec les organes de l'animal (1).

II. — Après la doctrine de *l'organisme intellectuel et volontaire*, la seconde théorie, corollaire de la précédente, qui domine la sociologie des idées-forces, c'est celle du *contrat implicite* et du *quasi-contrat*, correction nécessaire à la théorie de Rousseau comme à celle de Spencer. Dès 1879, Fouillée avait parlé d'un quasi-contrat qui relie l'individu à la société (2). Il ajoutait qu'il existe « plus encore qu'un quasi-contrat » entre les hommes d'une même société, qu'il existe entre eux un contrat réel, quoique implicite, « dont le *signe juridique* est l'*action*, au lieu d'être une parole ou une signature » (*Science sociale contemporaine*, p. 11). Le peuple français est moralement constitué « par tous les Français avec l'ensemble des contrats généraux et particuliers qui les lient ». Et ce lien est de tous le plus solide et le plus durable, « car il ne dépend pas d'une seule volonté individuelle, mais de quarante millions de volontés qui ont des *engagements* l'une envers l'autre, et même envers les générations dont elles *acceptent l'héritage* ». Le « testateur et son héritier », ajoutait Fouillée, « sont liés par un contrat qui oblige le second à *prendre les charges de l'héritage* comme les bénéfices (p. 15) ». C'est la « dette sociale » dont parla beaucoup plus tard M. Bourgeois, avec cette différence que, pour Fouillée, elle est plus encore qu'un quasi-contrat et résulte d'un contrat implicite. La conclusion de Fouillée était que le régime contractuel, idéal du droit, avec toutes les associations qu'il engendre au sein de la

---

(1) *Hist. de la phil.*, p. 552.
(2) Voyez la *Revue des Deux-Mondes* de 1879 et la *Science sociale contemporaine*, 1880, p. 11.

grande association nationale, est « le plus propre à tenir compte de toutes les *obligations*, de tous les *contrats* exprimés ou sous-entendus, de tous les *engagements juridiques* à l'égard des parents et de la patrie : *qui dit contrat dit solidarité* » (p. 16).

Dans la *Propriété sociale et la Démocratie* (1884), Fouillée revint à diverses reprises sur la thèse du quasi-contrat. « Une société, disait-il, au sein de laquelle des enfants peuvent encore se trouver abandonnés est engagée envers ces enfants par ce que les jurisconsultes appellent un *quasi-contrat* : elle leur doit les aliments et, en les leur donnant, elle ne fait qu'acquitter une *dette*... » — Même observation, même application des idées de contrat implicite et de quasi-contrat « pour les vieillards infirmes ou même, en général, pour tous ceux qui, étant réduits à l'incapacité absolue de travailler, n'ont point de parents qui puissent les soutenir... L'*absolue liberté de la charité* est un préjugé religieux et moral qui vient d'une insuffisante analyse des *droits* » (1).

III. — De plus, invoquant la solidarité des générations présentes avec les générations passées, Fouillée avait introduit dans la science cette grande idée (inspirée par Mme Fouillée) (2) que nous naissons collectivement chargés d'une dette de justice *réparative*. C'est la troisième et capitale théorie qui domine la sociologie des idées-forces. « En effet, selon les règles de la justice contractuelle, tout contrat d'échange ou même de donation suppose qu'avec les bénéfices on accepte les *charges*... (*Science sociale*, p. 369). » Or, parmi ces charges, se trouve la réparation des injustices provenant du fait des sociétés antérieures. « La fonction *réparative*, dans l'ordre social, ne saurait incomber à un homme seul, ni à quelques-uns ; elle incombe à tous les membres de la société : elle est du ressort de l'action collective... » (p. 371). Fouillée réduisait la

---

(1) *La propriété sociale*, 1re édition (1884), pp. 132, 133.
(2) Voir la nouvelle préface de la *Science sociale contemporaine* (1910).

fraternité même à la *justice réparative* : « La fraternité n'est, en sa pure essence, qu'une justice plus haute, une justice plus complète, une *justice surabondante*. Sans doute, au point de vue moral, dans nos intentions et au fond de notre cœur, tout doit être amour, même la justice ; mais, au point de vue social, dans nos actions et nos relations avec les autres hommes, *tout doit être justice, même l'amour* » (p. 378).

Depuis lors, Fouillée persista à croire et à dire que le fait même de vivre au sein d'une société que nous n'avons pas constituée pour notre part, le fait d'accepter ses bénéfices, ses charges, ses conditions de toutes sortes, même celles qui nous gênent ou qui nous semblent mal établies, constitue un quasi-contrat ; mieux encore, un « *contrat implicite* » par lequel l'individu se lie de fait, d'idée et de sentiment à tous les autres individus, à la société entière, ou plutôt à telle société ayant la vie d'un Etat indépendant (1).

Adoptant entièrement la théorie de Fouillée dans un livre qui parut en 1899, M. Léon Bourgeois a mis en lumière le lien social de solidarité, la dette sociale qu'il implique, le « quasi-contrat » qui est le fondement de cette dette. M. Andler, après avoir célébré le livre de M. Bourgeois comme une nouveauté d'importance capitale et un « *gros événement intellectuel* », alla jusqu'à dire : « Un fait s'est produit, assimilable, si l'on en prend conscience, aux plus profondes révolutions qui aient eu lieu dans le droit, et, à notre surprise, a passé inaperçu presque ». Ce fait, c'est « la disparition de toute différence entre droit public et droit privé, le droit public se ramenant à un ensemble de *relations privées*, de *contrats* et de *quasi-contrats* entre telles et telles personnes ». Fouillée avait pourtant dit, bien avant M. Bourgeois : « *Toute question de droit politique ou public ne se résout-elle pas pour chacun en une question de droit personnel, qui intéresse à la fois la fortune, la propriété, la liberté de chaque citoyen ? Qu'est-ce que cet objet politique qui ne serait*

(1) *Eléments sociologiques de la morale*, p. 309.

pas la propriété des individus ? Pour qu'il soit le *bien public* de la communauté, il faut qu'il soit le bien de chacun, que chacun l'accepte et y donne son *consentement* formel ou *implicite*, réel ou *supposé*. Veut-on dire simplement que tout citoyen naît de fait dans un Etat déjà formé et avec des *engagements implicites* à l'égard de ses concitoyens ? Encore une fois nul ne le conteste, etc. » (*La Science sociale contemporaine*, p. 22). Il est vrai que nous naissons *malgré nous* membres d'une société déterminée, mais « nous *acceptons* ensuite le fait accompli et, quand nous arrivons à l'âge de majorité, nous *adhérons* par nos *actes* mêmes au contrat social en vivant au sein de l'Etat et sous les lois communes de l'Etat » (1).

C'est donc bien à Fouillée que revient la théorie qui eut tant de succès par le fait de M. Bourgeois, ministre de l'instruction publique. Mais Fouillée trouvait qu'on avait altéré sa doctrine. « Quoi que nous ayons pu dire nous-même, au point de vue juridique et moral, du *quasi-contrat*, de l'*organisme contractuel* auquel se ramène la société, enfin de la réduction possible de tous les droits proprement juridiques à des droits *interpersonnels*, nous sommes obligé de réagir contre une interprétation individualiste de ce principe qui nous semble abusive. Nous demanderons d'abord comment les vivants peuvent être tenus envers les *individus* de la génération à venir, qui n'existent pas encore et que nous ne connaîtrons jamais. Nous ne sommes obligés, nous dit-on, qu'envers des individus et dans la mesure de leur « service individuel », reçu d'eux, antérieurement même à notre consentement ; eh bien ! les individus à venir ne nous ont rendu, avec ou sans notre consentement, aucun service ; c'est au contraire nous qui leur en rendons. Pourquoi donc et comment sommes-nous tenus de leur en rendre? — C'est, direz-vous, pour acquitter au profit de nos successeurs notre dette envers nos devanciers. — Mais pourquoi cette substi-

(1) *Ibid.*

tution d'*individus*, où disparaît précisément toute considération de l'individualité comme telle? De fait, au lieu de services vraiment individuels, vous invoquez des services collectifs, et vous les supposez *réversibles* en vertu d'une *solidarité* qui n'est plus individuelle. Si vous commencez par dire que tout service est uniquement individuel, toute dette individuelle, tout devoir individuel, ne reposant uniquement que sur un *quasi-contrat* entre *individus* qui se rendent *service*, la meilleure volonté du monde ne pourra plus rattacher rationnellement les générations futures aux individus vivants ou morts. Le point de vue exclusivement individualiste et utilitaire a donc besoin d'être dépassé. » (1) Pour sa part, en traitant cette question, Fouillée a toujours parlé non pas seulement d'un contrat plus ou moins *arbitraire* entre les individus, mais d'un *organisme* collectif et contractuel ; et, au-dessus même du point de vue contractuel, il a toujours élevé le point de vue *rationnel* et *moral*, qui implique une considération *d'universalité* dominant celle des individualités.

IV. — Fouillée a posé les bases rationnelles de la « doctrine solidariste. » C'est la quatrième théorie que contient *la Science sociale contemporaine*. Pour exprimer la solidarité des générations, il employa une image qui ne tarda pas à devenir classique : « L'inventeur de la charrue laboure encore, invisible, à côté du laboureur. » Mais Fouillée, en même temps, montra les limites du solidarisme. Ce n'est pas la solidarité naturelle qui fonde la justice, comme l'a soutenu M. Bourgeois dans son livre sur *La Solidarité*, inspiré de Fouillée ; c'est l'idée-force de la justice et du lien rationnel entre les hommes qui fonde la seule vraie solidarité, la solidarité morale et sociale. La solidarité naturelle n'est que le déterminisme ou la causalité réciproque, qui n'a encore rien de moral. « Il y aura toujours action et réaction inévitables des uns sur les autres, influence mutuelle avec contre-coup de chacun

(1) *Eléments sociologiques de la morale*, p. 311.

sur l'ensemble et de l'ensemble sur chacun. Les vagues de l'océan sont aussi bien solidaires dans le choc de la tempête que dans la paix des jours sereins. » (1)

La conception si originale et si féconde de l'organisme *contractuel*, magistralement développée dans la *Science sociale contemporaine*, fut hardiment étendue par Fouillée au monde entier, qu'il représenta comme « *une vaste société en voie de formation* », comme un organisme vivant qui tend à prendre de plus en plus conscience de lui-même et dont l'idéal est la mutuelle affection de tous les membres.

On a trouvé dans la bibliothèque de Nietzsche la *Science sociale contemporaine*, annotée de sa main (2). Il avait été frappé de la théorie de Fouillée sur le monde conçu comme société de consciences. Il revient, dans sa *Volonté de puissance*, sur cette théorie, qui choquait son instinct anti-grégaire (3). — « Tentative pour prêter à la société une valeur cosmique et même métaphysique ! s'écrie-t-il ; je défends contre elle l'aristocratisme. »

Fouillée répond à Nietzsche, dans un des chapitres de son livre : le *Moralisme de Kant et l'Amoralisme contemporain* (p. 321). Il fait voir que l'aristocratisme est l'exagération illégitime d'un principe vrai, la nécessité des élites *naturelles*, non pas artificielles ; il fait voir que la loi de sélection, invoquée par Nietzsche, exige la vraie égalité sociale, qui permet aux supériorités naturelles ou acquises de se manifester librement ; il fait voir aussi que la fraternité et la philan-

---

(1) *Éléments sociologiques de la morale*, p. 305.
(2) Il eût été très intéressant d'avoir ces annotations de Nietzsche sur la *Science Sociale contemporaine* et sur les autres ouvrages de Fouillée qu'il pouvait avoir. On sait que Fouillée a lui-même pu se procurer et a publié les notes de Nietzsche sur l'*Esquisse d'une morale sans obligation ni sanction*. Par malheur l'exemplaire que possédait Nietzsche de la *Science sociale contemporaine* et aussi celui qu'il avait de l'*Irréligion de l'avenir* ont été confiés, pour la reliure, à un relieur aussi inintelligent que minutieux ; cet homme a effacé en partie les annotations et les a en partie coupées pour ramener toutes les pages à la même dimension. L'éditeur qui publie les œuvres de Nietzsche n'a pu encore reconstituer ces notes qui offrent, paraît-il, un grand intérêt.
(3) Voir la page consacrée par Nietzsche à Fouillée dans la *Volonté de puissance*, § 334.

thropie, condamnées par Nietzsche comme par Spencer et par divers Anglais, est, en réalité, un instrument de progrès social, non de décadence.

V. — *La sociologie pratique.* Après avoir considéré des phénomènes et des causes, la sociologie a-t-elle le droit de considérer des *fins* ? — Oui, selon Fouillée. Seulement, il faut bien entendre de quelles fins elle s'occupe. Il ne s'agit que des fins proprement et spécifiquement sociales, distinctes des fins individuelles, quoique en intime relation avec ces dernières. Une société a, comme telle, des intérêts propres ; elle a pour fin naturelle et immanente de se *conserver*, de se *développer* en *intelligence*, en *moralité*, en *puissance*, en *richesse*, en *bien-être*, en *bonheur*. Le progrès de la science, le progrès de l'art, le progrès du droit, le progrès de la division du travail, le progrès de la coopération, le progrès de l'union entre les citoyens d'une même société, le progrès de l'union avec les sociétés voisines, le progrès consécutif de la paix internationale, voilà des fins essentiellement collectives. Ces fins sont *désirées* en fait par les sociétés ; à ce titre, elles intéressent déjà la sociologie et sont des *faits* sociaux. Mais le sociologue peut très bien ajouter que ces fins socialement désirées sont aussi socialement *désirables*, parce qu'elles expriment l'essence même des sociétés, la forme la plus haute de leur vouloir-vivre. Il appartient donc à la sociologie, tout comme elle opère la synthèse des diverses sciences sociales : droit, politique, économie politique, éthologie collective, etc., de poursuivre la synthèse des diverses *fins* sociales auxquelles chacune de ces sciences est suspendue. En d'autres termes, la sociologie aboutit à une science de *valeurs*, mais de valeurs spécifiquement collectives : elle détermine des *idéaux*, mais des idéaux de la vie en commun (1).

De toutes ces considérations dérive une conséquence importante, c'est que, dans la sociologie, la pratique est *inséparable* de la théorie. En effet, la théorie met en relief des idées communes, des croyances relatives

(1) *Revue de métaphysique*, mai 1911.

aux fins sociales et aux moyens sociaux, aux idéaux de l'évolution et à sa direction possible. Or « une telle théorie, selon Fouillée, est *efficace et pratique par elle-même*, grâce à la tendance qu'ont les idées à *s'objectiver en actes.* » D'autre part, la pratique réagit nécessairement sur la théorie. N'avons-nous pas vu que la sociologie théorique doit s'appliquer à un objet qui, dans la pratique, se transforme incessamment ? « La société ne peut donc jamais se contempler elle-même comme *du dehors*, ainsi qu'on regarde un objet dans un miroir ; *en se contemplant, elle se change.* » (1) Aussi Fouillée trouve-t-il insuffisant de considérer les faits sociaux comme des « choses » indépendantes des volontés individuelles et ayant une existence à part. Puisque la société a pour caractère essentiel d'agir en vue de certaines fins et sous certaines idées, peut-on faire complètement abstraction de ces fins et de ces idées ? Peut-on étudier les actions et relations humaines comme si elles étaient des objets tout donnés, entièrement extériorisés et fixes ? Tout ne semble pas expliqué dans les sociétés humaines par le « volume, la densité, la complexité et l'unité », caractères objectifs et formels ; plus intimes et plus reculées sont les vraies explications : elles consistent, comme M. Durkheim finit lui-même par l'admettre, dans les *représentations*, inséparables de *sentiments* et *d'impulsions*, c'est-à-dire de forces efficaces ; et ces représentations, qui ont pour objets des idéaux, en devenant collectives, produisent des effets collectifs.

La conclusion dernière de Fouillée, c'est que le précepte « connais-toi » s'applique aux sociétés comme aux individus, et que la *connaissance de soi* est déjà, pratiquement, une *réformation de soi*. Nulle société intelligente ne peut se voir inférieure à son propre idéal sans que cette vision soit déjà une modification en mieux, une *virtualité de progrès*, une *réalité de progrès*. La sociologie pratique est donc par essence « *réformiste* » (2).

(1) *Ibid.*
(2) *Ibid.*

Fouillée, en définitive, non moins initiateur en sociologie qu'en philosophie, a introduit dans la science sociale sa méthode de synthèse habituelle ; il a augmenté la portée et la profondeur de cette science en y opérant les synthèses suivantes qui sont toutes d'une incontestable importance : 1° Synthèse de la *finalité inconsciente* ou *organique* et de la *finalité consciente* ou *intellectuelle* : dans la société comme dans l'individu, la volonté de *vie* devient volonté de *conscience* et il y a réaction des *idées* sur les *instincts ;* 2° Synthèse du *contrat implicite,* voisin de la vie sociale inconsciente et du *contrat explicite,* où la vie sociale devient vraiment consciente et libre ; 3° Synthèse de la *fraternité* et de la *justice* par la conception de la *justice réparative,* qui substitue au sentiment un droit véritable, quoique non revendicable par l'individu même ; 4° Synthèse de la *sociologie* et de la *cosmologie* par l'idée de *société universelle des consciences* en voie de développement ; 5° Synthèse de la *sociologie théorique* et de la *sociologie pratique* par la vertu de réalisation qui appartient aux idées et aux sentiments qu'elles dirigent. La méthode de Fouillée est partout la même et partout aussi féconde.

CHAPITRE II

L'IDÉE-FORCE DU DROIT

Dans l'*Idée moderne du droit* (1878), qui, comme la *Science sociale contemporaine*, exerça une grande influence sur les générations du dernier tiers du XIXe siècle, Fouillée, fidèle à sa méthode, recherche par quelle évolution « le droit-idée peut se concilier avec le droit-force, cher aux Allemands et avec le droit-intérêt, cher aux Anglais. » En ce qui concerne le fondement même du droit, il essaie de réunir par une formule synthétique les résultats de l'évolutionnisme et ceux du kantisme, mais en les dépassant par sa notion originale du *droit réel créé par l'idée même du droit*. Spencer et Kant lui semblent avoir tous les deux le tort de se perdre dans le transcendant, l'un, par sa théorie de l'*inconnaissable*, dont il fait un vrai noumène et qu'il oublie si étrangement en morale ; l'autre, par sa théorie de l'*impératif catégorique* dont il fait une sorte d'ouverture sur le monde inconnaissable et nouménal, Fouillée se place à un point de vue *immanent*, celui de la conscience, tout en s'efforçant de conserver ce qu'il y a de vrai dans l'idée de l'inconnaissable. Il admet, en définitive, un *inconnaissable immanent*, non transcendant, qui est en même temps ce qu'il y a de plus certain : la conscience.

Le droit a deux fondements. Le premier est un principe *limitatif*, que les critiques de Fouillée ont eu souvent le tort de considérer seul ; le second est un principe *positif*, encore plus essentiel que l'autre. En premier lieu, de quoi avons-nous besoin pour fonder le droit philosophiquement ? — D'un principe qui ait rationnellement pour conséquence une certaine *abstention* envers la volonté consciente des autres hommes, tant que cette volonté n'empiètera pas elle-même sur la nôtre. Cette abstention sera une *limite* imposée à l'expansion indéfinie de notre égoïsme, c'est-à-dire de notre *force* matérielle et de nos *intérêts* sensibles. Or, le principe de la *relativité de nos connaissances* a pour corollaire l'idée de l'*irréductible* immanent à l'être et à la pensée, en un mot de la *réalité ultime*, indécomposable par analyse, impossible à résoudre en éléments ou molécules. C'est l'inconnaissable immanent. Ce principe est rationnellement *limitatif* de *l'action* comme de la pensée : en excluant le *dogmatisme intellectuel*, il exclut aussi le dogmatisme *pratique* : il refrène chez l'individu l'attachement *absolu* de la *volonté* aux biens sensibles et relatifs, tout comme il refrène l'orgueil de la *connaissance* physique et mécanique (1).

Faire de son égoïsme et de son moi un absolu, c'est dogmatiser en action comme en pensée, c'est agir comme si l'on possédait la formule absolue de l'être ; c'est dire : le monde mécaniquement et sensiblement connaissable est *tout*, la force est tout, l'intérêt est tout. L'injustice est du dogmatisme pratique et « de l'absolutisme λόγῳ καὶ ἔργῳ ». (2) La justice, au contraire, est « une limitation mutuelle des volontés et des consciences en vertu d'une même idée également limitative pour tous ; je veux dire l'idée de la limitation même qui est 1º inhérente à notre *science* de la *nature* ; 2º inhérente à notre *conscience limitée par d'autres consciences*. Ériger le mécanisme des forces ou des intérêts en loi *unique*, c'est affirmer que le mécanisme,

---

(1) *L'idée moderne du droit*, p. 268.
(2) *Ibid.*, p. 269 et suivant.

comme tel, est *l'unique réalité* ; or c'est ce que jamais on n'a démontré et ce qu'on ne pourra démontrer jamais ; il restera toujours de *l'inexplicable* mécaniquement, ne fût-ce que le mouvement même, ne fût-ce que la sensation et l'appétition, éléments de la conscience. Jointe à toutes les autres considérations, l'idée de cette réalité irréductible qui échappe à notre science, en *restreignant* notre connaissance sensible, nous impose aussi rationnellement la *restriction* de nos mobiles sensibles, et cela en vue d'*autrui*, en vue du *tout*.

Le point d'interrogation qui porte sur le *moi*, le *toi* et le *tout*, suffit à faire tomber le dogmatisme de la force et de l'intérêt ; il leur dit : — Vous n'êtes pas tout, ne vous érigez pas pratiquement en tout. — Et là-dessus s'établit déjà le vrai *libéralisme*, que la pure notion de la force ou celle de l'intérêt, exclusivement considérées, avaient compromis (1).

Passons maintenant au second principe du droit. L'idée de la réalité irréductible et fondamentale surgit à propos d'une réalité indéniable et positive, savoir notre *conscience* même, qui, enveloppant tout, « ne peut être enveloppée et comprise dans autre chose ou, en un seul mot, *comprise* », mais qui n'en est pas moins ce qu'il y a de plus certain. « La conscience, limite du monde matériel et elle-même limitée par les autres consciences, est la réalité positive sur laquelle se fonde le droit. » Il y a, en effet, dans la conscience même de l'homme une perspective sans fond, une inexplicable échappée sur les autres consciences et, par là, sur l'univers *infini*, sur la *société universelle*. La science physique n'a pas, pour ainsi dire, percé l'homme à jour et démonté rouage par rouage la machine humaine : elle ne pourrait donc, sans inconséquence, traiter l'homme comme une *chose* absolument transparente et réduite par l'analyse à des éléments extérieurs. Pourquoi ne craignons-nous point de briser un *automate* ? C'est que nous en connaissons tous

(1) *L'idée moderne du droit*, p. 269.

les ressorts, et nous *savons* qu'il ne contient rien de plus. Telle n'est pas la conscience humaine. « Supposez qu'en présence d'un homme qui paraît inanimé il nous soit impossible de savoir avec certitude s'il est mort ou seulement en léthargie, oserons-nous le mettre immédiatement au tombeau ? » Nous nous arrêtons malgré nous devant notre semblable comme devant je ne sais quoi d'*insondable à notre science*, d'*incommensurable à notre analyse*, et qui, par cela même qu'il est une conscience douée de volonté raisonnable, est *sacré* pour notre conscience. « Est-ce une de ces superstitions qui, selon Gœthe, font la poésie de la vie ; est-ce, au contraire, l'intuition de quelque fondamentale vérité ? nous ressentons devant l'être conscient ce que les anciens appelaient une horreur religieuse, un frisson religieux, *horror* :

<blockquote>Quæ potuit fecisse timet. » (1)</blockquote>

Si donc la relativité des connaissances n'avait fourni qu'un premier fondement du droit, encore trop négatif, l'*altruisme universel*, inhérent à la conscience, en fournit le fondement positif. La conscience se pense et pense les autres consciences, les autres *moi* ; elle est essentiellement et universellement altruiste : de là un lien intellectuel et sympathique qui s'établit entre nous et les autres. La conception la plus positive du droit dérive de la nature du sujet et du vrai rapport des sujets entre eux, qui, selon Fouillée, est un rapport de consciences et de volontés maîtresses de soi.

La loi des idées-forces achève de constituer pratiquement le droit. « Le droit, en effet, est une *idée d'autonomie* qui tend à se réaliser dans l'individu et dans la société : l'idée de droit est déjà *le droit qui se pose*. Le seul fait de concevoir cette idée me confère un titre à ne plus être traité comme une chose ou un instrument. (2) Guichardin énonce quelque part cet aphorisme à la Machiavel : — Les revendications réité-

---

(1) *L'idée moderne du droit. Ibid.*
(2) *Morale des Idées-forces*, préf. XIII.

rées créent un droit. » Ce qu'il dit en un sens politique pour justifier les prétentions injustifiées, Fouillée le dit en un sens philosophique et moral : la « *revendication du droit*, chez un être qui en a l'*idée*, crée le droit même ». Fouillée parle évidemment ici du droit en général, non de tel droit particulier et concret : il veut simplement dire que l'être qui a la notion du caractère « sacré et inviolable » de la volonté consciente, tendant à la liberté, acquiert par cela même une valeur que n'a pas l'être dépourvu d'une telle notion et qui ne se conçoit pas lui-même pour l'idée de liberté. Nous pressentons cette vérité quand nous sommes en présence d'un être, quel qu'il soit, qui manifeste la prétention à ne pas être traité simplement comme une chose : nous nous sentons alors devant une force supérieure à la force physique : « *la volonté d'être respecté rend respectable* » (1), comme la volonté d'être libre commence à nous rendre libre.

L'idée du droit enveloppe ainsi celle de *dignité* et celle de *fin immanente*. Pour l'homme, l'idée de dignité, inséparable de celle de liberté, « est la dignité en sa source première ; c'est elle qui nous confère une valeur matériellement inestimable ». De même, si j'ai l'*idée* d'une *fin*, je me pose par cela même une fin immanente ; tel est le pouvoir de la pensée réfléchie. La recherche des fins par l'homme est un fait scientifique qu'on n'a pas le droit de nier ou de négliger, quelque opinion qu'on se fasse sur l'extension transcendante de la finalité à la nature. Or, « non seulement l'idée de fin se réalise chez le sujet capable de la concevoir et de l'appliquer, mais cet être devient pour lui-même une fin, nécessaire à la pensée de toutes les autres et à leur réalisation. » Ainsi, dans la morale des idées-forces, subsiste une finalité vraiment interne. (2) Cette finalité se confond avec la liberté même : pouvoir se prendre avec réflexion pour fin supérieure aux fins matérielles, c'est déjà être libre ; mais la liberté s'a-

(1) *Ibid.*
(2) *Ibid.*

chève quand nous prenons aussi tous les autres pour fin.

En résumé, le droit est un idéal de liberté personnelle et autonome qui se réalise de plus en plus par la conception de soi et oppose son action limitative aux *choses* scientifiquement connaissables, matériellement analysables et calculables. L'idée que la conscience, inexplicable pour la science, a de son inviolabilité la rend inviolable ; un être capable de s'attribuer une valeur sans commune mesure avec les valeurs matérielles est un être qui, « se concevant sous l'idée de l'*infini*, réalise déjà en lui l'infini et apparaît aux autres avec un caractère d'infinité qui commande le respect ». Le fondement le plus reculé du droit est ainsi, selon la belle et neuve théorie de Fouillée, la volonté de *conscience infinie et universelle*, qui fait que nous tendons à embrasser les *autres* et le *tout* dans notre conscience, à être *eux* en même temps que nous, à être libres par l'achèvement de cette personnalité et par son union finale avec toutes les autres. Un être qui conçoit l'*infinité* et veut l'*universalité* des consciences porte en lui-même le droit avec la liberté et confère le droit à tous ses semblables. On voit que la théorie du droit se trouve ainsi rattachée magistralement à l'œuvre entière de Fouillée. C'est ce qu'il a fait voir lui-même dans le fragment inédit qu'on va lire.

« La *conscience*, avec la volonté qui en fait le fond et qui est précisément volonté de conscience, est, comme je l'ai tant de fois montré, la limite immanente de la *science* proprement dite ; mais, considérée en elle-même, elle a encore d'autres caractères, de nature non plus négative, mais positive. Tout d'abord, elle est le fondement de l'*individualité* vraie. Ce qui fait qu'un être est vraiment lui-même, c'est la manière *propre* et *spécifique* dont il se *sent* lui-même, dont il se *pense* lui-même, dont il se *veut* lui-même : voilà ce qui constitue son *moi*. Individualité consciente et intelligente, c'est déjà *personnalité*. L'activité d'une conscience individuelle et personnelle lui appartient en propre et, par l'idée même qu'elle a de soi, de sa *puissance* possible, de son *progrès* possible, devient un commencement de *liberté*, de maîtrise sur soi, d'*autonomie*. En même temps que la volonté de conscience fonde ainsi l'individualité en voie de développement libre, elle fonde aussi l'*universalité* inhérente à la personnalité même. La volonté de conscience, en effet, tend à tout embrasser, à devenir conscience universelle. C'est donc précisément parce que nous sommes des personnes conscientes que nous sommes capables d'*impersonnalité*. Or, de tels caractères appartenant à la conscience lui confèrent une *valeur* impossible à évaluer *matériellement*, incommensurable avec tout ce qui peut avoir un « prix » matériel et calculable. Kant a eu raison d'opposer la valeur au prix ; mais il a trop placé la valeur dans des idées purement rationnelles, dans la « raison pure » ; c'est, selon moi, dans la conscience, dans la volonté de conscience à la fois personnelle et universelle que la valeur réside, de là le *primat de la conscience*, identique au primat de la liberté ; c'est le fondement primitif et positif du droit comme de la morale. On a beau ne pas pouvoir démontrer ni même constater avec certitude l'existence réelle de la liberté, notre volonté de conscience et de liberté elle, est incontestable, et il est également incontestable que nous agissons sous l'idée de liberté, avec la croyance irrésistible à notre liberté, dont personne ne peut prouver la non-existence. Il suffit de l'idée de notre liberté, dont le caractère illusoire est indémontrable et dont la réalisation progressive dans la pratique est un fait d'expérience, pour nous conférer la dignité infinie qui limite les motifs sensibles de l'égoïsme et dégage les motifs universels du désintéressement. Droit = dignité infinie de la liberté conçue comme possible et comme progressivement réalisable. » Fragment inédit.

CHAPITRE III

La sociologie réformiste et le socialisme

I. — La théorie des idées-forces est le correctif de celle de Marx, qui ne voit dans les idées que les « masques des intérêts ». Selon le matérialisme historique, les faits économiques dominent toute l'histoire et, parmi ces faits, ceux de la « production » avec la « technique » qui s'y rattache. Les besoins primordiaux de l'ordre matériel, notamment le besoin de manger, commandent tout, et les moyens inventés pour les satisfaire rendent compte des institutions sociales. Le « moulin à bras » et le « moulin à vapeur » expliquent les deux espèces de société si différentes où ils ont pu naître. « Au point de vue d'une sociologie vraiment scientifique, répond Fouillée, les conditions économiques exercent à coup sûr une énorme influence sur le mouvement social ; mais vouloir qu'elles commandent tout, science, philosophie, religion, morale, droit, c'est enfler une demi-vérité de manière à en faire une gigantesque erreur. Les besoins matériels ne sont pas les seuls facteurs de l'histoire ; les *idées*, elles aussi, sont des *forces*, et les sentiments généreux qui s'attachent aux idées générales et universelles sont parmi les principales des forces. Le matérialisme historique n'est qu'un côté de l'histoire ; l'idéalisme historique est l'autre côté, plus intérieur, de plus en plus dominant à mesure que la civilisation avance dans le sens de la justice. » (1)

(1) *Histoire de la philosophie*, p. 556.

Les marxistes ont tort de trop dédaigner la morale et de croire que, par un mécanisme extérieur, ils feront pénétrer dans les âmes individuelles la soumission aux fins sociales. « Tout sociologue soucieux de ne méconnaître aucun élément du problème admettra à la fois la nécessité des changements économiques et celle des changements moraux ou religieux. » Les idées scientifiques, philosophiques et religieuses jouent dans l'histoire un rôle souvent plus grand que les besoins matériels. Ceux-ci, s'ils étaient seuls, seraient toujours à peu près les mêmes, mais le développement de l'intelligence et de ses idées crée des besoins nouveaux, des aspirations nouvelles à un idéal toujours plus élevé ; et c'est ainsi qu'a lieu le progrès. » (1)

II. — Le principe de l'*organisme contractuel* et celui de la *justice réparative* doivent dominer la sociologie appliquée comme la sociologie théorique. Le premier veut que la société soit tout ensemble très *organisée* et très *libre*. Le socialisme insiste trop sur l'organisation aux dépens de la liberté. La théorie de la *justice réparative* justifie en partie le socialisme, puisqu'elle réclame une intervention croissante de la *société* en vue de la justice ; mais elle n'autorise pas, chez les *individus*, un droit positif de *revendication* par la force ou même devant la loi. La justice réparative est un devoir *moral* de la société, qui doit progressivement entrer dans les lois et s'y réaliser, mais qui n'entraîne pas l'abolition de la propriété, de l'héritage, de la liberté du travail, de la liberté de consommation. Toutes les libertés doivent subsister en vertu du principe *contractuel*, malgré les institutions qui rendront la vie commune de plus en plus *organique*. Mais, si on ne peut pas armer l'individu d'un droit de recours contre la société entière, c'est une raison de plus pour que la société, pour que l'Etat, qui en est l'organe, s'impose le devoir de réparer sans cesse les conséquences funestes qui peuvent être imputées au

---

(1) *Hist. de la phil.*, 537, *La Propriété sociale, le Socialisme et la sociologie réformiste.*

fait même de vivre en *société* au milieu de la *nature*. Ainsi la justice réparative se déduit sociologiquement du double caractère à la fois organique et contractuel des sociétés ; elle domine, selon Fouillée, les systèmes particuliers, collectivistes ou économistes, qu'on peut proposer pour l'organisation sociale.

On sait que les *socialistes*, en France, se sont généralement emparés du principe de la justice réparative, posé par Fouillée, comme les *solidaristes* s'étaient emparés du principe de l'organisme contractuel et du quasi-contrat. Mais Fouillée, tout en fournissant au socialisme plusieurs principes importants et en adoptant beaucoup de ses conséquences, a toujours refusé de suivre les socialistes jusqu'au *collectivisme* et surtout jusqu'au *communisme*.

Dans la *Propriété sociale et la Démocratie* (1887), Fouillée eut pour principal objet de montrer ce qu'il y a de faux dans les doctrines *absolues*, *exclusives* et *a priori* sur la propriété. Les unes confèrent à la propriété un caractère absolument individuel, les autres, un caractère absolument social. Selon Fouillée, tout *produit* étant l'œuvre commune de l'individu et de la société, la propriété *théoriquement* considérée renferme à la fois une part individuelle et une part sociale ; mais, dans la *pratique*, l'exacte mesure de ces parts et leur distribution selon la règle de la justice « absolue », *suum cuique* « est une utopie qui peut avoir pour résultat une réelle injustice ». Sans perdre de vue l'idéal, il faut s'en tenir, dans la réalité expérimentale, à une *mesure des parts* toute *relative*, à des *moyennes* générales, à des *conventions* et à des *contrats*. En conséquence l'individualisme exclusif et le socialisme exclusif sont des systèmes également incomplets, qui ne voient qu'une face de la vérité.

Fouillée soutient que, si la propriété sociale et collective n'a plus les formes d'autrefois, elle subsiste néanmoins dans notre état social, sous des formes bien supérieures. Déjà très agrandie, elle est capable encore de s'agrandir indéfiniment, sans qu'il soit besoin pour cela de supprimer la propriété individuelle. L'enfant qui vient au monde, dans les pays civilisés, trouve sans doute le sol entier déjà occupé et enclos de barrières ; mais, en revanche « il voit s'ouvrir devant lui un domaine autrement large et précieux que ne le serait tout un pays sauvage mis à sa disposition : c'est le domaine de la *richesse collective*, amassée par toutes les générations qui l'ont précédé. Il a ainsi un trésor social à sa portée ; par le travail, il peut y puiser de quoi vivre. » (1)

Si la richesse collective légitime était bien employée par les gouvernements, elle pourrait, selon Fouillée, constituer un fonds d'*assistance et d'assurance universelles*, « une sorte de lac Mœris qui, après avoir reçu le trop-plein, pourrait en cas de besoin fournir le nécessaire ». L'assurance organisée sur une vaste échelle lui paraît bien supérieure à la charité vulgaire.

Ce n'est pas tout : il est une autre espèce de propriété sociale à laquelle participent les nouveaux venus, dès qu'ils ont atteint l'âge de la majorité : c'est la *puissance politique*, qui s'exerce par le suffrage universel. C'est là un *capital de force* mis à la disposition de tous, un *pouvoir social* distribué entre tous. Etre citoyen, c'est avoir sa part de l'autorité *législative, exécutive* et *judiciaire* ; cette autorité est évidemment un bien collectif. On peut donc dire que le *droit de suffrage* est, dans les démocraties, une des formes de la propriété sociale.

Enfin le capital collectif n'est pas seulement de l'ordre matériel et économique, ni de l'ordre politique ; il est aussi de l'ordre *intellectuel et moral*. Dans les sociétés modernes, c'est le capital intellectuel qui tend à devenir la principale richesse commune ; « il est comme un sol nouveau mis par la société au service des intelligences, pour remplacer le sol de la terre déjà approprié et occupé ». Produit du travail accumulé des siècles, l'*instruction* est pour les nouveaux

(1) Voir *la Propriété sociale*, livre premier.

venus « l'*instrument de travail universel* » ; instrument utile à toutes les professions, flexible aux emplois les plus divers, qui permet par cela même aux travailleurs de trouver des ressources nouvelles quand les ressources habituelles font défaut. Cet instrument général du travail tend à devenir de plus en plus *gratuit ;* il constitue une sorte d'*héritage* distribué par tous à chacun. « A la formule utopique du droit au travail se substitue ainsi la formule pratique du *droit à l'instruction.* » (1)

Le socialisme exclusif veut étendre le domaine de la propriété sociale jusqu'à y absorber entièrement la propriété individuelle ; l'individualisme exclusif, au contraire, veut étendre la propriété individuelle jusqu'à y absorber la propriété sociale: il veut dessaisir l'Etat de tout ce qu'il possède ou peut acquérir. Contrairement à ces systèmes exclusifs, Fouillée croit que les deux modes de la propriété, — individuel et collectif, — doivent s'accroître simultanément sans se détruire ; et cet accroissement progressif est « la condition même de la vraie démocratie ». En France surtout, « la démocratie ne pourra vivre qu'à la condition de n'être ni purement socialiste, ni purement individualiste comme la république américaine, mais *de maintenir et d'accroître, en face de la propriété individuelle, toutes les formes légitimes de la propriété sociale.* » (2).

La première partie du livre plus récent sur le *Socialisme et la Sociologie réformiste* (1909) nous fait assister aux essais, parfois heureux, parfois malheureux, des socialistes pour renouveler la morale, le droit, l'histoire et la sociologie. Dans la seconde partie du même livre, on voit se dérouler les trois formes graduées du socialisme : l'une se contente d'organiser la *production :* c'est le *socialisme* pur et simple ; l'autre veut organiser aussi la *distribution :* c'est le *collectivisme ;* la troisième vise à organiser encore la *consommation* même : c'est le *communisme.*

(1) Voir livre quatrième.
(2) *La propriété sociale et la démocratie,* préface.

Le principe qui domine la sociologie réformiste, c'est que la réalité sociale, une fois comprise et expliquée, ne peut être *modifiée* que conformément à des lois qui résultent de la *nature actuelle* des hommes en société et qui conditionnent leur *évolution future*. Par exemple, sur la question qui est fondamentale en économique, celle de la *valeur*, la sociologie réformiste n'identifie nullement *le fait* avec le droit, mais elle tient compte à la fois de l'idéal et des faits réels. Sur l'idéal de justice qui voudrait que la valeur fût le *prix du travail*, tout le monde est d'accord. Mais, ce qui paraît contestable à Fouillée, c'est la théorie marxiste de la valeur, qui porte qu'*en fait* la valeur est du « travail congelé ». C'est ensuite la conception marxiste des moyens de rendre la valeur proportionnelle au travail ; car les marxistes comptent sur le *groupe*, sur la communauté, sur une action *existante* et *autoritaire* qui distribuerait les valeurs selon les *mérites* et qui commencerait par supprimer ou par mutiler le droit de *propriété*, le droit de *travailler à sa guise*, le droit de *choisir son travail*, le droit même de *disposer de sa personne*. La question qui se pose alors devant la sociologie pratique, selon Fouillée, est de savoir si, 1° dans l'*organisation du travail*, 2° dans la *répartition des produits*, 3° dans la *jouissance des produits*, la substitution de l'autorité sociale aux libertés individuelles ou *librement associées* est le meilleur moyen de réaliser la justice, de rendre à chacun ce qui lui est dû. Il s'agit de savoir si la suppression de la liberté de travail et de production, de la liberté de distribution et de circulation, de la propriété individuelle et de la liberté de consommation individuelle ne paralyserait pas les ressorts mêmes du mouvement social. Le sociologue doit examiner si l'attribution progressive des valeurs au mérite ne peut pas se concevoir par le progrès des *libertés isolées* ou *unies*, par l'établissement du *contrat collectif de travail*, par la puissance croissante des *syndicats* et *coopératives* pour contrebalancer sur le marché la puissance des capitalistes, par le passage progressif des capitaux aux mains mêmes des travailleurs ou des associations de travailleurs, etc.

De plus, il appartient au sociologue de chercher si la grande *crise* finale, la grande *catastrophe* qui, selon Marx, doit absorber toutes les classes dans la classe ouvrière et tous les capitaux entre ses mains, s'annonce vraiment aujourd'hui ou, au contraire, recule dans l'avenir problématique. Selon Fouillée, les capitalistes, grâce aux récents progrès de leurs institutions, réussissent à surmonter les *crises* par leurs *groupements*. De plus, grâce aux *inventions* des *techniciens*, la main d'œuvre ouvrière se trouve de plus en plus subalternisée, de moins en moins importante. Le *capital* et l'*intelligence* détiennent les principales forces sociales. Ce qui n'empêche pas le mouvement ouvrier de rester juste dans sa fin essentielle : la *protection des valeurs humaines*, que l'industrialisme ignore ou menace.

Dans ce livre, comme toujours, Fouillée tend à l'*action* par l'*idée*. Aussi n'admet-il pas les utopies qui éloignent de l'action en partant d'idées fausses.

Malgré les intentions scientifiques du socialisme et de l'économisme, malgré la forme scientifique qu'ils revêtent parfois, ils sont construits *a priori* sur des concepts parfois arbitraires. Loin de sortir d'une application de la méthode expérimentale à l'étude des conditions de la vie sociale, ils omettent, parmi les données que nous impose la réalité, toutes celles qui les empêcheraient d'aboutir à des conclusions préconçues. Le socialisme, en particulier, est *pré-sociologique* plutôt que vraiment sociologique. Il appartient à une sociologie scientifique de ressaisir les réalités.

En ce qui concerne la *production*, les socialistes méconnaissent trop la nature et la valeur du travail *intellectuel*. Celui-ci non seulement tend à prendre une importance de plus en plus grande (le rôle de l'invention va croissant), mais il se substitue même peu à peu, dans l'usine, au travail proprement matériel : l'ouvrier *dirige* les machines. Or le travail mental ne s'accommode que de la liberté et par là exclut toute tyrannie d'organisation.

collectiviste. — Ce n'est nullement à dire que les socialistes aient tort de se plaindre d'injustices dans l'organisation de la production. Il faut donc supprimer les raisons de leurs plaintes légitimes en *égalisant* graduellement les libertés de ceux qui consentent le *contrat de travail*, en diminuant, ne fût-ce que dans l'intérêt social, la *durée de la journée de travail*, enfin en faisant progressivement revenir à la société les instruments vraiment *sociaux* du travail.

Les idées collectivistes relatives à la *distribution* dérivent des théories socialistes de la *valeur* (Marx, Effertz). Selon Fouillée, le socialisme s'appuie trop sur une « simplification de l'idée de valeur » empruntée à l'ancienne économie politique. Il ne fait dépendre la valeur que du travail et veut la mesurer par la durée du « travail simple ». Certes, dans cette hypothèse, les « travailleurs » sont spoliés. Mais, en réalité, c'est le désir individuel ou social que provoque un produit qui en fait surtout la valeur. Fouillée se livre à un examen extrêmement subtil et original de tous les éléments psychologiques et sociologiques qui entrent dans la valeur ; c'est une des parties les plus fortes et les plus neuves de son livre. Après avoir réintégré dans la valeur certains éléments sociaux laissés de côté de parti pris, il conclut à « l'essentielle variabilité et inégalité de valeur entre les divers travaux ».

Le rejet des théories collectivistes du travail et de la valeur entraîne celui d'une autre théorie, « plus célèbre parce qu'elle frappe davantage l'imagination », et qui repose d'ailleurs sur les deux premières, celle du *revenu sans travail*. Selon Fouillée, les partisans de cette théorie ne tiennent compte « ni de l'intelligence des directeurs et entrepreneurs, ni de leur volonté, ni de leur travail personnel, ni de l'intelligence, de la volonté, et du travail personnel de leurs ancêtres, ni des services réels rendus par les marchands ». Et, pendant qu'ils se refusent à reconnaître l'existence de tout ce qui peut justifier le revenu des dirigeants, ils ne voient dans le salaire que le fruit du seul mérite individuel du travailleur, comme s'il ne profitait pas souvent — de même que parfois il en pâtit — de certaines conditions sociales.

La dernière partie de l'ouvrage, relative à la *consommation*, examine les arguments des communistes égalitaires et inégalitaires. Les premiers, inspirés par leur défiance de l'élite, ne réussissent que trop à la supprimer ; les seconds aboutissent forcément à l'arbitraire et substituent aux injustices actuelles celles qui naîtront de l'intrigue et du favoritisme : les uns et les autres détruisent la *liberté*.

Fouillée veut la justice, mais il tient aussi à la liberté ; or le collectivisme lui semble compromettre la liberté sans réellement assurer la justice. Le fonctionnarisme universel serait une source d'arbitraire et, au lieu de garantir la rétribution légitime des divers services, il conduirait à en méconnaître la valeur relative. Où donc est la solution ? dans la synthèse *de l'individualisme et du socialisme*. Il faut que les liens organiques qui créent la société se resserrent et, *en même temps*, la société n'étant pas seulement un organisme, mais un organisme *contractuel*, il faut que les liens volontaires « s'accroissent en qualité et en intensité ». Mais augmenter la solidarité organique ou vitale, c'est aller dans le sens de la *centralisation* ; faire plus grande la part du contrat, de la volonté, par conséquent de la liberté mentale, c'est aller dans le sens de la *décentralisation*. Comment centraliser et décentraliser à la fois, sans contradiction ? En fortifiant l'Etat dans la mesure où il est protecteur des *droits* individuels ou collectifs : centralisation ; — en limitant à cela la tâche déjà écrasante de l'Etat : décentralisation. Qu'il s'occupe de tous les intérêts, « qu'il veuille tout faire, et il ne pourra rien faire ».

C'est l'association libre et la libre coopération qui paraissent concilier le mieux le respect des droits de l'individu avec les avantages qu'il trouve à se socialiser. L'association revêt actuellement surtout la forme syndicale, mais Fouillée regrette « l'altération perpétuelle du principe syndicaliste par l'élément révolutionnaire » et le caractère de guerre à outrance que prend l'action syndicale. Dans ces conditions, le syndicalisme reste une forme tout à fait inférieure d'association ; à vrai dire il est surtout un instrument de guerre aux mains des révolutionnaires qui, méconnaissant la réalité, affirment l'*insolidarité* d'une prétendue classe prolétarienne et de la classe bourgeoise. Ces révolutionnaires prennent pour programme d'*accroître* cette insolidarité, et d'en faire sortir la *lutte des classes*. Il y a là, selon Fouillée, un « nationalisme nouveau », « l'esprit de corps substitué à l'amour de la patrie et de la société ».

La *coopération*, la *participation aux bénéfices*, l'organisation de plus en plus pratique des *caisses d'Epargne* et des *assurances volontaires ou obligatoires*, vont, au contraire, dans le sens du véritable progrès. Même « l'administration par l'Etat ou par les communes de services qui, autrefois, leur étaient étrangers », semble se justifier fort bien aux yeux de Fouillée. Il tend à compléter cette administration directe par une législation ouvrière garantissant la justice sociale. C'est vers une telle législation, mais beaucoup plus complète et plus efficace, plus réellement protectrice des ouvriers qu'elle ne l'est actuellement, que vont ses vœux. A la solution « unilatérale des socialistes », il oppose donc les divers courants actuels, le courant *individualiste*, le courant *associationniste*, le courant *étatiste*, qui « tendent à s'entr'aider », et il espère échapper tout à la fois à l'anarchie et au despotisme par la science et par la justice.

La sociologie pratique doit, dit Fouillée, être réformiste, ultra-réformiste, insatiablement réformiste, sans être pour cela confinée dans le cercle de la théorie *collectiviste* ou *communiste*, « c'est-à-dire dans la sphère du pouvoir central écrasant de tout son poids les individus ». Si, d'ailleurs, on veut appeler socialistes (comme il est habituel) tous ceux qui demandent des réformes profondes et continues, on le peut, et, à ce titre, Fouillée a toujours été considéré comme socialiste ; mais il a toujours cru qu'on ne doit pas changer la *science sociale* et l'*art social* en *parti socialiste*, tout comme il est faux de les changer en *parti conservateur* ou *rétrograde*. « Les étiquettes ne doivent pas masquer les réalités ; or, la science appliquée aux réalités demeure purement et simplement *science*, tout en devenant aussi pratique qu'il est possible. En pliant la géométrie à nos besoins, l'arpentage reste essentiellement géométrique ; niveler un terrain pour y construire une maison, c'est *réformer*, mais c'est réformer scientifiquement, en obéissant d'abord à la nature pour pouvoir ensuite lui commander. » (1) Comme la science sociale poursuit la synthèse de toutes les vérités, elle devra absorber en elle les nombreuses vérités que les socialistes ont mises en lumière, comme aussi beaucoup de vérités qu'ils ont négligées ; elle ne sera pour cela, selon Fouillée, ni purement collectiviste, ni individualiste à la façon de l'école de Manchester.

Plus la civilisation se développe, conclut Fouillée, plus les contrastes s'accentuent, plus les frottements augmentent, plus les relations des personnes ou des choses se compliquent, plus les réciprocités *contractuelles* et *organiques* se manifestent, plus il est nécessaire que l'Etat, pour faire régner le droit, règle les rapports sociaux et intervienne comme tiers, arbitre, *justicier* et *réparateur*. Dans la première période de l'histoire, « l'individu est entièrement absorbé en un groupe plus vaste, famille, tribu, société religieuse et politique », il est membre d'un *organisme* qui n'est pas contractuel ou ne l'est qu'à peine. Toutes les traditions et mœurs le rendent organiquement solidaire du passé, au moins *jusqu'à la septième génération*. A une seconde période de l'histoire, « l'individu se détache et réclame son autonomie ; l'idée des rapports *contractuels* et *commutatifs* efface presque l'idée des relations organiques ; la société se pulvérise, comme nous en voyons un exemple dans la démocratie américaine, où cette pulvérisation des libertés a pour contrepoids la concentration des monopoles. » Une nouvelle période s'annonce, qui, sous l'idée-force de justice sociale, rétablira entre les individus une solidarité à la fois plus

(1) *Revue de Métaphysique*, mai 1911.

contractuelle et plus organique. « Cette période finale de l'évolution sera la synthèse des deux précédentes, de l'individualisme et de cette subordination à la communauté que poursuit le socialisme. » (1)

Avec sa sincérité et son courage habituels, Fouillée ne craignit pas, dans son livre sur le *Socialisme* comme dans son livre sur la *Démocratie politique et sociale en France*, de critiquer librement et fortement les doctrines des hommes politiques les plus en vue dans le parti socialiste, sans se soucier des ressentiments et mesquines représailles auxquelles il pouvait s'exposer. Faisant, selon sa méthode propre, « la guerre à la guerre », à la violence et à la haine, il n'était pas de ceux qui croient « la haine féconde et créatrice » et il ne manqua pas de le dire éloquemment dans son beau livre sur le *Socialisme*.

Parmi les socialistes, les uns attaquèrent violemment ce livre et même l'auteur ; les autres firent observer que, dans le fait, Alfred Fouillée admettait un grand nombre de leurs principes et aussi de leurs applications. Ils constatèrent que, « si un candidat aux élections se présentait avec un programme comme celui que renferme la conclusion du livre sur le *Socialisme*, ce candidat serait classé lui-même parmi les socialistes, quoique non parmi les collectivistes et communistes » (2). A quoi Fouillée répondit que la sociologie réformiste prend ou reprend son bien partout où elle le trouve, chez les plus socialistes comme chez les partisans du pur économisme. Toute réforme fondée sur la considération, non du pur intérêt mais de la justice, est, selon Fouillée, en dehors et *au-dessus* des partis sociaux ou politiques ; elle s'impose au nom de la morale, du droit et de la sociologie, non pas au nom d'un système particulier, politique ou social. La constante préoccupation de Fouillée a été de maintenir la sociologie dans les sphères sereines de la science, de la morale et du droit, au lieu de la faire, en quelque sorte, descendre dans la rue et dans la mêlée des partis en guerre les uns contre les autres. Le succès

(1) *Le Socialisme et la Sociologie réformiste*, préface.
(2) M. Van Diema. *Revue de Métaphysique et de Morale*, mars 1911.

des réformes sociales lui paraissait lié surtout aux progrès de l'éducation morale du peuple ; il ne pensait pas que des institutions sociales *avancées* pussent réussir et se maintenir chez une nation où la moralité de la masse est *en retard*, où l'éducation politique et l'éducation sociale elle-même ne sont pas à la hauteur des institutions qu'on veut établir : « *Quid leges sine moribus ? Quid mores sine legibus.* »

CHAPITRE IV

LA SOCIOLOGIE POLITIQUE

En quoi consiste la *démocratie* ? Quelles sont les marques de son *progrès* politique et social ? Sous quelles *formes* ce progrès se présente-t-il en France ? Doit-il aboutir, comme quelques-uns le soutiennent, au triomphe du collectivisme ? Quelles réformes politiques et sociales sont nécessaires pour conduire la démocratie à ses vraies fins et pour l'écarter de ses écueils traditionnels ? — Toutes ces questions, dit Fouillée, intéressent le penseur non moins que l'homme d'action. « De nos jours, le temple serein ne doit pas être situé assez haut et assez loin pour rendre sourd à la voix des peuples. » (1)

Les vices de la démocratie actuelle, selon Fouillée, proviennent de deux causes principales. D'abord, elle n'est pas véritablement instituée selon son principe propre, qui est l'idée d'*organisme contractuel*. La démocratie a pour but la réalisation de la société idéale ; or, nous l'avons vu, toute société est un ensemble de liens offrant un caractère à la fois *vital* et *volontaire*. L'idéal d'une société digne de ce nom est que la conscience et la volonté du tout pénètrent dans chaque partie, que la *vie* du tout soit pour la plus large part l'expression de la *libre volonté* de chaque individu. Or, c'est là l'idéal même de la démocratie. « Celle-ci, en conséquence, doit être à la fois très *organisée* et très *libre*. » (2) Nous n'avons encore, aujourd'hui, ni la vraie

(1) *La démocratie politique et sociale en France*, préface (1910).
(2) *Ibid.*

organisation stable, ni la vraie liberté, avec l'égalité qu'elle implique. La juste part de l'*organisme* social et de ses fonctions essentielles n'est pas respectée, celle du *contrat* social et de ses libres expressions n'est pas assurée. Nous oscillons entre l'individualisme et le collectivisme, comme aussi entre un nationalisme étroit et un internationalisme mal entendu, qui méconnaissent également la vraie nature et les vrais besoins des organismes nationaux.

Un autre vice de la démocratie actuelle, c'est qu'elle se contente d'être purement politique, au lieu de se faire *sociale*. Fouillée entend par démocratie sociale « celle qui se propose pour but d'améliorer la situation matérielle, intellectuelle et morale de ses membres, en même temps que leur capacité politique, c'est-à-dire leur aptitude législative, exécutive et judiciaire ».

Le remède est le perfectionnement simultané de la vie *volontaire* et de la vie *organique* par des institutions où la part de chacune de ces vies soit assurée et réglée.

Si, une nation est un *contrat ou quasi-contrat entre les citoyens*, si la *loi* y est l'expression du concours des volontés, il s'ensuivra, pour le sociologue, que les volontés contractantes doivent être représentées au Parlement par une assemblée spéciale, la *Chambre des députés*. Il s'ensuivra également que *toutes* les volontés particulières, autant qu'il est possible, devront être représentées *proportionnellement* dans la volonté nationale, au moment de la délibération, Fouillée n'oublie pas, toutefois, la leçon des faits que nous donne l'histoire du suffrage universel au siècle dernier. « Le suffrage universel, lui aussi, était légitime en principe ; mais, établi sans conditions de capacités et sans aucune préparation, il nous a valu l'Empire, puis la perte de l'Alsace-Lorraine. Au point de vue de la sociologie, tout droit a sa limite pratique dans d'autres droits. » La représentation des minorités ne doit pas aller jusqu'à l'éparpillement, à l'impuissance et à l'anarchie.

Ce qui est certain, c'est que, dans l'action, qui est *une*, la volonté nationale ne pouvant prendre qu'*une* seule direction, c'est à la majorité d'*agir* et de gouverner au nom de tous, alors même que dans la Chambre les partis sont représentés proportionnellement. Fouillée voudrait d'ailleurs que la Chambre comprît trois espèces de députés, les uns locaux, les autres régionaux et correspondant à de grandes circonscriptions territoriales, les autres nationaux, élus par le pays tout entier et qui représenteraient l'élite connue par toute la France. On éviterait ainsi le triomphe des médiocrités et celui des intérêts locaux.

D'autre part, puisqu'une nation est, pour le sociologue, un organisme vivant, il faudra que ses grands organes et ses fonctions vitales soient aussi représentés au Parlement. Ce rôle est celui des « Chambres hautes », qui devraient être, dans tous les pays, élues par les universités et les corps savants, par la magistrature, par les grands conseils de l'armée, de l'industrie et du commerce, par les associations ouvrières, etc. Les Chambres hautes ou *organiques*, selon Fouillée, devraient représenter la vie nationale en ses organes stables, non pas les grands « intérêts » comme on dit d'habitude, mais les grandes « fonctions sociologiques ». Le Sénat serait élu par le peuple entier, mais sur la présentation de listes formées elles-mêmes par voie d'élection dans les grands corps de l'Etat, Université, Justice, etc. Ainsi serait réalisée par le Sénat l'idée d'*organisme* national, comme serait réalisée par la Chambre l'idée de *contrat* national. Ce sont là des vues dont on ne contestera ni l'originalité théorique, ni la valeur pratique.

On accuse aujourd'hui le régime parlementaire, comme s'il était la cause de tous nos maux. Fouillée croit que nous ne souffrons pas d'avoir ce régime, mais que nous souffrons de ne pas l'avoir en sa vérité et en sa sincérité. Nos représentants ne pratiquent-ils pas trop souvent la politique de clientèle, au lieu d'une politique nationale et plus que nationale ?

De même, on ne peut pas dire avec certitude que nous souffrons d'avoir le régime des majorités, car, en fait, nous ne l'avons même pas. Nos majorités sont faussées ou même annulées par des minorités remuantes qui usurpent le pouvoir.

Notre démocratie a besoin de faire son éducation et c'est à quoi tend l'enseignement public, surtout dans l'école. Nous ne souffrons pas, dit Fouillée, parce que l'école est neutre, mais parce qu'elle ne l'est pas assez complètement ni assez sincèrement, parce qu'elle n'est pas neutre dans le domaine *philosophique* et *métaphysique* comme dans le domaine religieux, si bien que la pleine liberté de conscience n'est pas assurée à tous.

La partie du volume consacrée à l'idée de patrie, à l'examen du nationalisme et de l'internationalisme, est également riche en vues instructives et même en pronostics sur la politique internationale qui se sont réalisés ; tant il est vrai qu'un penseur, dans son cabinet, peut voir parfois plus clair et plus loin que les hommes politiques absorbés dans l'heure présente.

La dernière partie du livre est consacrée à la grande question de l'avenir de la démocratie. Celle-ci tend assurément à devenir de plus en plus sociale et même socialiste au sens le plus large de ce mot, qui désigne l'intervention plus fréquente de l'Etat dans les problèmes économiques et dans la protection des travailleurs. Mais ira-t-on jusqu'au collectivisme et au communisme ? Pour le pressentir, Fouillée étudie longuement le progrès social en France et ses diverses directions. Il croit que nous marchons à la fois vers plus de liberté individuelle et vers un régime plus fortement socialisé. C'est la conclusion qui ressortait déjà de son livre sur le socialisme. Personne n'a apporté à la solution du problème politique plus de clairvoyance dans l'idéalisme, une plus harmonieuse association de bon sens pratique et de générosité spéculative (1).

(1) A propos du livre sur la *Démocratie politique et sociale*, M. Lachelier écrivit à à Fouillée le plaisir qu'il avait eu à le lire : « Tout cela est excellemment écrit. Votre style a toujours trente ans », Fouillée en avait alors soixante-et-onze. M. Bergson écrivit (10 mai 1910) à propos du même livre : « Je l'ai lu très attentivement, et je tiens à vous dire combien je le trouve intéressant et vivant. C'est, d'un bout à l'autre, un effort dirigé vers le *redressement* de l'idée démo-

CHAPITRE V

SCIENCE DES CARACTÈRES
ET PSYCHOLOGIE DES PEUPLES

Dans la science des caractères individuels et collectifs, comme dans toutes les autres parties de la philosophie et de la sociologie, Fouillée a laissé sa trace et ouvert des voies. Le livre *Tempérament et Caractère*, que nous ne pouvons analyser ici en détail, contient d'abord des vues originales sur le *tempérament*. Fouillée introduit dans le problème la considération physiologique de l'anabolisme et du catabolisme, des échanges organiques aboutissant à la nutrition ou conservation et des échanges aboutissant à la dépense. De là des considérations curieuses sur les diverses sortes de tempérament selon les *sexes*, les *individus* et les *races*. Quant au *caractère* proprement dit, Fouillée synthétise, comme on pouvait s'y attendre, la considération de la *volonté* et celle de l'*intelligence*. La réaction du caractère sur lui-même, par la conscience qu'il prend de soi et par les idées où cette conscience s'exprime, acquiert ainsi une importance qu'elle n'avait pas dans les autres théories relatives à la nature et à la classification des caractères.

On retrouve la même maîtrise dans l'éthologie collective, à laquelle Fouillée a fourni de si importantes contributions. L'*Esquisse psychologique des peuples*

cratique, si étrangement faussée par les politiciens et souvent par les théoriciens eux-mêmes. » Et M. Bergson, à propos du style, parlait de « cette langue nette, ferme, imagée, éminemment persuasive, dont vous avez le secret. »

européens, si on la joint à la *Psychologie du peuple français* et à *La France au point de vue moral*, apparaît comme le premier essai vraiment systématique d'une psychologie générale des peuples. C'est une voie ouverte à une science nouvelle. Fouillée avait appliqué à l'étude des peuples sa méthode habituelle de « sympathie ». Il dit, dans sa Préface, que c'est une règle de justice d'insister surtout sur les qualités des diverses nations, qui sont l'essentiel et le fondamental. « Mieux on connaît les grands peuples, plus on trouve de raisons de les aimer. C'est l'avantage moral qu'on retire des études psychologiques et sociologiques appliquées aux divers membres de l'humanité. On y apprend à la fois et la justice et la sympathie. » Les Allemands et les Anglais qui demandèrent l'autorisation de traduire l'*Esquisse psychologique des peuples européens* s'accordèrent pour remarquer avec quelle impartialité sympathique l'auteur avait parlé de leurs pays.

« Vous me dites que je suis germanophile parce que j'ai rendu justice aux qualités des Allemands (sans céler aucun de leurs défauts) : je le veux bien, à la condition d'être en même temps anglophile, russophile, italophile et surtout francophile. La vérité est que j'ai considéré tous les peuples d'un point de vue objectif, *sine ira et studio*. J'ai d'abord cherché, pour chacun, l'influence des races et de leur combinaison, et j'ai détruit tous les préjugés à ce sujet ; j'ai montré que, sous le rapport des races, nous ne sommes pas des Latins, que, sous le même rapport, les Allemands ne sont pas des Germains ou ne le sont qu'en une faible proportion. J'ai étudié les climats, j'ai étudié les tempéraments, tous les éléments physiques et physiologiques du problème. Puis j'ai consulté l'histoire, les monuments, les mœurs, les lois, l'éducation, les traditions, les arts, les sciences, la philosophie, et j'ai montré comment tous ces facteurs ont abouti à des types moyens originaux. J'ai attaché une grande importance à l'idée que chaque peuple se fait de lui-même et de son propre caractère, ainsi qu'à l'idéal qu'il se propose : ce sont là, à mon sens, des traits révélateurs et vraiment caractéristiques, qui expriment la réaction intelligente et volontaire d'une conscience nationale sur elle-même ; et cette réaction, à mes yeux, est capitale chez les peuples autant que chez les individus. Un peuple sauvage réagit peu sur lui-même, une nation civilisée est en perpétuelle réaction sur soi, en perpétuelle transformation intellectuelle, sociale, économique et morale. Ces réactions font place de plus en plus aux caractères tout faits ; ce sont des caractères qui se font. » (Extrait d'une lettre de Fouillée.)

Selon Fouillée, il existe en chaque peuple un « *vouloir-vivre collectif* », qui s'exprime par des tendances communes, des sentiments communs, enfin des idées communes. C'est chez les peuples surtout que les idées apparaissent comme des forces et que les deux éléments des caractères, la constitution cérébrale et la réaction des idées, se montrent manifestes. Plus la civilisation avance, plus les peuples s'intellectualisent et subissent l'influence des idées, soit scientifiques, soit morales, soit philosophiques et religieuses.

Après avoir publié l'*Esquisse psychologique des peuples européens*, Fouillée n'était pas sans inquiétude sur les objections qui pourraient lui venir des différents pays dont il s'était occupé. Les Italiens se reconnurent dans le portrait fait d'eux et l'accueillirent avec une faveur marquée. M. Barzellotti, dans la seconde édition de son livre *Dal Rinascimento al Risorgimento*, consacra de longues pages à l'œuvre du philosophe français ; il accepta les « justes critiques » qu'elle contenait à l'égard de l'Italie, dont les qualités avaient été d'ailleurs mises en plein relief par Fouillée. Les Allemands trouvèrent aussi que le portrait de l'Allemagne était très ressemblant et M. Boutroux, qui avait vécu longtemps en Allemagne, déclara que cette partie de l'ouvrage lui plaisait tout particulièrement. Des Russes de haute distinction, qui habitaient Menton, firent des éloges analogues en ce qui concernait leur pays. De même pour les Espagnols, de même pour les Anglais. Bref, ce livre était la preuve d'une véritable divination psychologique, succédant d'ailleurs à de vastes recherches d'analyse, puis de synthèse.

La dernière conclusion du livre, dont l'intérêt est toujours actuel et vivant, c'est que, si nul peuple ne peut plus se flatter d'une éternelle prééminence, nul ne peut non plus être condamné à une déchéance irrémédiable : « chacun profite, par la solidarité naturelle, des découvertes et expériences d'autrui. » La *loi de solidarité dans le milieu social* l'emporte de plus en plus sur les conditions d'originalité propre, dues au *tempérament* de la *race* et au *milieu physique*. « L'avenir n'est pas aux Anglo-Saxons, aux Germains, aux

Grecs ou aux Latins : il est aux plus savants, aux plus industrieux et aux plus moraux. » (1)

(1) Il est curieux de remarquer que les Japonais, qui sont à l'affût de tout ce qui se publie en Europe, surtout sur les nations européennes, se sont empressés de traduire dans leur langue l'ouvrage de Fouillée, traduction de M. Iganaki.

CHAPITRE VI

Science de l'éducation

I. — Fouillée est, avec Guyau, celui de nos philosophes qui s'est le plus occupé, et le plus magistralement, de toutes les questions d'éducation. Parmi tant de récents écrits publiés sur ces problèmes, *l'Enseignement au point de vue national* restera, comme *Éducation et Hérédité* de Guyau, un des chefs-d'œuvre de la pédagogie, et par la hauteur de l'inspiration et par la beauté du style. Les chapitres sur les « humanités littéraires et scientifiques », sur les « études morales et sociales », demeureront toujours vrais.

L'*Enseignement au point de vue national* fut écrit en 1890, et aussitôt traduit en anglais par M. Greenstreet. On réclamait alors de toutes parts une réforme de l'enseignement. Le point de vue auquel on se plaçait d'ordinaire et qui n'a pas cessé d'être dominant à notre époque, c'était la préoccupation utilitaire et technique. On mettait en avant, — et on continue de le faire, — les besoins modernes et très réels de l'industrie, du commerce, de l'agriculture, de la colonisation. Il sembla à Fouillée que, sans rien négliger de toutes ces choses effectivement si importantes, des réformateurs soucieux de l'avenir devaient chercher un centre de perspective supérieur : « l'intérêt *national*, qui, en France, se confond avec le point de vue *humain* » (1). La France, sans négliger de prendre part à la lutte

---

(1) Avant-propos de la nouvelle édition (1910).

industrielle, doit rester, par son élite « le pays des études libérales, la terre favorite des lettres et des arts, de la philosophie, des sciences morales et sociales » (1). Là est son prestige et une partie de sa puissance.

L'éloquent article de la *Revue des Deux-Mondes* sur les *Humanités scientifiques*, qui parut en 1890, exerça une influence heureuse sur la réforme de l'enseignement. L'éloge à la fois si poétique et si philosophique qu'il contenait de l'astronomie, alors supprimée dans les programmes, y fit rétablir cette science, d'autant plus éducative, selon Fouillée, qu'elle est plus haute et plus désintéressée.

Nous avons plus d'une fois causé avec Fouillée de la réforme de l'enseignement. Nous étions, pour notre part, opposé au maintien du grec et nous ne tenions guère au latin. — Il viendra un jour, lui disions-nous, où les connaissances accumulées par l'humanité seront si nombreuses qu'il faudra jeter par dessus bord tout l'inutile, inventer des méthodes pédagogiques absolument nouvelles pour condenser l'utile ou simplement le nécessaire sous un volume assimilable aux enfants, comme les « pilules nutritives » dont parlait Berthelot. Fouillée partageait cet avis, mais, en attendant, il croyait indispensable, d'abord, de maintenir très haut les études et surtout les *exercices* littéraires, puis de donner au français un rôle prépondérant, de le rendre vraiment classique et de le substituer peu à peu au latin. Quant au grec, il finissait par l'abandonner à une petite élite. Il considérait le latin comme très utile jusqu'à nouvel ordre pour maintenir, par l'exercice de la version, la pureté et la beauté du français même. Enfin, il tenait énergiquement au maintien des études *philosophiques* comme remède à la *spécialisation scientifique* et aussi comme complément des sciences positives, qui bornent trop l'esprit et parfois le faussent.

« Je ne veux ni une éducation *spécialisée*, ni une éducation *encyclopédique* ; je veux une culture *générale* et *humaine* de l'intelligence, du

(1) *L'Enseignement au point de vue national*, p. VI.

sentiment, de la volonté. » C'est celle que j'ai essayé de donner à J.-M. Guyau. Je n'ai eu pour but que de développer chez lui l'intelligence *active* et *inventive*, non l'intelligence passive et réceptive à laquelle, de nos jours, s'adressent exclusivement les idolâtres de l'érudition à l'allemande, de l'histoire, de la philologie, des prétendues « méthodes exactes » transportées dans la littérature et qui tuent la littérature. Guyau eut toujours l'horreur du bourrage historique, littéraire et scientifique, qui n'exerce rien, pas même la *mémoire* : c'est l'équivalent d'un régime qui, pour le corps, remplacerait la *gymnastique* au grand air par le *gavage* sur un lit de sanatorium. J'ai développé chez Guyau toutes les opérations essentielles de l'intelligence, observation, comparaison, abstraction, généralisation, jugement, raisonnement déductif et inductif, association logique des idées et imagination. La *composition française*, surtout philosophique, la *version*, les *mathématiques*, les grandes *expérimentations* de physique, voilà ce qui peut développer les facultés actives et inventives, voilà ce qui fit le fond de l'éducation de Guyau ; le reste n'est que spécialité étroite ou encyclopédie vague destinée à être oubliée le lendemain des examens. Le reste ne doit, dans l'instruction secondaire, subsister que sous la *forme* élémentaire et *primaire*. Quant au *sentiment* et à la *volonté*, ce sont encore les *exercices* littéraires, philosophiques et moraux qui les développent, non le pêle-mêle scientifique, historique et philologique, où la sensibilité et l'activité personnelle n'ont aucune part. » (Fragment d'une lettre de Fouillée.)

II. — Fouillée s'occupa aussi de l'enseignement primaire, notamment de l'enseignement de la morale dans les écoles. L'essentiel est, selon lui, d'établir la morale scolaire sur des bases absolument indépendantes non seulement des *confessions religieuses*, mais même des *opinions philosophiques et métaphysiques* sur les premières causes et sur les dernières fins.

« J'ai moi-même, disait-il souvent, enseigné à J.-M. Guyau la morale en dehors de toute religion et de toute métaphysique. C'est ainsi qu'elle doit être, selon moi, enseignée à tous les enfants, quelque croyance religieuse ou philosophique qu'on puisse leur inculquer par ailleurs. »

La séparation des Eglises et de l'Etat, événement plein de conséquences morales et sociales, était inévitable, selon Fouillée, et la logique de notre histoire, depuis la Révolution française, devait tôt ou tard l'amener. C'est dans l'enseignement scolaire que les premiers effets de la séparation se sont fait sentir et se feront sentir de plus en plus. Les programmes élaborés il y a trente ans par Jules Simon, Janet et divers philosophes spiritualistes contenaient des notions, d'ailleurs vagues, de religion naturelle, en dehors de toute religion révélée. Ces notions furent assez mal accueillies du clergé catholique, qui y voyait une sorte d'invitation pour les enfants à se contenter de la religion naturelle et de la morale laïque. On prétendait, malgré tous les programmes de Jules Simon, que l'Etat avait institué « l'école sans Dieu », l'école « contre Dieu ». Le clergé catholique soutint que tout enseignement théiste ou déiste donné en dehors des dogmes était une usurpation de l'Etat sur le rôle du prêtre, une occasion fournie aux instituteurs de miner plus ou moins sourdement la foi positive des religions révélées. Les instituteurs et institutrices se trouvèrent bientôt dans une situation difficile et fausse vis-à-vis des représentants du clergé : aussi évitèrent-ils d'aborder les questions brûlantes que les programmes soulevaient. Dans les grandes villes, l'habitude fut prise peu à peu de laisser de côté tout ce qui a trait aux idées de Dieu et de l'âme, aux idées métaphysiques. Les conseils municipaux des grandes villes exigèrent même que toute notion de ce genre fût supprimée dans les livres de morale scolaire ou dans les livres de lecture, afin que le commentaire obligé des mots Dieu et âme par le maître n'aboutit point à soulever des questions litigieuses, sur lesquelles les parents, les maîtres et le clergé se divisent. Par un accord tacite entre les instituteurs, les parents, les conseils communaux et le Ministère, on évita d'aborder, dans la plupart des écoles, les problèmes de métaphysique et de religion naturelle, matière à controverse entre les philosophes eux-mêmes, à plus forte raison entre les philosophes et les représentants du clergé. « On sentait d'ailleurs, remarque Fouillée, qu'il importe de ne pas lier la morale à l'idée de Dieu, parce que, pour l'enfant des écoles, l'idée se lie elle-même indissolublement à des croyances de religion positive, au culte de Jésus et de Marie, aux pratiques confessionnelles de tout genre. » Qu'arrivera-t-il si, plus tard, l'enfant des écoles rejette les croyances et rites catholiques, protestants, israélites ? Il rejettera aussi trop souvent la morale elle-même, imprudemment liée à la métaphysique et à la religion. La nécessité d'une absolue neutralité non seulement confessionnelle, mais même philosophique et métaphysique, s'est imposée d'une manière encore plus évidente depuis la séparation des Églises et de l'État, qui a entraîné un conflit plus ou moins latent entre les instituteurs, représentants de l'État, et les divers représentants de l'Église. Aussi les philosophes et moralistes, devant cette situation nouvelle, ont-ils dû renoncer à l'espoir qu'ils avaient conçu d'enseigner aux enfants des écoles, outre la morale, une sorte de métaphysique élémentaire tout à fait indépendante des dogmes, une sorte de religion analogue à celle de Platon et de Kant. « Nous étions de ceux-là, dit Fouillée. Aujourd'hui, nous avons dû reconnaître qu'un tel enseignement est devenu impossible dans le domaine *primaire*, si différent du domaine secondaire. Dans les lycées et collèges, on s'adresse à des jeunes gens et le professeur de philosophie doit développer en eux *l'e rit ritique*. Dans les écoles, l'instituteur s'adresse aux plus humbles enfants et il doit leur fournir des *olutions certaines*, sur lesquelles il n'ait pas à redouter la contradiction des parents. Il faut donc désormais enseigner aux enfants des écoles une morale aussi scientifique qu'il est possible, fondée sur les conditions de l'*équilibre* social et du *progr* social. » (1)

A propos des pages de la *Démocratie politique et sociale* sur l'enseignement de la morale dans les écoles, M. F. Buisson, ancien directeur de l'enseignement primaire au Ministère de l'Instruction publique, écrivait à Fouillée : « Je voudrais faire lire aux instituteurs vos pages si justes sur les dangers de cet enseignement de la religion naturelle ou du sentiment religieux non confessionnel dont quelques-uns avaient tant attendu. Vous faites toucher du doigt l'impossibilité de cette solution, du moins en pays catholique. » (Avril 1910)

Les deux grands principes qui, selon Fouillée, doivent dominer la question sont la *liberté de conscience*

(1) *La France au point de vue moral*, préface de la nouvelle édition, 1911.

et la *neutralité*. Fouillée fait voir d'abord que la liberté de conscience condamne tout *monopole* de l'Etat en fait d'enseignement. D'autre part, les familles ayant tout droit et tout pouvoir de compléter à leur gré les enseignements de l'Etat selon leurs convictions religieuses ou philosophiques, l'Etat, en vertu du même principe de la liberté de conscience, l'Etat qui parle au nom de tous, n'a de droit et de *compétence* que pour enseigner aux jeunes enfants des *principes sociologiques de morale* admis par tous. Il ne doit donc, dans les écoles publiques, enseigner qu'une morale *sociale* et *civique*, qui prépare à la patrie des citoyens éclairés et justes. Les devoirs de l'homme *envers lui-même* n'en seront pas pour cela exclus, car ils sont la condition nécessaire de nos devoirs *envers les autres* et ils sont même, indivisiblement, des devoirs envers les autres. Les principes et sanctions suprêmes, d'ordre religieux ou métaphysique, principes qui sont objets d'ardentes controverses et varient avec les croyances, doivent être absolument réservés, comme le disait déjà Condorcet, « à la *raison* et à la *conscience* des familles ». Le seul moyen d'avoir la paix est donc de laisser *pleine liberté* à toutes les croyances et de mettre l'enseignement public en dehors, *non pour les nier, mais pour les respecter*. Les tribunaux ne jugent-ils pas selon les mêmes lois les spiritualistes et les matérialistes ? Ne les respectent-ils pas également ? Tous les Français doivent être égaux devant l'école comme ils le sont devant la loi, en ce sens que ni l'école, ni les tribunaux n'ont à connaître des opinions religieuses ou philosophiques. Est-ce là seulement de la logique, ou est-ce de la justice ? (1)

On lit dans les notes intimes : — « A propos de ma *Morale des Idées-forces*, Lachelier m'a écrit de belles pages qui montrent que, lui aussi, malgré sa profonde foi à la religion catholique, il admet l'indépendance philosophique et, en une certaine mesure, l'immanence

(1) Voir la *Démocratie politique et sociale en France*, livre IIIe.

de la morale. « Ce qu'il s'agit d'imprimer dans l'esprit
« des hommes, m'écrit-il, c'est que certaines choses *ne se*
« *peuvent pas* moralement, quoiqu'elles se puissent phy-
« siquement. Ils comprennent tous cela, et la plupart ne
« peuvent comprendre, en morale, que cela. Il n'est pas
« *nécessaire* de leur parler de *peines* ou de *récompenses*,
« quoique ce ne soit pas inutile. Tous ceux qui ont la
« conscience droite admettront très volontiers qu'il faut
« faire ceci, parce que *c'est bien*, et ne pas faire cela,
« parce que *c'est mal*, sans autre raison. L'idée d'une
« *volonté infinie* qui ordonne le bien et défend le mal
« n'est pas non plus indispensable. Cette volonté ne
« diffère pas, au fond, de la *nécessité morale intrinsèque*
« *de faire ou de ne pas faire* ; mais elle en est, pour
« l'*imagination* populaire, une excellente réalisation. »

Ici, dit Fouillée, je me sépare quelque peu de Lachelier. Est-il bien sûr que l'idée de la volonté divine soit toujours, pour l'imagination populaire, « une excellente *réalisation* » de l'idée du bien, de l'idée morale ? Tant que la croyance à l'incarnation du bien en une volonté subsiste dans les esprits populaires, tout est pour le mieux ; mais, si l'idée de Dieu tombe, après avoir été liée par l'Etat lui-même à l'enseignement moral, que deviendra l'idée morale ? Ne risquera-t-elle point de s'écrouler ? Lachelier dit lui-même : « Il faut faire ceci, parce que c'est *bien*. » A la bonne heure. Mais n'y a-t-il pas des *raisons* pour lesquelles cela est bien, raisons indépendantes de toute idée de *divinité*, raisons dépendantes de notre nature d'êtres *pensants, capables de concevoir* et *d'aimer d'autres êtres pensants*, capables de concevoir et d'aimer la *société universelle ?* Plus je vais, plus je crois que la morale doit être soigneusement distinguée des spéculations sur le principe de l'univers. Je demeure persuadé, comme l'était l'auteur de l'*Esquisse d'une morale sans obligation ni sanction*, que, si on s'adresse aux sentiments désintéressés, aux sentiments les plus élevés du cœur humain, surtout chez les enfants, si on est *bon* avec eux et si on leur enseigne la *bonté* pour *elle-même*, pour elle seule, on a plus de chance d'agir sur eux et d'entraîner leur volonté. L'humanité marche manifestement vers une ère où la morale sera surtout humaine ou sociale, où les individus eux-mêmes seront de plus en plus *socialisés*, portant la société universelle en eux, dans leur conscience. »

TROISIÈME PARTIE

COSMOLOGIE & RELIGION DES IDÉES-FORCES

CHAPITRE PREMIER

COSMOLOGIE DES IDÉES-FORCES

I. — Nous avons déjà vu, à propos de l'*Evolutionnisme des Idées-forces*, les principes de la cosmologie de Fouillée. Nous n'avons que quelques compléments à ajouter sur divers points.

Dans sa théorie du monde, Fouillée est résolument *infiniste*. Il rejette toutes les *thèses* des antinomies kantiennes sur le fini et soutient qu'elles sont sophistiques, tandis que les antithèses sur l'infini sont seules démontrées. Les thèses sur le fini s'appuient sur la prétendue contradiction entre *infinité* et *ensemble de conditions réellement données*. Or, il n'y a là aucune contradiction vraie.

Fouillée a éloquemment réfuté les théories de Renouvier sur la prétendue impossibilité de *l'infini actuel*, déduite de la « loi du nombre » qui régirait tout. En premier lieu, cette loi n'a pas l'universalité et l'objectivité que Renouvier lui attribue ; le nombre n'est qu'un schéma de la quantité, non la quantité même ; Kant l'a fait voir. En second lieu, en supposant que le *nombre infini*, le *nombre innumérable*, quoique admis par les mathématiciens, puisse être dit contradictoire, il n'y a pas l'ombre de contradiction dans l'idée de *multiplicité innombrable*, de quantité impossible à épuiser par les nombres. Enfin, si une multiplicité sans nombre n'est pas contradictoire, rien n'empêche la Nature, ou, si l'on veut, Dieu lui-même de la réaliser. Il n'y a aucune raison pour borner l'âge du monde à tel nombre limité d'années, son étendue à tel nombre limité de lieues. Un monde *fini* serait un monde *infiniment petit* par rapport à l'immensité de l'espace et du temps ; on ne peut le poser qu'en niant le principe de *causalité* et de *raison suffisante* au nom d'une prétendue contradiction qui n'existe que dans notre imagination.

« L'infini est la vraie réalité, il est en tout et partout ; le fini n'est qu'un de ses aspects, abstraitement détaché du reste pour les besoins de notre esprit et de notre humaine activité. Il n'y a rien de vraiment *simple* ; tout est, non pas *composé* (ce qui supposerait encore des éléments simples), mais quantitativement infini, quoiqu'il y ait des infinis de différents ordres qui s'enveloppent et qui, sous certains rapports, sont finis. Une ligne infinie à partir du point A est la moitié d'une ligne infinie dans les deux sens. Il y a des rapports précis entre les infinis et le calcul infinitésimal est plus vrai que le calcul ordinaire ; il est la clef du réel.

« En supposant que le monde existe *par lui-même*, il y a nécessairement une infinité de conditions qui ont été toujours données et produisent l'évolution du monde ; en supposant qu'il n'existe que par un *principe supérieur*, la puissance de ce principe, n'étant pas bornée, a dû se manifester par un monde sans limites dans l'espace et dans le temps. Nous ne pouvons, nous, hommes, achever le *regressus ad infinitum* ; mais l'impossibilité du *regressus* n'implique nullement celle du *progressus ad infinitum* sans *commencement*. Intervertir les deux séries, celle du réel et celle de la pensée discursive, c'est le sophisme de ceux qui ne veulent admettre que du fini.

« Dans l'ordre de la causalité comme dans celui de la quantité, l'infini est partout. Il n'y a jamais eu dans le temps un commencement de conditions *causales* ; les conditions de l'existence et du changement ont toujours été réelles et en acte. Si une série sans fin de changements qui se conditionnent n'offre pas de repos à l'esprit, l'esprit peut chercher un repos dans l'idée d'une cause inconditionnée de la série infinie des conditions, mais cette série infinie subsiste toujours. » (Fragment inédit.)

Le principe de conditionnement universel dans l'espace et dans le temps entraîne le mécanisme universel comme aspect *extérieur* du monde. Selon Fouillée, la science de la nature est et ne peut pas ne pas être avant tout mécaniste. Tout ce qu'elle étudie, en effet, apparaît dans l'espace et dans le temps sous la forme du changement et du mouvement. Par cela même qu'une qualité est *physique*, elle est un changement dans l'espace et dans le temps, et c'est sous ce rapport que la science l'étudie. L'énergétisme confond une simple formule algébrique de l'énergie avec les idées métaphysiques de *causalité* et de *qualité*. Ou l'énergétisme est une simple algèbre et une formulation mathématique de l'expérience, ou il est un système métaphysique mal à propos mêlé aux explications scientifiques, qui ne peuvent être que mécanistes.

Ce n'est pas à dire que le mécanisme soit suffisant aux yeux du philosophe, qui, au contraire, doit tout ramener au *panpsychisme* ; mais autre chose est le point de vue scientifique, autre chose le point de vue philosophique. Le philosophe seul s'occupe du côté vraiment *qualitatif* des choses et de leur côté *causal* ou *actif*, de leur véritable *énergie*.

Selon Fouillée, la nécessité mécanique est « l'apparence, la forme extérieure du développement des êtres, la série des moments de leurs progrès » ; le fond intérieur de toutes choses est « une volonté toujours agissante, intelligente ou capable de le devenir, qui tend à l'indépendance et à la liberté, qui s'en rapproche progressivement à mesure qu'elle conçoit mieux cet idéal de l'existence. » C'est seulement par le dehors que les êtres se font échec, luttent, s'imposent l'un à l'autre des contraintes et des nécessités, deviennent l'un pour l'autre des forces brutales ; l'intérieur de chaque être est « une volonté qui, après s'être suffisamment développée et éclairée, ne peut manquer tôt ou tard de se mettre librement d'accord avec les autres volontés ; la guerre universelle est donc transitoire, le terme final et idéal est la paix ». La véritable fatalité est l'égoïsme, la véritable liberté est « l'amour de tous les êtres ». Or, il se peut que l'égoïsme soit imposé provisoirement par une nécessité du dehors et « n'exprime pas le fond même de l'être »; il se peut que le désintéressement, au contraire, soit « le dégagement » et la délivrance de notre vraie nature, si cette nature est précisément « une bonne volonté que les circonstances seules et les besoins physiques rendent mauvaise ». En tout cas, « l'idéal de la bonne volonté n'est pas en contradiction absolue avec notre nature, puisqu'en fait nous le concevons, nous le désirons, nous le voulons. Cet idéal est une idée-force. Il n'y a donc plus qu'un pas à faire pour admettre que la volonté du bien et du bonheur est au fond notre activité même, notre essence et celle de tous les êtres, en un mot que la volonté tendant à l'union fait le fond de tout ce qui agit, vit, sent et veut » (1).

« Au point de vue philosophique, le monde m'apparaît comme un *effort* sans fin, dans le temps et dans l'espace, un *nisus* illimité, conséquemment une *volonté*. De même que pour Platon, le monde est pour moi un être *vivant*, une vie universelle à laquelle nous empruntons notre propre vie. Mais qu'est-ce que vivre, sinon vouloir, faire effort, tendre, aspirer à une existence plus pleine et plus large ? Le monde entier est, comme je l'ai dit dans *La Liberté et le Déterminisme*, une « exertion de puissance » tendant à se délivrer de tout obstacle, aspirant à son affranchissement et à sa libération.

(1) *Hist. de la Phil.*, p. 576.

« Tous les efforts particuliers, toutes les *volontés* particulières tendent à la pleine *conscience* d'elles-mêmes et, pour cela, à la pleine *puissance* et à la pleine *jouissance*. Elles sont donc des *volontés de conscience*. Comme chacune de ces volontés, en un point déterminé du temps et de l'espace, au milieu de causes et conditions déterminées, a son *exertion* propre et son *assertion*, on peut dire que chacune ne saurait jamais être confondue avec aucune autre, qu'elle n'est jamais la pure répétition d'une autre, qu'elle n'aura jamais dans l'avenir sa pure répétition (quoi que dise Nietzsche du retour éternel), qu'elle constitue ainsi une distincte, originale, *sui generis*, une *individualité*. De là, dans l'univers, une *pluralité infinie*.

« Mais ce n'est là qu'un premier aspect. Quelque originale que soit une volonté de conscience, une individualité, un centre de vie active et représentative de liberté, elle ne saurait être isolée.

« Le monde tend, selon moi, à la constitution de centres de volonté de conscience ayant un pouvoir de *représentation* et *d'action* de plus en plus étendus. Chaque volonté de conscience tend à représenter l'univers, à devenir conscience universelle ; elle tend ainsi à devenir activité universelle, en liaison avec le tout, agissant sur le tout, vivant la vie du tout, aimant le tout. En d'autres termes, elle tend à devenir à la fois de plus en plus personnelle par la conscience et la volonté de son moi, de plus en plus impersonnelle par la conscience et la volonté du tout, qui est la vraie liberté.

« Le point de vue de la séparation entre les volontés de conscience est provisoire ; chacune, en réalité, est *pénétrable* aux autres et plus ou moins pénétrée par les autres : chacune forme avec toutes les autres un système lié et coordonné d'actions et réactions réciproques ; la *solidarité* est universelle dans l'espace, dans le temps, dans la causalité, dans la finalité.

« La raison de cette solidarité universelle ne peut être, selon moi, qu'*une seule et même volonté de conscience universelle*, *immanente* à toutes les volontés de conscience particulières. Aucune vie n'est séparée des autres vies, aucune volonté des autres volontés, donc d'une vivante volonté qui embrasse tout. De là le *monisme fondamental* comme condition du pluralisme même.

« Le terme de *monisme*, quelques inconvénients qu'il puisse offrir, me semble nécessaire pour désigner toute doctrine qui pose que la dualité, que la pluralité (fût-elle infinie, comme elle doit l'être), requiert et suppose, pour raison d'existence et raison d'intelligibilité, une unité immanente qui en fait le lien. Cette unité peut ne pas être une « substance », ni une liaison « logique ». Au monisme substantialiste, au monisme logique et dialectique, au monisme matérialiste, au monisme spiritualiste, Guyau a déjà opposé un monisme vitaliste, où c'est la vie en continuel devenir et continuelle « expansion d'intensité et de fécondité » qui produit le mouvement universel, dont matière et esprit ne sont que des « extraits », et l'être un « abstrait » (Voir l'*Irréligion de l'avenir*, III° partie.) D'autres monistes pourront croire, comme moi, que la vie même, que l'*expansion vitale* présuppose un principe d'unité plus radical et plus explicatif, une volonté universelle de conscience en perpétuelle exertion et assertion, où la puissance et l'intelligence, la force et l'idée sont ramenées à une indivisible unité dans le principe toujours dynamique, et non statique, de l'évolution universelle. Quoi qu'il en soit, un certain monisme est essentiel à toute philosophie digne de ce nom, à toute philosophie non *paresseuse*. Les termes de *panthéisme*, celui de *panenthéisme*, etc., n'expriment que des variétés du genre et des modes particuliers de représentation de l'un dans le plusieurs. » (Fragment d'une lettre de Fouillée.)

CHAPITRE II

Religion des idées-forces

Charles Lévêque avait eu raison, semble-t-il, de voir dans les Études platoniciennes formant la conclusion du *Platon* un renouvellement des questions religieuses. Tout ce que, après la critique de Kant, on peut dire de plausible et d'intelligible en faveur de la réalité d'un principe divin du monde, se trouve dans ces *Études platoniciennes*. Les parties les plus originales sont : 1° L'examen des critiques de Kant relativement à *l'argument ontologique*. Fouillée, par le mouvement ascensionnel de la dialectique, remonte d'idées en idées jusqu'à un *idéal* suprême qui, *pour notre pensée*, se confond avec la *réalité* suprême ; 2° La théorie de la *production du monde par l'amour et le désir*, présentée comme une inspiration platonicienne et comme une hypothèse plausible de haute métaphysique. Ces pages semblaient à M. Lachelier supérieures à celles où Ravaisson se livre aux spéculations les plus orientales sur l' « annihilation volontaire et partielle » de Dieu en vue de produire le monde. La *procession* alexandrine paraissait à Fouillée plus compatible que toute autre hypothèse avec l'existence du mal, parce qu'elle implique la réalisation de tout le bien possible à tous les degrés et pour tous les êtres.

« Si les antinomies mathématiques de Kant sur les limites du monde dans le temps et dans l'espace doivent être résolues, selon moi, par la suppression des thèses au profit des antithèses, je résous les antinomies dynamiques sur l'origine causale et substancielle du monde par le maintien simultané de la thèse et de l'antithèse à deux points de vue différents et complémentaires. D'une part, il est impossible de trouver dans le monde une cause vraiment première et absolue ; d'autre part, l'ensemble infini des causes relatives n'exclut pas, mais appelle au contraire, pour la complète satisfaction de notre raison à la recherche des raisons causales, une cause absolue et inconditionnée. De même, dans la quatrième antinomie, la série sans commencement et sans fin des choses dites contingentes et qui, en réalité, sont déterminées les unes par les autres, n'empêche pas, mais appelle, pour la satisfaction de la raison, une existence qui se suffise à elle-même et suffise à produire l'évolution du monde.

« Kant dit que, par de telles conceptions, nous ne faisons qu'objectiver un *besoin* de notre esprit, une tendance à terminer la synthèse des causes et êtres ; mais de quel droit, dans la *Critique de la raison pure*, Kant réduit-il ainsi les idées les plus hautes à de « simples besoins de l'esprit » ? C'est là du dogmatisme négatif. Il eût pu et dû dire : — Peut-être ces idées n'expriment-elles qu'un besoin de notre pensée, peut-être expriment-elles une véritable réalité ; c'est ce que nous ne pouvons pas vérifier directement par une intuition supra-sensible. — Ce doute était d'autant plus indiqué que, plus tard, Kant devait lui-même, au nom de la morale, changer les besoins de l'esprit en idées *vraies* comme *postulées par le devoir*.

« Kant ne donne, dans la critique de la raison pure, aucune preuve de ce qu'il appelle l'illusion transcendantale, sinon les antinomies et l'idéalité de l'espace et du temps. Mais les antinomies ne prouvent point l'illusion, parce qu'elles sont susceptibles d'une solution au moins probable et que l'incompréhensibilité qui reste porte aussi bien sur le moindre objet que sur les « antinomies ». Quant à l'idéalité de l'espace et surtout du temps, Kant ne l'a pas démontrée en faisant voir que l'espace et le temps sont des manières caractéristiques de sentir et de se représenter les objets ou le sujet conscient. Pourquoi nos façons les plus caractéristiques et les plus fondamentales de nous représenter les choses et de nous représenter nous-mêmes à nous-mêmes seraient-elles subjectives et tout idéales ? Là encore, la critique de Kant se tourne en dogmatisme.

« Selon moi, nous ne pouvons prouver ni que Dieu existe, ni qu'il n'existe pas. Dieu ne peut être la conséquence d'une déduction à partir de principes empruntés à l'expérience ou de concepts formés par notre pensée au sujet de l'expérience. Il ne peut davantage être le terme d'une induction à partir des faits de l'expérience et de leurs lois. On ne peut, par voie de raisonnement, passer de l'homogène à l'hétérogène, de l'immanent au transcendant. D'autre part, Dieu ne peut être un objet d'« intuition », l'intuition se ramenant à une conscience, et la conscience d'un être imparfait ne pouvant être la conscience de la perfection même en tant que réelle. Le « sentiment » ne peut davantage saisir un être parfait, tout sentiment n'étant qu'un état confus de la conscience, accompagné d'émotions et de désirs, et ne prenant un sens déterminé que par les idées qu'il enveloppe. Dieu est donc pour nous une idée, inséparable d'ailleurs de sentiments et de désirs, traduisant à la fois ce que nous *sommes* au plus profond de notre existence et ce que nous *tendons* à être. N'est-ce pas le propre de toute idée-force que d'envelopper la *tendance*, l'*aspiration*, la *virtualité*, la *puissance* et l'*énergie* ? Dieu est l'idée suprême où s'expriment non seulement la raison pure, comme dit Kant, mais notre volonté et notre sensibilité ; il est en nous la volonté insatiable de puissance et de conscience universelle, ressort le plus intime de notre progrès intérieur ; il est notre volonté du bien universel, notre bonne volonté, notre vraie volonté en tant que dégagée des entraves du besoin physique et des obstacles de la matière. L'idée intellectuelle de Dieu est le symbole de notre volonté la plus complète, qui tend à l'infini et au parfait, au delà de tout et, pour ainsi dire, au delà d'elle-même.

« Maintenant, un être répond-il, en dehors de nous et au-dessus de nous, à cette volonté immanente du bien universel et de l'universelle félicité, qui est, non plus notre vouloir-vivre, mais notre *vouloir* dans toute sa pureté et son infinité ? Là est la question religieuse au point de vue philosophique.

« Cette question, selon moi, ne peut être résolue par un jeu de concepts et de syllogismes. Kant a fort bien montré les vices de *l'argument ontologique* en tant qu'*argument*. On ne peut pas *déduire* une existence d'une idée, l'existence du parfait de l'idée du parfait, sous prétexte que le parfait n'est pas parfait s'il n'existe pas. Mais, dans mes *Études platoniciennes*, j'ai montré que la critique de Kant ne détruit pas entièrement la doctrine de Platon sur la nécessité où est notre pensée, quand elle monte d'idées en idées, de ne se reposer que dans l'idée d'une *perfection existante*, d'un Bien qui est l'Être même. Ce n'est qu'une idée, en ce sens que nous ne pouvons sortir de notre pensée pour atteindre un objet qui serait tout entier en dehors ; mais c'est l'idée la plus haute de notre pensée et, si nous acceptons la valeur de notre pensée même comme expression du réel, nous avons une raison « dialectique » de croire que notre plus haute idée n'est pas vaine. Ce n'est pas là un « raisonnement », mais c'est une « raison ». Les objections de Kant contre le *raisonnement* n'atteignent pas cette *raison*, qui subsiste pour tous, sans être pour personne démonstrative.

« La *preuve cosmologique*, selon Kant, pour aboutir à une cause première, est obligée d'employer le principe de causalité — valable seulement pour les objets d'expérience — à la position d'une cause qui n'a plus aucun rapport avec l'expérience. Je réponds que la vraie idée de cause n'est pas toute enfermée dans la succession expérimentale des antécédents et conséquents. Je l'ai dit souvent : il n'y a pas antinomie entre une série sans fin de causes causantes et causées, d'une part, et, de l'autre, une cause causante sans être causée qui contiendrait la raison de la série temporelle et spatiale. Ici encore la question reste ouverte. Kant ajoute que la cause première n'est pas nécessairement parfaite ; et, en effet, on ne peut le démontrer ; mais on reste toujours tenté de réunir en une seule les idées d'existence absolue et d'existence parfaite, l'absolu n'offrant à notre pensée rien qui l'empêche ni d'être, ni d'être parfait. Si le mal n'existait pas dans le monde, comme une vivante accusation élevée contre la Bonté parfaite, notre pensée se reposerait dans l'unité de l'absolu et du parfait. Sur ce point encore, la question reste ouverte.

« Il en est de même, comme je l'ai fait voir dans mes *Études platoniciennes*, pour l'argument téléologique, qui, à coup sûr, sous sa forme cause-finalière, n'est pas un argument. Mais, pour les platoniciens et péripatéticiens, la finalité n'est pas extérieure ; elle est intérieure : elle est purement et simplement le *désir*, le vouloir universel du bien qui est aussi notre vouloir. Or, la question demeure toujours de savoir si le désir n'a pas son explication la plus reculée dans la présence au fond de tous les êtres d'un bien commun à tous, d'une sorte de ressort profond et indéfectible où se confondraient la *fin* et la *cause*. De là la pérennité de la philosophie platonicienne et aristotélicienne, expression intellectuelle de ce qui fait le fond des grandes religions.

« Il résulte de là que nos idées-forces les plus hautes, notamment celle d'une cause absolue et parfaite, ne sont pas nécessairement frappées de la subjectivité et de l'illusion que Kant leur prête au point de vue spéculatif. Il y a des raisons pour et des raisons contre, ce qui entraîne l'incertitude humaine touchant l'origine des choses ; mais cette incertitude n'exclut ni la croyance rationnelle ni l' « espérance » morale.

« Le système de Kant repose tout entier sur la séparation de la pensée et de l'être ; le mien repose tout entier sur l'union intime de l'être, de la pensée et de l'action. Kant rêve un passage de la pensée à l'être, qu'il a d'abord séparés ; mais j'ai fait voir que les deux tronçons, comme ceux d'un serpent, cherchent en vain à se rejoindre. Le système entier de Kant est une vaste réfutation de l'argument ontologique sous sa forme scolastique, qui est un passage de la pensée à l'être. J'accorde qu'on ne peut, avec de pures idéalités, opérer ce passage, pas plus, ai-je dit ailleurs, qu'on ne peut franchir un fleuve au moyen d'un arc-en-ciel reposant sur ses deux rives (1). Mais, selon moi, il y a dans la pensée consciente autre chose que des idéalités, il y a une prise de possession du réel par lui-même. Il ne s'agit donc pas de franchir un abîme ; il s'agit de développer et d'amplifier ce qui est déjà présent au fond de notre conscience, c'est-à-dire l'être, qui, en même temps qu'il existe en soi, existe aussi pour moi. » (Lettre de Fouillée.)

Selon Fouillée comme selon tous les grands philosophes, c'est la morale qui est le seul vrai support de ce qu'on appelle la *religion naturelle ;* mais il ne conçoit pas l'argument moral à la façon de Kant. Il l'a décrit tel qu'il l'entendait dans de belles pages de l'*Avenir de la métaphysique fondée sur l'expérience.* Ce qui *doit* être est-il déjà réel ? Tel est le problème. Voici ce qu'on pourrait dire : — Dans les questions relatives à l'existence ou à la non-existence du divin, *affirmer* la possibilité positive de Dieu revient à affirmer sa réalité : quand il s'agit de choses éternelles, il n'y a plus de différence entre le possible et l'actuel ; elles sont déjà, ou elles sont chimériques ; les déclarer possibles, c'est, au fond, les déclarer actuelles, c'est prononcer qu'il y a quelque éternelle réalité qui les rend éternellement possibles ; car l'acte, dit Aristote, fonde la puissance. Or, toute décision morale suppose la possibilité du règne de Dieu ; donc elle suppose la réalité actuelle de ce qui rend ce règne possible, c'est-à-dire la réalité actuelle de Dieu. — Tel est, selon

(1) *La Pensée et les nouvelles écoles anti-intellectualistes*, préface.

Fouillée, le meilleur argument moral en faveur de la divinité ; mais il ne veut pas qu'on se méprenne sur sa portée. L'acte moral n'affirme en rien la possibilité *intrinsèque* d'un règne universel du bien, encore moins la *réalité* des conditions, quelles qu'elles soient, qui rendraient ce règne possible ; l'acte moral affirme seulement que l'impossibilité d'un triomphe final pour le bien universel ne nous est pas connue, à nous ; « c'est donc simplement notre ignorance que j'affirme relativement à la possibilité ou à l'impossibilité du monde moral, et j'affirme en même temps ma volonté de faire effort pour réaliser ce monde, au cas où il serait *possible* comme il est certainement *désirable*. Quant à l'éternelle identité du possible et de l'actuel en un être suprême, c'est une des manières dont nous nous représentons subjectivement les conditions objectives qui rendraient possible un monde *moral*. Je puis faire là-dessus des spéculations métaphysiques et des inductions ; ces spéculations peuvent offrir tel ou tel degré de probabilité théorique (impossible d'ailleurs à mesurer), mais l'acte moral ne saurait changer le probable en certain : il n'*affirme* rien au-delà de lui-même ni au-delà de tout ce que la spéculation peut établir de certain, de probable ou de possible sur son objet.

Il y a dans un des livres de Charles Secrétan cette parole : « Pour peu qu'il soit possible de croire en Dieu : nous *devons* y croire. » — Oui, certes, répond Fouillée, dans la mesure même où nous voyons des raisons qui rendent pour nous *possible* ou *probable* l'existence de Dieu ; mais, si l'on veut dire que nous devons fermer les yeux aux raisons contre et ne voir que les raisons pour, affirmer dès lors comme *certaine* une existence qui nous paraît seulement *possible*, *probable*, en tous cas *désirable*, nous ne saurions admettre cette façon de croire en s'aveuglant, ce devoir de contredire par nos paroles les dictées de notre intelligence. Ce qui est vrai, c'est qu'il faut, dans ces grandes questions qui intéressent la morale autant que la métaphysique, se garder avec plus de soin qu'ailleurs de toute négation précipitée : la *négation* de l'athée est, au fond, un dogmatisme aussi orgueilleux que l'affirmation du croyant. « Pour peu qu'il soit possible de croire en Dieu », nous ne devons pas *nier* son existence ; de plus, nous devons *désirer*, nous devons *vouloir* que Dieu soit. Nous devons surtout agir comme s'il existait et dire avec Diderot : « — O Dieu ! je ne sais si tu es, mais je vivrai comme si j'étais devant toi ! » Et en effet, ajoute Fouillée, « si le suprême idéal de la moralité et de l'amour n'est pas réel encore, il faut le créer ; au moins qu'il existe en moi, en vous, en nous tous, s'il n'existe pas dans l'univers ! Peut-être alors finira-t-il par exister dans l'univers lui-même ; peut-être la *bonne volonté* se révélera-t-elle comme la véritable expression de la volonté universelle ; peut-être à la fin, quand la lumière se sera faite, toutes les volontés se reconnaîtront-elles pour *une seule et même volonté du bien dans des êtres différents*. Non, l'homme ne peut dire avec certitude, pas plus au nom de la morale que de la métaphysique : Dieu est ; encore moins : « Dieu n'est pas ; mais il doit dire, et en paroles, et en pensées, et en actions : — Que Dieu soit ! » (1)

De même pour l'immortalité. Je *veux* l'immortalité du bien et mon immortalité dans le bien ; mais en quoi cette volonté est-elle une « affirmation de la réalité de son objet »? En quoi peut-elle constituer une certitude, même une certitude *morale* ? Si, comme le croit Kant, le devoir me commande catégoriquement et par lui-même un désintéressement absolu, « comment pourrais-je précisément conclure de là une *relation nécessaire de mon intérêt avec ce désintéressement* ? Je n'ai qu'à obéir sans savoir ce qui adviendra, voilà tout. L'harmonie finale du bien et du bonheur peut sans doute être un objet d'inductions et de spéculations métaphysiques, mais mon choix moral ne change rien à la valeur intrinsèque de ces spéculations. » (2)

(1) *L'avenir de la métaphysique fondée sur l'expérience*, pp. 254 et ss.
(2) *Ibid.* p. 255.

Au reste, la spéculation bien entendue est loin de rejeter l'action morale sur un plan inférieur. Si, en effet, vous cherchez l'expression la plus rapprochée du fond de l'être, « *l'action vous paraîtra plus radicale que la pensée proprement dite* ». En nous, la psychologie trouve que l'*activité* et la *vie* sont quelque chose de plus radical que la *connaissance*, « car nous agissons et *vivons* alors même que nous ne *connaissons* pas notre *action* et ne *réfléchissons* pas sur notre *vie*. » De même, en dehors de nous, « la plante vit sans le savoir ; le minéral agit sans le savoir. Et comme toute action, pour notre conscience réfléchie, ne peut se représenter que sous la forme d'un *désir*, d'un *appétit*, d'un *vouloir* plus ou moins obscur, il en résulte que le *vouloir* nous paraît partout antérieur au *penser*. » (1) Maintenant, de ce principe à la fois psychologique, scientifique et métaphysique on peut, dit Fouillée, tirer des conséquences morales. « La moralité, en effet, est la plus haute manifestation de la volonté ou de l'activité ; en même temps, dans l'acte moral, où la totalité de notre *énergie* est mise au service d'une *idée* universelle, la plus grande *intensité du vouloir* vient se confondre avec la plus grande *universalité de la pensée* ; si donc c'est la volonté, si c'est l'action qui fait le fond de la *vie* et le fond même de l'*être*, nous voyons qu'on ne peut traiter la moralité comme un phénomène superficiel et accidentel. *Le métaphysicien a le droit et le devoir de faire entrer la moralité dans son interprétation de l'ensemble des choses*, de se demander si l'homme moral, après tout, n'est pas plus savant que le savant, mieux éclairé sur la vraie essence du monde que le physicien, l'astronome ou le mécanicien. L'action doit être plus *vraie* que la spéculation abstraite, les lois de l'action doivent être plus *fondamentales* que les lois de la pensée ; celles-ci ne sont même qu'un *dérivé* de celles-là : car, *pour penser, il faut avoir quelque chose à penser, et pour que ce quelque chose existe, il faut qu'il*

---

(1) *Ibid.* p. 265. On remarquera que ces pages ont été écrites avant les ouvrages de M. Bergson.

agisse. » (1) Partant de ces principes, le métaphysicien soumettra à l'analyse les lois de l'action comme révélation probable de la réalité dernière ; « et s'il parvient à montrer que la moralité est l'expression la plus fidèle, la plus complète, la plus élevée des vraies lois de l'action et de la vie, il en résultera que la moralité est une ouverture sur le fond des choses, un voile déchiré sur la face même de la vérité » (2).

Fouillée ajoute un principe non moins important. Tout *instinct* général, toute *croyance* commune à *l'espèce entière* doit renfermer une *vérité relative*, et cette part de vérité doit aller croissant à mesure que l'espèce atteint un plus haut degré dans l'évolution. En effet, « toute harmonie entre les instincts et le milieu, entre les croyances naturelles et la réalité, entre les rapports imprimés dans notre cerveau et les rapports existant dans les choses, entraîne pour l'espèce une appropriation plus parfaite aux conditions extérieures. « Une société dont la *conscience collective* est mieux adaptée à la *réalité* a donc un avantage dans la lutte des nations pour la vie ou pour la prééminence. Toute action collective et commune suppose de communes idées-forces, et les idées ont plus de *force durable* en raison de la *vérité* qu'elles enveloppent. C'est pour cela que la sélection sociale tend à limiter et même à éliminer progressivement les *erreurs collectives* comme les erreurs individuelles. » (3) Enfin, la vérité a une dernière supériorité : c'est qu'elle persiste, c'est qu'elle est faite de rapports *immuables*, tandis que le reste change ; la vérité doit donc s'imprimer de plus en plus dans les organismes pensants, dans leurs *instincts intellectuels* et dans leurs *croyances natives ;* « elle est, en somme, la force suprême, qui l'emportera tôt ou tard, pourvu qu'on lui laisse le temps. Ainsi, à tous les points de vue, la sélection ne peut manquer de s'exercer entre les idées directrices de

(1) *Ibid.* James et M. Bergson ne feront que développer les mêmes idées, non sans y ajouter beaucoup de paradoxes.
(2) *Ibid.*
(3) *Ibid.*, 266.

l'humanité, entre les idées-forces, et c'est sans doute à la *vérité supérieure* qu'appartiendra un jour la *force supérieure.* » (1) Nietzsche est réfuté d'avance.

Pour fonder la religion naturelle sur la morale, il faudrait, selon Fouillée, dégager l'instinct moral *pur et vraiment rationnel* de ses accessoires *animaux ;* il faudrait montrer que, par cela même qu'un être conçoit l'*universel*, il doit y avoir en lui un point de contact avec l'*univers*, non plus seulement avec un milieu plus ou moins restreint, soit animal, soit social ; que la conservation de l'humanité intelligente et raisonnable, douée du pouvoir de comprendre et de vouloir l'universel, doit se confondre avec les *lois de conservation* de l'univers même ; qu'il y a ainsi « *coïncidence entre le vrai fond de notre pensée, de notre vouloir, et le vrai fond de la pensée ou du vouloir universel.* » En un mot, il faudrait montrer que le cœur de l'homme raisonnable et désintéressé « bat à l'unisson, malgré les apparences contraires, avec le cœur même de la nature, et que *ses idées-forces sont ou peuvent devenir à la fin des idées directrices de l'univers.* » Telle serait la méthode réconciliant le naturalisme et l'idéalisme, embrassant dans ses formules toutes les données que fournit l'expérience intérieure, tenant compte de nos plus hauts sentiments et de nos volontés les plus hautes, aussi bien que de nos pensées les plus larges.

Si nos croyances naturelles, nos idées morales et sociales ne peuvent toujours nous instruire sur ce qui *est*, elles peuvent nous instruire sur ce qui *sera*, à la condition que ce qui sera dépende de nous et de notre idée même. « L'avenir est une équation dans laquelle notre pensée entre comme facteur ; *l'équation du monde ne se résout pas sans nous et en dehors de nous :* nous faisons partie des *données* du problème universel, nos idées sont parmi ses *valeurs*. De plus, comme les êtres intelligents sont légion, au moins sur la terre, la valeur qu'ils constituent ne peut être sans importance. Le rapport exact de cette valeur avec le tout, le *degré de force qui*

(1) *Ibid.*, 267.

appartient à nos idées non seulement sur nous-mêmes, mais sur le cours des choses, voilà la grande inconnue. » (1) Nous ne pouvons ici que faire des inductions et des hypothèses, fondées à la fois sur la psychologie et la cosmologie, équivalents de la religion.

Le nom que Fouillée donne à l'application morale des idées métaphysiques, fond de toute religion, distingue sa doctrine du dogmatisme moral des kantiens comme du dilettantisme de Renan : c'est, on s'en souvient, « une *spéculation* en pensée et en acte sur le sens du monde et de la vie. » Chaque homme est à la fois spéculatif et spéculateur. L'acte moral exprime la manière dont sa *conscience entière*, avec ses *idées*, ses *sentiments* et ses *tendances*, *réagit* par rapport à la *société humaine* et à l'*univers*. C'est l'application à la conduite d'une thèse complexe de psychologie, de sociologie, de cosmologie et de métaphysique, thèse où vient se résumer la conception que l'homme se fait de sa propre nature, de ses rapports avec ses semblables, de ses rapports avec le tout ; « l'idée morale est, en raccourci, une théorie métaphysique sur la *valeur finale* des choses, sur le dernier fond de la réalité et sur la vraie direction de l'idéal. Loin de dominer la théorie, la pratique n'est donc que la mise en œuvre d'une théorie plus ou moins confuse ou claire. La *foi* de Colomb était faite d'*idées* et de *sentiments*, non d'*affirmations volontaires :* elle était une idée-dominatrice, une idée-force, et la volonté même de Colomb n'était que le *prolongement intérieur* de cette force, comme son voyage en était la propagation à l'extérieur : cette idée s'est manifestée à chaque vague franchie par son navire, elle s'est manifestée au rivage qu'il a pu aborder. Le sillage du navire a disparu à nos yeux, quoique, comme les « vaisseaux de Pompée », il fasse encore frémir la mer en secret ; mais le sillage de l'idée, lui, est toujours visible : il ne s'effacera point tant qu'il y aura une civilisation nouvelle en Amérique, tant qu'il y aura communication

(1) *Ibid.* et ss.

entre l'Amérique et l'Europe, tant que, sous les océans, la pensée circulera d'un continent à l'autre avec le frisson de l'électricité. Nous sommes tous, comme Christophe Colomb, à la recherche d'un nouveau monde, avec le risque du grand naufrage, et nous agissons, comme Colomb, en vertu de spéculations vraies ou fausses sur l'au-delà dont un océan nous sépare. » (1) L'acte moral, qui est en même temps l'acte métaphysique et social, est ainsi le fond même de ce qu'on nomme l'acte religieux.

Foi, espérance, charité, — ces trois vertus théologales du christianisme, comme les trois Grâces du paganisme, « se tiennent par la main et sont étroitement enlacées ; mais, dans ce chœur divin, ou, si l'on veut, dans cette union de vertus profondément humaines, c'est la pensée même de l'idéal, non une foi mystique, qui entraîne à sa suite l'espérance et l'amour. La pensée n'a pas besoin de faire appel à un acte mystérieux et vertigineux de libre arbitre, à un acte de croyance *au delà* des raisons de tout ordre ; « sa *foi* n'est autre que sa *bonne foi ;* la sincérité absolue est sa règle. » Quant à l'espérance, la pensée l'enveloppe en elle-même, puisque penser un idéal, c'est en commencer déjà la réalisation à venir. Enfin la pensée enveloppe l'amour, puisque penser un idéal, c'est le penser *pour autrui comme pour soi*, et c'est déjà tendre à le réaliser pour les autres en même temps que pour soi. Voilà, selon Fouillée, la vraie « *religion dans les limites de la raison* », que cherchait Kant ; elle est la métaphysique de la pensée et du cœur, avec la morale privée et sociale qui en est l'application.

« J'ai trouvé, dit Fouillée, dans la nouvelle édition du livre de Barzellotti *Dal Renascimento al Risorgimento*, une lettre de Guyau en réponse à l'envoi de la première édition. Comme le dit Barzellotti, « Guyau, quand il écrivit cette lettre, était déjà malade à Menton, de cette maladie qui, quelques mois après,

---

(1) *Ibid.*, pp. 268 et ss. Ces pages éloquentes et profondes ne sont-elles pas supérieures à toutes celles des pragmatistes ?

devait l'enlever tout jeune, privant la France d'un de ses penseurs les plus vigoureux et les plus géniaux. » La lettre est du 1er décembre 1887. Guyau y fait voir que, dans l'état d'*anomie religieuse*, vers lequel nous paraissons aller, toutes les tendances de tempérament ou de race pourront trouver à se satisfaire. Certes, ajoute Guyau, j'espère que le culte de l'idéal y aura sa place. J'ai tâché moi-même de montrer tout ce qui y resterait des formes multiples du sentiment religieux. Pour ma part, je ne tiens nullement à détruire, et je crois même qu'on ne peut rien *détruire* absolument parlant. Dans la pensée humaine comme dans la nature, toute destruction n'est qu'une transformation. L'irréligion idéale, tout en étant pour moi la négation même des dogmes et des superstitions de notre temps, n'est nullement exclusive d'un sentiment religieux renouvelé, identique au sentiment même qui correspond toujours en nous à toute libre spéculation sur l'univers, identique au sentiment philosophique lui-même. — Dogme, libre-pensée, religion, irréligion, — les termes ne sont que des approximations des choses, et dans les choses il n'y a pas ces solutions de continuité, ces hiatus, ces oppositions artificielles que nous introduisons dans les mots. Je crois fermement que les religions actuelles sont destinées à disparaître par une dissolution très lente et pourtant sûre ; mais je crois aussi que l'homme, quelle que soit sa race ou sa classe, *philosophera* toujours sur le monde et la grande société cosmique, tantôt naïvement, tantôt profondément, selon son instruction croissante et selon les tendances individuelles de son esprit, — tendances qui iront se dégageant et s'affirmant toujours davantage par le progrès même de l'instruction. »

« Ainsi parle Guyau. Comme on retrouve en sa lettre son esprit de tolérance ! Il a fait, par amour de cette conciliation que je lui avais toujours prêchée, toutes les concessions légitimes sans rien abandonner de sa propre pensée. Je crois avec lui que l'on philosophera toujours et que, soit individuellement, soit collectivement, on se préoccupera toujours de l'au-delà, de l'au-dessus. Mais, à mesure que les idées se précisent et, en se précisant, s'opposent dans une sorte de lutte pour la vie, pour la sélection intellectuelle et sociale, l'idée de la religion positive va s'opposant à celles de la philosophie, de la morale, de la sociologie et des libres associations auxquelles elles peuvent donner lieu. Aujourd'hui, les apologistes de la religion raisonnent dans le vague ; ils confondent la religion avec la métaphysique et avec la philosophie. Toutes ces ambiguïtés et ces confusions que Guyau avait pourtant dissipées, on les retrouve dans les livres de William James, d'Eucken et de Boutroux. Ce dernier va jusqu'à identifier la recherche de l'idéal avec la religion, comme si la métaphysique, surtout platonicienne, la morale et même l'art ne recherchaient pas aussi l'idéal. Pendant que nos philosophes s'efforcent ainsi de tout confondre dans une religiosité nuageuse, le peuple, lui, ne s'y trompe pas, car son affaire est de vivre et d'agir ; pour lui, *la religion*, c'est telle ou telle religion positive et non pas une doctrine insaisissable de philosophie plus ou moins mystique. Guyau, avec raison, avait en aversion la *foi dogmatique*, qui est l'essence même de toute religion *positive*. Je trouve dans ses notes inédites ce fragment : « Un croyant, qu'il soit catholique, protestant ou même kantien, a fait un véritable mariage avec la vérité et n'admet aucun divorce, aucune séparation possible ; le savant et le chercheur, au contraire, ont l'horreur des contrats éternels et n'en passent avec aucune vérité, même avec celles qui semblent d'abord les plus sûres. » Telle est l'attitude philosophique par opposition à l'attitude théologique.

« La plupart des controverses sur les religions et la religion, partent d'une amphibologie. On confond l'idée religieuse avec l'idée philosophique et morale : culte de l'idéal, aspiration à une vie supérieure, tourment de l'infini, poursuite de la destinée humaine et universelle. Il est facile de soutenir la pérennité de la religion quand on l'identifie à la *perennis philosophia* ou, si l'on veut, à la religion naturelle et morale des Socrate, des Platon, des Aristote, des Descartes, des Leibniz, des Kant, de tous les idéalistes. Mais la religion proprement dite, la religion positive est une doctrine collective et traditionnelle à forme mythique, dogmatique et rituelle, imposée à la volonté des individus par la volonté collective, au nom de volontés supérieures qui se révèlent par des inspirations surnaturelles ou des événements miraculeux.

« Quand je parle des *équivalents philosophiques de la religion*, je ne veux nullement dire que la philosophie, la morale, la sociologie appliquée à l'éducation et au gouvernement des sociétés soient de simples *succédanés* de la religion, des espèces de pis-aller. Ce sont, au contraire, les religions positives qui sont des substituts et succédanés de la philosophie, de la morale individuelle et collective, — substituts à la portée des esprits et imaginations populaires. La religion positive est la philosophie des âmes simples, qui n'ont pas atteint à la morale absolument *pure* et *immanente*, qui ont encore besoin de soutiens extérieurs et transcendants. C'est, au fond, la religion positive qui est un *équivalent* de la philosophie, qu'elle met à la portée de l'imagination et des sentiments, qu'elle incarne dans des croyances collectives et des rites collectifs.

« Mais le temps arrive où l'on sera obligé de mettre les esprits, même ceux des enfants, face à face avec les vérités de la conscience et de l'expérience, sans croire nécessaire d'interposer entre elles et eux l'autorité d'autres hommes s'arrogeant une infaillibilité surhumaine. On reconnaîtra alors dans la philosophie devenue collective et agissante la vraie religion, la religion morale et sociale, la seule qui ne passera pas.

« S'il était permis au philosophe de s'adresser aux hommes religieux, il pourrait leur dire : — Hommes de *foi*, qui êtes, au fond, des hommes de *peu de foi*, délivrez-vous de ce scepticisme philosophique aujourd'hui à la mode, mais factice et aveugle, dont vous espérez vainement faire sortir une foi morale solide. Vous demandez qu'on reconnaisse les grands côtés des religions ; reconnaissez hautement, à votre tour, la valeur fondamentale de la philosophie, dont les religions ont été de premiers essais, comme la sorcellerie fut un premier essai de la médecine, l'astrologie de l'astronomie, l'alchimie de la chimie et la magie de la physique. Qu'y avait-il de vrai dans les *miracles* des mages ? Ce que la science y découvre aujourd'hui de possible et de réel : suggestion, transmission des pensées par le moyen des vibrations cérébrales, guérison par la force naturelle de l'idée et des sentiments, etc. Qu'y a-t-il de vrai dans les *dogmes* des mêmes mages ? Ce que la philosophie y découvre de sentiments nobles, d'idées conformes à la nature de l'esprit humain, qui, faisant partie de la nature entière, doit avoir en lui quelque intuition ou instinct de la vraie nature des choses. Je vous défie d'exprimer, sous couleur de religion, une idée ou un sentiment qui ait une valeur quelconque sans que je vous prouve que cette valeur est valable aussi, dans la même mesure, pour le philosophe, et, qui plus est, que cette valeur comme telle, est *uniquement* et *exclusivement* philosophique, indépendante des métaphores et mythes par lesquels vous voulez la déguiser. Dès que vous prenez quelque *conscience* d'un grand *sentiment* ou d'une *idée* généreuse, vous philosophez. Quand vous ne savez plus du tout ce que vous dites ni ce que vous faites, alors seulement vous êtes en dehors de la philosophie. De fait, vous ne pouvez pas ne pas philosopher, selon le mot bien connu d'Aristote, même si vous philosophez contre la philosophie ou croyez philosopher hors de la philosophie. Le mieux est donc d'extraire des religions leur philosophie immanente. Aussitôt que se manifeste un élément quelconque de vérité dans les doctrines dites révélées, la philosophie, par définition même, doit se l'approprier ; car cet *élément de vérité* n'est qu'*un produit du travail de l'humanité entière sur elle-même*, sur sa *nature*, sur ses *origines*, sur ses *fins supérieures :* c'est un travail philosophique en même temps que social. Ce n'est pas parce que vous l'appellerez dogme que vous lui conférerez une vraie *certitude*. Ce n'est pas parce que vous l'affirmerez sur la foi de miracles et de preuves prétendues matérielles — matérialistes au fond, — que vous rendrez certain ce qui n'est que possible et souverainement désirable, ce à quoi nous devons travailler d'une manière désintéressée sans savoir de science certaine jusqu'à quel point nous réussirons. Ce n'est pas « en se crevant agréablement les yeux » qu'on arrive à se mieux conduire et à mieux conduire les autres. Si, longtemps encore, les âmes naïves continuent d'ajouter à la philosophie quelque mythologie, que la *Vérité* leur pardonne, en attendant qu'ils la connaissent mieux ; mais n'érigeons pas les erreurs des esprits simples en nécessités permanentes de la morale, encore moins en dogmes révélateurs de l'éternel mystère. C'est à la vérité seule de guérir les maux qu'elle a pu faire quand elle n'était encore qu'incomplètement connue. Elargissez la science, approfondissez la philosophie, et vous verrez de plus en plus le « cœur », c'est-à-dire la science infuse et innée, produit des siècles, reprendre ses droits, surtout dans l'éducation morale des enfants. Les idées et raisons instinctives, scientifiquement étudiées, vous paraîtront le plus souvent aussi sages que l'instinct de l'oiseau pour construire son nid et élever ses petits. La science n'a détruit ni les nids d'oiseaux ni les cœurs des mères, elle ne détruira pas les cœurs des enfants. » (Fragment inédit.)

CHAPITRE III

Influence de la doctrine des Idées-Forces

I. — L'œuvre de Fouillée, a-t-on dit justement, représente « une vie de travail acharné, ordonné, aussi dédaigneuse des contingences extérieures que pouvait l'être celle des philosophes anciens, retirés du siècle, d'un Spinoza ou d'un Malebranche. Ce serait une erreur de croire qu'étant immense elle est trop hâtive. Elle repose sur la réflexion la plus tenace et pénétrante et sur l'érudition philosophique la plus vaste. Cette œuvre a exercé, est-il besoin de le dire, une influence incessante autant que diverse. Outre que maints spécialistes, moralistes, juristes, sociologues, y ont puisé des postulats et des directions, on peut dire que tous les théoriciens sociaux s'en sont inspirés » (1).

Guyau, esprit si libre et si indépendant, admit la théorie des idées-forces et la développa d'une manière originale dans un chapitre de son *Esquisse d'une morale*, puis dans un autre chapitre de son *Education et Hérédité*. Guyau rattachait l'idée-force à l'intuition de la *vie*, qu'il considérait comme l'opération primitive de la philosophie. Il ajoutait que la conscience du *temps* est une expérience du *cours interne de la vie*, au delà et au-dessus de l'espace, qui sert cependant à déterminer et à mesurer le temps comme dans une « quatrième dimension ». La force de l'idée devenait chez Guyau, à tous les points de vue, une force *vitale*.

(1) F. Maury, *Figures et aspects de Paris*, chapitre sur Fouillée.

Nietzsche reconnut, lui aussi, l'importance de la loi des idées-forces. Dans ses annotations à la page 27 de l'*Esquisse d'une morale sans obligation ni sanction*, il donna son adhésion au principe que « l'intelligence a par elle-même un pouvoir moteur », et il ajoutait : « Cela est essentiel : on a jusqu'ici laissé de côté la pression intérieure d'une force créatrice. »

M. Ribot, dans ses derniers ouvrages, finit par reconnaître avec Fouillée que la conscience, une fois née, devient à son tour un « facteur » de l'évolution. M. Espinas déclara à son tour que, dans les sociétés, « l'idée est la force qui tient unis les éléments épars ». M. Durkheim répéta qu' « il n'y a rien de fort comme les représentations », que les liens moraux, par exemple, « sont eux-mêmes des forces, car ils résultent de certaines représentations et les représentations sont des forces agissantes » (1).

C'est à l'efficacité des idées que faisait allusion M. Boutroux lorsqu'il reprochait à Kant (ainsi que Fouillée l'avait fait dans la *Liberté et le Déterminisme*) d'avoir considéré la liberté comme une sorte de puissance toute donnée qui précéderait le devoir : « Si tu dois, c'est que tu peux », disait Kant, c'est que tu as déjà le pouvoir. Au contraire, selon M. Boutroux comme selon Fouillée, la puissance morale résulte de l'idée : « Être bien persuadé que l'on doit, c'est déjà pouvoir, c'est déjà faire. L'idée même de devoir, embrassée par l'âme entière, crée la possibilité et la puissance. » (2)

Fouillée avait montré qu'on peut toujours, au-dessus d'un déterminisme quelconque, élever un déterminisme supérieur, notamment le déterminisme moral au-dessus du déterminisme physique ; il avait fait voir que le déterminisme peut ainsi se dépasser sans cesse, se transfigurer, prendre des formes de plus en plus hautes ; enfin, sous ce mouvement ascensionnel du détermi-

---

(1) *Bulletin de la Société de Philosophie*, 1909, 201.
(2) *Revue des Cours et Conférences*, neuvième année, 2ᵉ série, n° 35, p. 832.

nisme conscient et progressif, il avait vu l'action de la vraie liberté, telle que l'expérience nous la révèle. M. Boutroux, finit par identifier le déterminisme supérieur avec la contingence ou possibilité des contraires ; il s'efforça en même temps d'identifier le « nouveau » avec le libre. Plus tard, M. Bergson reprit les mêmes idées. La philosophie de ce dernier procède, sur bien des points, de la philosophie de Guyau et de celle de Fouillée, mais pour s'en écarter ensuite par l'espèce de dualisme auquel elle aboutit : matière et esprit, intelligence et vie, intelligibilité et contingence inintelligible. M. Bergson admet, avec Guyau, l'intuition de la vie dans la durée comme fondamentale. Il admet avec Fouillée que « la *conscience est efficace* » et que « la relation *sui generis* qui lie l'état psychologique au fait cérébral est une relation fort complexe, qui n'a rien de commun avec la conception de la conscience épiphénomène » (1). Seulement, M. Bergson comprend l'efficacité des états psychiques autrement que ne le fait la philosophie des idées-forces. Pour cette dernière philosophie, l'efficacité des états mentaux tient à deux conditions essentielles : la première, c'est qu'ils sont en eux-mêmes des *appétitions*, donc des *tendances motrices* ; la seconde, c'est qu'ils sont des *représentations* ou idées de choses actuelles ou possibles, et que ces représentations permettent des actions impossibles sans elles, les commencent même et introduisent ainsi le nouveau dans le monde. La conscience est donc proprement *novatrice* ou même créatrice ; mais elle n'est pas, comme pour les partisans de la contingence, créatrice en dehors de l'intelligence et de ses lois, par je ne sais quelle fécondité aveugle et même inconsciente qui n'est plus vraiment la conscience efficace dont on nous parlait, mais qui est un jaillissement vital essentiellement incompréhensible (2).

(1) *Revue du Mois*, 10 septembre 1907.
(2) Voir *La Pensée et les nouvelles Écoles anti-intellectualistes*, livre quatrième : *L'Évolutionnisme à facteurs psychiques*.

M. Bergson distingue la connaissance par concept et une connaissance supérieure dans laquelle « l'acte de connaissance se confond avec l'acte *générateur de la réalité* ». — Nous voilà tout près de l'idée-force, où la notion d'un objet est génératrice de sa réalité propre. L'idéal de M. Bergson est le genre de pensée attribué à Dieu par Bossuet : nous pensons les choses parce qu'elles sont, disait Bossuet, tandis qu'elles sont parce que Dieu les pense. Selon la philosophie des idées-forces, nous ne nous approchons de cet idéal que par la force génératrice qui appartient à nos idées pour réaliser leur objet, quand cet objet n'est pas une chose extérieure et indépendante de nous, mais un état intérieur ou un changement intérieur. « Loin qu'il y ait en nous une intuition supra-intellectuelle qui se confondrait avec création, c'est, au contraire, par l'intelligence et par l'amour qui en est inséparable que l'homme est, à sa manière, producteur de choses nouvelles qui, sans ses idées, n'auraient pas vu le jour. » (1)

M. Bergson a cru pouvoir rapprocher la philosophie des idées-forces de cet intellectualisme qui, « essayant aux données immédiates les concepts naturels ou artificiels de l'esprit et s'apercevant qu'elles ne peuvent pas tenir à l'intérieur de ces concepts, conclut de là que nous devons douter de la valeur de l'immédiat. » Mais, quoique Fouillée refuse d'admettre sans critique la valeur *objective* de l'immédiat, il a toujours insisté, avant M. Bergson, sur l'immédiat et sur son importance ; il a montré le caractère insuffisant des concepts purement intellectuels, mécanistes ou finalistes. Ne lit-on pas dans la *Liberté et le Déterminisme* (2) : « Il y a un point où nous *sentons immédiatement* notre existence, où la *vie*, en s'exerçant, jouit d'elle-même ; là il n'y a plus, semble-t-il, une simple impulsion *mécanique* exercée par l'extérieur ; c'est un dedans et non

---

(1) *La pensée et les nouvelles Écoles anti-intellectualistes*, livre IV, chap. I.
(2) 2ᵉ édit. (1884), p. 263.

un dehors ; c'est le côté psychique, non mécanique. D'autre part, il n'y a pas là non plus conception abstraite d'un bien à venir, d'une *fin* proprement dite ; il y a *possession concrète* et *sans intermédiaire* d'une existence qui se sent précisément agir, il y a bonheur élémentaire... La résistance à ce bien-être immédiatement inhérent à l'*être* et à la *vie*, voilà sans doute ce qui produit l'effort ; quand l'effort est conscient de ses moyens de satisfaction et les conçoit d'avance, il devient tendance à une fin. L'effort intérieur, à son tour, se manifeste par le mouvement extérieur. Le mouvement ne serait ainsi que la *surface de l'effort*, qui lui-même ne serait que le bien-être élémentaire luttant pour se maintenir. Or, là où il y a être et bien-être immédiat, il doit y avoir quelque chose de ce que nous nommons affranchissement des obstacles, délivrance, activité et possession de soi, liberté. Le bienêtre élémentaire peut donc être appelé une liberté élémentaire ; le bonheur parfait serait parfaite liberté ». Le « bergsonisme », semble-t-il, est résumé d'avance dans cette page, qu'on ne saurait trop méditer.

On peut lire encore dans *la Liberté et le Déterminisme* (1) : « L'intellectualisme est, comme le mécanisme, un aspect de surface ». Fouillée parle dans ce livre comme s'il avait déjà lu les *Données immédiates de la conscience* ou l'*Evolution créatrice*. Ne refuse-t-il pas déjà de prendre des « vêtements » pour la réalité, sans voir, il est vrai, dans la causalité et dans la finalité de simples « vêtements *de confection* » au lieu de vêtements naturels, nécessaires et, à vrai dire, immanents à l'être même en rapport avec d'autres êtres ? Au lieu d'une image empruntée aux vêtements, on en trouve employée une autre dans ce livre ; Fouillée y dit qu'il ne faut pas prendre les verres encadrant une lumière pour la lumière même (2).

Qu'on lise la *Psychologie des Idées-forces*, on verra que l'*élan* vital de M. Bergson y est décrit d'avance,

(1) 2e édit. (1884), p. 188.
(2) *La Liberté et le Déterminisme*, 2e édit. (1884), p. 196.

mais non comme une sorte de poussée aveugle, inconsciente, insaisissable, innommable autrement que par métaphores. Fouillée, lui, rentre au plus profond de sa *conscience*, non de son inconscience, et il y trouve l'appétition, qui est vraiment un fait de conscience, tandis que l'élan vital, loin d'être une « donnée de la conscience » est un x au delà de toutes les données de la conscience, une force occulte aussi incompréhensible que l'étaient les forces et substances de l'ancienne scolastique.

Auguste Burdeau, qui avait été l'élève de Fouillée à l'Ecole normale, publiait dès 1876 des études sur le Hasard et sur le Progrès (1) où, agitant quelques-uns des problèmes qui avaient rempli les leçons de Fouillée, il définissait le *nécessaire* : « Ce qui est enveloppé tout entier dans un moment quelconque de sa *durée* et qui, en se développant, ne fait que changer d'aspect sans cesser d'être identique dans son fond. » — « Cela seul est un progrès, ajoutait Burdeau en se souvenant de *la Liberté et le Déterminisme*, qui change foncièrement, qui sans cesse *dépasse* réellement son passé, acquiert des *puissances* et *qualités* vraiment *nouvelles*. » Ainsi se montrait déjà, chez les disciples comme chez le maître, l'idée d'une évolution vraiment *novatrice* dans la *durée*, par opposition à l'évolution mécanique dans l'espace, *se répétant* toujours elle-même, qu'admettait Spencer. Fouillée parlait, sans avoir lu Nietzsche, de « dépasser son passé », de se dépasser soi-même, au lieu d'être tout entier renfermé et emprisonné dans un moment de sa propre durée. C'est ce que M. Bergson devait nommer plus tard, en prenant au pied de la lettre le mot que Fouillée avait employé analogiquement : évolution *créatrice*. Seulement, M. Bergson réalise la durée et appelle de ce nom ce que l'on appelle d'ordinaire *un être agissant qui dure*, qui change dans le temps en retenant quelque chose de son passé. Fouillée refusa toujours d'admettre cette réalisation de la durée, qui lui semblait le pendant de

(1) Voir l'*Echo* du 20 septembre 1876.

la réalisation de l'étendue par Descartes et de son identification avec la matière. Sous la durée, comme sous l'étendue, Fouillée plaçait l'énergie ou la volonté comme constituant seule l'existence, le vrai devenir évolutif, qui est, dit-il, une évolution *s'accomplissant*, non une évolution *accomplie* et fixée dans ses résultats. Approfondissant, dans ses leçons de l'Ecole normale (reproduites plus tard dans le *Mouvement positiviste*) les arguments de Zénon d'Elée, Fouillée avait fait voir que le mouvement est inintelligible si on y considère exclusivement la *durée*, tout comme il l'est si on y considère exclusivement l'espace. La flèche ne peut se mouvoir ni dans l'espace où elle est, ni dans l'espace où elle n'est pas ; de même elle ne peut pas changer dans le moment de la durée où elle est, ni dans le moment où elle n'est pas. Fouillée, répondant d'avance à M. Bergson comme il avait répondu à Descartes, concluait de là que le changement ou l'évolution s'explique par l'action et la volonté, mais ne peut s'expliquer par des considérations de *durée* ou d'espace.

Fouillée, on s'en souvient, avait déjà soutenu, dans la *Liberté et le Déterminisme*, dans la *Critique des systèmes de morale contemporains*, dans l'*Avenir de la métaphysique fondée sur l'expérience*, que la science positive n'est qu'une étude *partielle* de l'expérience et de son évolution continue. 1º Elle rend « homogène » ce qui est *hétérogène qualitativement* ; 2º elle *analyse*, décompose et *détruit* son objet même, en tant que réel et vivant, pour pouvoir en faire l'anatomie ; 3º elle immobilise en concepts *fixes* ce qui est sans cesse en évolution, comme les Eléates essayaient de fixer le changement dans la durée ou l'espace et, par cela même, le rendaient impossible. Fouillée avait également soutenu que la vraie philosophie étudie l'expérience « intégrale », l'expérience *pure* sans *présuppositions* que, pour cela, elle cherche dans la conscience l'*immédiat* et l'*irréductible*, tout au moins ce qui s'en rapproche le plus pour une réflexion qui ne peut jamais se confondre avec le spontané : il avait opposé la « représentation » à la conscience immédiate de l'être résidant dans le vouloir ; il avait montré que l'impossibilité de nous *représenter* notre existence et notre moi vient de ce que le *sujet* ne peut se faire *objet* pour lui-même, ni se *matérialiser* sous prétexte de se saisir. Toutes ces propositions de Fouillée sont devenues le fond même de la philosophie de M. Bergson ; mais ce dernier ajoute ce que n'admettait pas Fouillée, une *intuition* proprement dite qui nous ferait saisir en nous le « libre arbitre », qui nous permettrait ainsi de saisir les *vies* autres que notre propre vie et même de saisir « l'essence de la matière ». Fouillée n'admet que la conscience immédiate de notre pensée et de notre existence ; il rejette les intuitions de l'absolu qu'admet M. Bergson. Il refuse aussi de voir dans *l'instinct* une intuition ou révélation supérieure, toute différente de l'intelligence et autorisant l'admission d'un règne spécial de l'instinct, opposé au règne de la pensée (1).

Fouillée avait rejeté le *parallélisme* et le *double aspect* de Taine ; il avait montré dans l'union de la conscience et de la matière une *coopération* ou collaboration, un concours d'activités, aboutissant non à un parallélisme, mais à une concordance ou harmonie. M. Bergson rejette à son tour le parallélisme, mais il va jusqu'à supposer qu'il n'y a pas toujours correspondance, concordance entre le physique et le mental ; il croit qu'il y a dans le cerveau même des parties *jouables*, non déterminées en un sens plutôt qu'en l'autre. Fouillée pense que c'est là une hypothèse à la fois irrationnelle et absolument invérifiable par l'expérience.

En somme, l'influence exercée par Fouillée et Guyau sur M. Bergson nous semble incontestable, malgré l'écart final entre la philosophie intuitive et sentimentale de M. Bergson et la philosophie à la fois volontariste et intellectualiste des idées-forces.

---

(1) On se souvient des études profondes de Fouillée sur l'instinct dans l'*Evolutionnisme des Idées-forces*.

« Avant Nietzsche et M. Bergson, j'avais admis que le mouvement est seul réel, que le repos est illusoire et qu'il n'y a rien de vraiment immobile, sauf les figures de géométrie par nous imaginées, qui expriment des voies et traces de mouvement dans l'espace. J'avais admis également que nous ne devons point passer par l'immobile pour aller au mouvement et pour le concevoir, à moins qu'il ne s'agisse de points de repère abstraitement immobiles conçus par nous dans l'espace ; tout mouvement étant relatif, tout point de repère *réel* est lui-même un mouvement. J'avais admis encore que le mouvement ne suppose pas un mobile matériel qui serait une substance fixe comme la substance des scolastiques. Le mouvement externe se résout en *changements internes*. Le changement, à son tour, ne suppose pas une *substance* qui ne changerait point ; le mouvement de la pensée n'implique pas comme condition une sorte de « pierre pensante », de substance pensante analogue à celle que Descartes suppose parfois. Ce que nous appelons substance immuable est une représentation empruntée aux apparences matérielles que nous offrent les corps solides: Il n'y a en nous qu'*actions* et *pensées* en acte, et c'est dans le *temps*, dans la *durée*, non pas dans l'espace, que nous saisissons l'acte de penser et d'exister, le désir ou le vouloir.

» Mais, ici, M. Bergson se sépare de moi pour dire que notre réalité interne consiste uniquement dans une « durée » et que cette durée est constituée par un pur *changement* de *qualités*. J'admets bien, comme on l'a vu, le caractère essentiellement qualitatif de la vie interne ; mais je n'admets pas que la succession des qualités hétérogènes, à elle seule, puisse former la durée. Celle-ci suppose encore l'*intensité*, la *force*, qui est inhérente au vouloir et lui donne le caractère de tension, de tendance, d'effort, de désir. La « durée pure » est un concept-limite, non un objet d'« intuition » ; nous n'avons la conscience immédiate que du changement de conscience actuel, avec sa nuance qualitative, et nous ne concevons le temps que par abstraction, en nous souvenant du passé et en pressentant l'avenir. La durée, comme Guyau l'avait montré, c'est l'*appétit* tendant vers l'avenir et gardant l'image du passé, qu'il finit par projeter plus ou moins dans l'espace. Une philosophie de la durée pure me semble le pendant de la philosophie de l'étendue pure, soutenue par Descartes, et où les corps sont formés uniquement d'étendue. Des « étendues » comme corps et des « durées » comme esprits, voilà des entités réalisées. Si donc j'admets le pur mobilisme dans le monde matériel, qui, d'ailleurs, en tant que *matériel*, est apparent, je ne l'admets plus dans le monde mental. Non pas que je sois pour cela *immobiliste;* mais, selon moi, ni l'idée de changement pur, ni l'idée de repos et d'immobilité dans une substance n'expriment l'activité essentielle à l'être. Immobilité, repos, c'est toujours du matériel transporté dans le mental ; mais la *mobilité* pure est également du matériel, en ce sens qu'elle n'est plus qu'un ensemble de rapports sans termes réels. La volonté qui est au fond de l'être ne se laisse enfermer ni dans l'identité vide avec soi, ni dans un changement pur qui ne serait qu'une vicissitude temporelle et qualitative, sans rien d'intensif ni de vraiment actif. » (Fragment d'une lettre de Fouillée.)

En résumé, Guyau, William James et M. Bergson disent avec Fouillée : le réel, c'est la donnée de la conscience immédiate et irréductible ; la donnée de la conscience est un changement qualitatif et hétérogène dans la durée, dont les éléments spatiaux ne font pas partie intégrante ; ce changement qualitatif est l'évolution proprement dite, « l'évolution en train de s'accomplir », dit Fouillée, dont la forme intérieure est la *durée*, ajoute Guyau. Cette évolution est un « essor spontané du vouloir en avant », dit Fouillée, une « expansion de la vie en intensité et en extension », dit Guyau, un « élan vital », dit M. Bergson. Ces trois philosophes ajoutent que cette évolution en train de s'effectuer est spontanée, en ce sens qu'elle n'est pas mécanique ni nécessitée par une contrainte extérieure. Fouillée ajoute que la spontanéité n'est pas encore la liberté et ne devient telle, en une approximation progressive, qu'à mesure que, par la pensée et le désir d'une libération complète, elle réagit sur soi, se faisant auto-détermination sans perdre sa spontanéité radicale. M. Bergson, lui, croit que la liberté et même le libre arbitre se saisit tout de suite par intuition immédiate dans la vie même ; il identifie ainsi spontanéité, liberté et vie, tandis que Fouillée et Guyau établissent ici des distinctions, des degrés, une hiérarchie ; ils refusent de voir la liberté proprement dite, la liberté intellectuelle et morale, dans la simple évolution vitale des animaux ou des plantes, sans doute aussi des éléments minéraux. On peut conclure que Fouillée a devancé la philosophie intuitive, en admettant que toute philosophie a pour base la donnée immédiate de la conscience ; mais cette donnée est pour lui la conscience même, identique à l'être, le *cogito-sum*, non une « durée », réductible à du pur changement. De plus, répétons-le, Fouillée n'admet pas les autres intuitions que M. Bergson admet : durée pure, perception pure, souvenir pur, libre arbitre, spiritualité, réalité absolue, intuition de la nature absolue de la vie, de la nature absolue de la matière, etc. Fouillée, en un mot, se garde de méconnaître la nécessité et l'universabilité de l'intelligence, sa présence dès le début, sa vraie valeur, et ses limites chez les êtres individuels.

Dans une discussion sur la liberté morale à la *Société de philosophie* (1), M. Lachelier, se ralliant aux

(1) Voir le *Bulletin* de l'année 1906.

idées de Fouillée, a fait voir que la liberté croît avec la réflexion et avec la réflexion sur la réflexion. La liberté, dit-il, n'est jamais purement et simplement dans l'acte brut, « mais dans l'*idée* de l'acte absolument libre, qui préside à nos actes déterminés et dont nos actes déterminés approchent plus ou moins, peuvent même peut-être *approcher indéfiniment*, sans jamais la *réaliser* tout à fait. C'est là, si je ne me trompe, la pensée de M. Fouillée, à laquelle je m'associe, mais que je crains d'altérer en la résumant. » D'autre part, dans la même discussion, M. Darlu montrait à quel point il avait subi l'influence de la théorie soutenue dans la *Liberté et le Déterminisme*, car il faisait observer que l'idée de la liberté ou, si l'on veut, d'indéterminisme (plus ou moins relatif), est « l'*idée* sous laquelle l'agent est forcé de se représenter ses actions à faire, sa vie à venir. — « Cet indéterminisme relatif à l'agent est, ajoutait M. Darlu, l'*équivalent* du libre arbitre, il en est la vérité pratique. » M. Darlu ajoute que, « pour un être individuel, comme nous sommes, qui naît, qui meurt, partie infime de l'univers, produit de la nature, la détermination par soi ne peut être qu'un *idéal* ». Mais il admet avec Fouillée que nous approchons de cet idéal quand, au lieu d'agir par un motif sensible, particulier, nous agissons « par un motif intellectuel, relativement universel ». Voilà, dit-il, « l'*approximation* humaine de la liberté ». — « A *la limite*, le vrai *moi* se définit par la liberté. Et il est de très grande conséquence, à tous égards et pour tous les domaines de l'activité humaine, si on le conçoit métaphysiquement sous l'*idée* de liberté ou sous l'idée de nécessité. » C'est précisément la conclusion à laquelle était arrivé le livre sur la *Liberté et le Déterminisme*. Métaphysiquement, y disait-on, c'est par l'idée d'indépendance, non par celle de dépendance, que nous concevons l'individualité; mais, ajoutait Fouillée, outre l'individualité, la vraie *personnalité* enveloppe aussi un élément d'universalité, d'abord conçue, puis voulue ; l'indépendance s'achève donc en dépendance volontaire à l'égard du tout, par l'exercice habituel de la volonté se déterminant elle-même, c'est-à-dire se déterminant sous l'idée de sa propre indépendance. Ainsi Fouillée montrait, avant tous les autres, comment l'idéal moral, pensé et aimé par l'homme, descend dans la réalité et s'y réalise de plus en plus spontanément, par approximations nécessaires et équivalentes, sous des formes conciliables avec un déterminisme moral de mieux en mieux compris.

Une conciliation de l'idéalisme platonicien avec le naturalisme évolutionniste, — conciliation qui a de fortes analogies avec celle que proposa Fouillée, — a été tentée par M. René Berthelot (1). Mais ce dernier s'est placé moins au point de vue psychologique, qui est celui de Fouillée, qu'au point de vue logique, qui fut celui de Hegel. Pour M. Berthelot comme pour Hegel, si les idées se réalisent, c'est en vertu d'un processus *dialectique* qui oblige la *contradiction* de la *thèse* et de l'*antithèse* à chercher sa solution dans la *synthèse*. On sait que, pour Fouillée, la force de réalisation qui est dans l'idée n'est pas purement logique et intellectuelle, mais tient à l'élément vital d'appétition et d'émotion que toute idée enveloppe indivisiblement. Tandis que la doctrine hégelienne tend au panlogisme, la doctrine des idées-forces tend au volontarisme universel.

Un critique américain, M. William Everett, en rendant compte de la *Morale des Idées-forces* (2), n'a pas manqué de marquer l'analogie du pragmatisme, sur ses points les meilleurs, avec la théorie des idées-forces, qui l'a précédé et préparé. « La philosophie des idées-forces, ajoutait M. Everett, contient d'avance toutes les vérités du pragmatisme et en évite toutes les erreurs. » Rappelons que, d'après la *Psychologie des Idées-forces*, qui reproduit et développe la doctrine déjà soutenue dans la *Liberté et le Déterminisme*, il n'y a pas de croyance entière, pas de certitude com-

(1) *Évolutionnisme et platonisme.*
(2) *Philosophical Review*, 1908.

plète « si on n'est pas disposé à *agir* d'après ce qu'on a *senti* et *subi* ou d'après ce qu'on se *représente* ». C'est ce côté actif qui, réfléchi dans l'intelligence et y prenant conscience de soi, constitue proprement l'*affirmation*. « Le lien de l'affirmation à son objet est donc le lien qui unit la pensée, d'une part à une action subie et sentie, d'autre part à une action exercée. » — « L'action, disait encore Fouillée dans la *Psychologie des Idées-forces*, est l'*actualité* par excellence ». Pour affirmer que le feu brûle, l'enfant qui ne sait pas parler écarte sa main du feu, s'il en est près, ou accomplit par l'imagination ce mouvement, s'il en est loin. Quand il sait parler, tout se réduit à de simples mots, qui deviennent les substituts de ses actions comme de ses sensations. « Ainsi comprise, l'*affirmation* objective est, au point de vue psychologique et physiologique, la *réaction* attentive, appétitive et motrice qui répond à la sensation. Elle a son premier germe dans le simple processus appétitif qui succède à une excitation et qui fait se contracter les membres de l'animal sous les influences du dehors : elle est la conscience réfléchie de ce processus. » (1) « La portée pratique se ramenant à un système d'actions et de mouvements, on peut dire que « c'est le rapport au mouvement, la *force* plus ou moins intensive et *effective*, qui fait le caractère plus ou moins *objectif* d'un état de conscience, la vivante vérité d'un jugement (2). »

W. James, qui connaissait les ouvrages de Fouillée (3) et lui avait envoyé sa *Psychology*, soutint plus tard qu'il faut considérer les « possibilités fonctionnelles des idées », c'est-à-dire leur efficacité fonctionnelle et dynamique, « au lieu de les prendre d'une manière inerte et statique » (4). Or, Fouillée n'avait-il pas fait

(1) *Psychologie des Idées-forces*, t. VII, pp. 332-333 et suiv.
(2) *Psychologie des Idées-forces. Force de l'appétition dans le jugement*, t. I, p. 333.
(3) Voir la mention de Fouillée par James dans l'article sur le *Dilemme du Déterminisme* publié par James en sept. 1882 et reproduit dans *The Will to believe*, p. 145.
(4) *Philosophical Review*, janvier 1908.

voir, dans la *Liberté et le Déterminisme*, la nécessité de considérer dans les idées le côté *dynamique*, non pas seulement statique ? Mais James, allant plus loin, va jusqu'à dire que l'efficacité fonctionnelle des idées en fait « tout le contenu logique. » Selon Fouillée, les idées ne sont efficaces que si elles signifient logiquement et expérimentalement quelque chose, que si elles répondent à des rapports exacts, soit entre les jugements, soit entre les choses, soit entre nous et les choses. Leur vérité n'est pas pour cela toute *statique* et *inerte*. Le pragmatisme n'est qu'une extrême exagération de la théorie des idées-forces, dont il a profondément subi l'influence par l'intermédiaire de James (1).

Les pragmatistes ont insisté sur les cas où nous *rendons vraies* certaines idées par le fait même que nous les *croyons* telles. « Croire que je vais sauter un fossé, dit James, est une condition requise pour que je le saute. » Tout le monde reconnaît là un aspect de la théorie des idées-forces. Fouillée n'a-t-il pas montré, dans la *Liberté et le Déterminisme*, qu'il faut « croire à la victoire pour vaincre » et surtout « croire à la victoire possible sur ses passions pour les vaincre » en effet ? Mais il a toujours soutenu que, si nos idées peuvent ainsi se réaliser, c'est grâce à la part de *possibilité objective* qu'elles renferment. On ne s'étonnera pas si le pragmatisme apparaissait à Fouillée comme une altération, en quelque sorte pathologique, de la théorie des idées-forces. D'après cette dernière théorie, c'est tout ce qu'il y a de vrai dans une idée qui en fait la force, ce n'est pas la force de l'idée qui la rend vraie ; la puissance de réalisation présuppose elle-même des éléments de vérité dans les rapports qui se réalisent par son moyen (2).

Quand un des chefs récents du pragmatisme, M. Dewey, montre que les idées deviennent des forces pratiques en tant qu'elles ont la fonction et le pouvoir de produire des changements dans les existences anté-

---

(1) Voir plus haut le chapitre sur le pragmatisme.
(2) *La Pensée, ibid.*

rieures (1), n'admet-il pas, comme Fouillée, que les idées sont *des commencements d'action qui modifient les choses existantes ?* Quand M. Dewey ajoute que toute idée et connaissance « fait quelque différence *pour* et *dans* les choses (*Make any difference to and in things*) », que veut-il dire? — « Quand je connais les mouvements du soleil et des planètes, cette connaissance fait-elle la moindre différence dans leur course? Non. Si donc vous voulez dire qu'elle fait une différence dans mon esprit, c'est un truisme ; si vous voulez dire qu'elle fait ou peut faire une différence dans mes actions et que l'idée d'un objet désirable peut me le faire poursuivre, vous voilà d'accord avec la doctrine des idées-forces. Assurément, la pensée introduit du changement et de la différence dans le monde ; mais alors pourquoi méconnaître la valeur intrinsèque et la vérité de la pensée ? » (2)

M. Royce, à son tour, représente les formes logiques comme des formes primitives du vouloir ; et il appelle son système un pragmatisme absolu. Fouillée avait tout droit de réclamer ici la priorité. Dans la *Psychologie des Idées-forces*, on l'a vu, il avait prouvé que les principes d'identité et de raison suffisante sont « des positions du vouloir, des formes essentielles du vouloir ». Mais ce n'est pas là du « pragmatisme absolu », c'est simplement la réduction de l'intelligence à une forme de l'activité et la réduction de l'activité elle-même à la volonté ou à quelque chose d'analogue ; c'est donc un volontarisme intellectualiste. Pour Fouillée, les idées sont des forces parce qu'elles sont causées et causantes, et elles sont causantes parce qu'elles causent des effets qui, par rapport à nous, peuvent être considérés comme des fins. Mais, au lieu d'en conclure, comme les pragmatistes, que l'intelligence, à vrai dire, ne connaît pas et agit seulement,

---

(1) *Journal of philosophy*, 13 février 1908.
(2) Mémoire de John Dewey : *Does Reality possess practical character, dans les Essays philosophical and psychologial in honor of William James*, 1908.

Fouillée en conclut, tout au contraire, qu'elle agit dans la mesure même où elle connaît.

M. Boutroux définit quelque part le pragmatisme le système « qui vise à démontrer l'existence effective d'un élément de *nouveauté* dans le cours des phénomènes, et, par suite, la valeur et la puissance de l'action ». S'il en est ainsi, la doctrine de Fouillée était pragmatiste avant la lettre, puisque, dès *la Liberté et le Déterminisme*, il avait réalisé le programme. Mais, à vrai dire, le pragmatisme ne s'en tient pas là et ajoute cent paradoxes sur la contingence, sur la mobilité, sur la vérité changeante et réduite à la pratique, sur l'intelligence purement « instrumentale », paradoxes que Fouillée, quoique un des pères du pragmatisme, a réfutés d'une façon décisive.

« M. Bergson a adopté le pragmatisme pour la *pensée* en prétendant le dépasser par l'*intuition ;* la pensée ne serait qu'instrumentale, pratique et motrice, l'intuition seule atteindrait le réel et le vrai indépendamment de l'action et de la pratique. Je n'admets pas cette séparation entre la pensée et la vérité, entre la vérité pratique et la vérité théorique ; je n'admets pas non plus une intuition qui nous ferait pénétrer dans les objets autres que nous et nous permettrait de les saisir tels qu'ils se saisissent ou pourraient se saisir. Cette conception de l'intuition me semble contradictoire ; pour saisir les objets dans l'*unicité* de leur essence spécifique, il faudrait devenir leur sosie, leur double, et on leur ferait perdre du coup l'*unicité* que M. Bergson leur attribue. La conscience immédiate, immanente à toute idée, nous fait saisir notre réalité propre et, par *analogie*, la réalité de l'objet. » (Fragment d'une lettre de Fouillée.)

Nous pouvons conclure de tout ce qui précède que le mouvement de la philosophie contemporaine s'accomplit sous nos yeux dans le sens même où, depuis longtemps, s'était engagé le système des idées-forces : elle admet, — avec Fouillée, qui fut vraiment le grand initiateur, — la valeur pratique et l'efficacité des idées, ou, plus généralement, des états mentaux. « Par ce côté, tout en devenant volontariste, elle ne cesse pas ou ne devrait pas cesser d'être intellectualiste. » (1)

II. — Dans la sociologie, l'influence de la doctrine des idées-forces ne s'est pas montrée moindre sur le

(1) *La Pensée et les nouvelles Ecoles anti-intellectualistes*, livre IV, chap. I.

mouvement contemporain. Elle a contribué à faire abandonner les côtés exclusifs et négatifs du matérialisme historique de Marx. L'idée même de l'organisme contractuel s'est répandue sous diverses formes parmi les sociologues, qui ont accordé une importance croissante à la force des représentations et à leur organisation collective.

Des côtés les plus divers, les sociologues comme les philosophes n'ont cessé, depuis trente ans, d'affirmer la force des idées. On sait que, selon M. Espinas, si les différents individus qui composent les sociétés n'étaient pas « présents à la pensée les uns des autres, » ils ne vivraient pas ensemble : « L'*idée* est la *force* qui tient unis ces éléments épars... Une société est une conscience vivante ou un organisme d'idées. »(1) M. Espinas ne veut pas que les phénomènes sociaux soient de simples épiphénomènes. Pour les sociétés intelligentes, l'idée n'est pas seulement productrice de l'union présente, elle est productrice des progrès futurs. « L'avenir sera fait des choses auxquelles nous croyons le plus fermement. » M. Durkheim adopte, lui aussi, la théorie des idées-forces lorsqu'il dit, dans *les Documents du progrès* : — Au sein de la vie sociale « tout est représentations, tout est idées, sentiments, et nulle part on n'observe mieux la force efficace des représentations ». Dans d'autres pages, M. Durkheim avait montré que, si la conscience « une fois produite », était « incapable de rien produire à son tour », comme le soutiennent Huxley et Maudsley, elle serait « hors du devenir », elle serait le « terme extrême du réel, *finis ultimus naturæ* », ce qui est contraire à toute science. Selon M. Durkheim encore, la connaissance que nous prenons de la réalité « est un facteur nouveau de son devenir, comme l'apparition de la conscience est un facteur nouveau dans la vie de l'organisme et en modifie l'évolution » (2). Si d'ailleurs M. Durkheim refusait d'admettre la force des représentations, surtout

---

(1) *Les sociétés animales*, 27.
(2) *Revue de métaphysique*, février 1908, p. 133.

collectives, tout son système s'écroulerait, car c'est par la force même de ces représentations qu'il explique la religion et, à partir de la religion, la morale, le droit, le langage, les catégories mêmes de la pensée, bref, tout l'homme social, qui, selon lui, est le seul homme véritable. Aussi, nous l'avons déjà remarqué, M. Durkheim répète sans cesse qu' « il n'y a rien de fort comme les représentations ». Les liens moraux, par exemple, « sont eux-mêmes des forces ; car ils résultent de certaines représentations, et les représentations sont des forces agissantes » (1).

L'évolution de la pensée, chez M. Durkheim, l'a rapproché de plus en plus des doctrines soutenues par Fouillée. M. Durkheim avait d'abord vu dans la sociologie une science de « choses » ; il y voit surtout maintenant une science d'« idéaux », d'idées-forces. Pour lui, comme pour Fouillée, il y a des idées qui « expriment la réalité » et des idées « dont la fonction est de transfigurer » les réalités. Dans le premier cas, l'idée « sert de symbole à la chose » ; dans le second, la chose sert de symbole à l'idée. Est-ce Fouillée ou est-ce M. Durkheim qui a écrit les lignes suivantes : — Les idéaux, surtout collectifs « ne sont pas des abstraits, de froides représentations intellectuelles, dénuées de toute efficacité. Ils sont essentiellement moteurs : car derrière eux, il y a des forces réelles et agissantes..., forces naturelles quoique toutes morales, et comparables à celles qui jouent dans le reste de l'univers. L'idéal lui-même est une force de ce genre : la science en peut donc être faite. Voilà comment il se fait que l'idéal peut s'incorporer au réel : c'est qu'il en vient tout en le dépassant... L'idéal, ce n'est pas seulement quelque chose qui manque et qu'on souhaite ; ce n'est pas un simple futur vers lequel on aspire. Il *est* à sa façon, il a *réalité*. On le conçoit planant impersonnel par dessus les volontés particulières qu'il meut.... La sociologie se place d'emblée dans l'idéal ; elle n'y parvient pas lentement, au terme de ses recherches : elle en part. L'idéal est son domaine propre... La tâche du sociologue doit être de faire rentrer l'idéal, sous toutes ses formes, dans la nature... La société est la nature, mais parvenue au plus haut point de son développement et concentrant toute son énergie pour se dépasser en quelque sorte elle-même. »

Ainsi parlait au Congrès de philosophie de Bologne M. Durkheim, et ses auditeurs croyaient entendre la voix même de Fouillée, réconciliant l'idéalisme et le naturalisme. (Voir la *Revue de Métaphysique*, juillet 1911, pp. 451 et suiv.)

Nous ne reviendrons pas sur la part qu'ont eue les doctrines de Fouillée dans le développement du *solidarisme*, qui a insisté sur l'idée de *contrat* ou de *quasi-contrat*, ni dans le développement du *socialisme*

(1) *Bulletin de la Société de philosophie*, n° 229, juillet 1909.

idéaliste, qui a insisté sur l'idée de « justice réparative », ainsi que sur l'existence déjà actuelle d'une « propriété sociale » telle que Fouillée l'avait décrite. La grande influence de ce dernier sur le mouvement social contemporain a été universellement reconnue.

CHAPITRE IV

CONCLUSION GÉNÉRALE SUR L'ŒUVRE DE FOUILLÉE

Si nous regardons comme d'en haut l'ensemble d'une œuvre aussi une que variée, nous voyons que, grâce à Fouillée, un certain nombre de résultats demeurent acquis à la philosophie

I. — Au point de vue de la *méthode*, Fouillée aura le mérite d'avoir développé d'une manière originale l'idée de la *conciliation systématique des doctrines*, non par voie de compromis et d'éclectisme sans règles, ni par voie de dialectique logique et ontologique, mais par voie de *synthèse intégrale* et de *construction méthodique* à partir de *l'expérience*. On lui devra d'avoir introduit la méthode des « équivalents », des « substituts », et des *concepts-limites*, qui permet, en métaphysique, des *approximations* de plus en plus grandes et des *passages à la limite* mal à propos confondus, par certains philosophes, avec des intuitions. On en trouve des exemples typiques dans *La Liberté et le Déterminisme*, ainsi que dans *La Morale sans obligation ni sanction* de Guyau.

Fouillée, nous l'avons vu, a préconisé la *métaphysique fondée sur l'expérience*, — sur l'expérience aussi *immédiate* et aussi *directe* qu'il est possible. Mais on lui devra également d'avoir montré l'insuffisance de *l'intuition*, cet insaisissable procédé qui, dès qu'on l'examine de plus près, « se résout en réflexion sur les sensations ou actes de l'esprit, ou en une simple construction imaginative », ou encore en de simples concepts-limites comme la « liberté pure » la « durée pure », l'hétérogénéité pure, le devenir pur, etc. (1)

On devra à Fouillée d'avoir, dans les *Etudes platoniciennes*, formulé d'une manière originale et profonde le principe d'*universelle intelligibilité*, sans nier pour cela les limites de notre intelligence ; il aura ainsi maintenu les droits de la pensée sans méconnaître en rien ceux de l'action.

On lui devra une profonde théorie de l'*amour*, également exposée dans les *Etudes platoniciennes* et dans *la Liberté et le Déterminisme*, en des pages d'une beauté et d'une perfection classiques, qui montrent en toute chose *réelle*, *vivante* et *individuelle*, à côté du principe d'intelligibilité, un principe d'*amabilité*.

On lui devra d'avoir devancé Nietzsche en exposant, dans la première édition de *la Liberté et le Déterminisme*, la théorie de l'universelle « *volonté de puissance* », mais pour la dépasser ensuite et la compléter par sa théorie propre de l'universelle « *volonté de conscience* ». Cette dernière théorie donne à celle des idées-forces un appui au cœur même de l'être et, de plus, elle est la synthèse très personnelle du volontarisme et de l'intellectualisme, — du volontarisme, puisque le fond de l'être est volonté, de l'intellectualisme, puisque l'être enveloppe en même temps le germe de la conscience et de l'intelligence.

Distinguant la philosophie de la science sans les opposer, Fouillée aura fait voir, avant d'autres plus récents, que la science positive roule « sur l'*homogène*, le *quantitatif* et le *fixe* », tandis que la philosophie a pour objet le *qualitatif*, l'*hétérogène* et surtout l'*actif*, source du changement intérieur. Mais il n'a pas rabaissé la science à un simple morcelage de la réalité pour nos besoins pratiques ; il en a montré la valeur *cognitive* et il a réfuté « les paradoxes de la nouvelle philosophie des sciences ».

On lui devra d'avoir substitué à l'évolutionnisme trop mécaniste de Spencer un *évolutionnisme à fac-*

(1) *La Pensée*, chapitre sur l'intuitionnisme.

leurs psychiques, où l'évolution a lieu à l'intérieur même des êtres, d'abord par *l'appétition* et *l'émotion* obscures qui sont sous-jacentes à la conscience claire, puis par la *réflexion de la conscience* sur elle-même et sur ses propres *idées*. Avant d'autres, il a établi que la vie consciente seule « *évolue* », que cette évolution n'est pas « une *chose effectuée* », mais un changement « *en train de s'effectuer* » par le dedans, comme il le dit lui-même ; enfin que l'évolution est « à la fois supérieure au *mécanisme* et à la *finalité* ». Mais il a toujours maintenu dans le principe même de l'évolution, dans la puissance qui s'y manifeste, la présence des germes de l'intelligence et de l'intelligibilité.

II. — Considérée au point de vue du *sujet* pensant, la philosophie des idées-forces demeurera vraiment, comme Fouillée l'a dit lui-même, une « philosophie de la conscience ». Son rôle aura été de restituer à la conscience et à ses états la *réalité* vraie avec l'*efficacité*, conséquemment la « primauté spéculative », germe de la « primauté pratique ». Elle aura ainsi détruit la conception de l'*idée-reflet*. On s'obstinait à traiter la pensée et la conscience d'*épiphénomènes* sans *influence* et sans *valeur*. « Étrange épiphénomène que celui sans lequel il n'y aurait plus aucun phénomène, aucune apparence pour une conscience ! Je veux bien que la pensée soit un *sur*-phénomène, mais dans le sens où on parle du sur-homme ; la pensée, en effet, est *au-dessus* de tous ces phénomènes qui n'existent comme tels que pour elle, conformément à ses propres lois, en même temps qu'aux lois de l'univers. » (1) Mais ce n'est pas seulement cette vérité que la doctrine des idées-forces aura remise en lumière ; elle n'aura pas seulement montré dans la pensée un sujet nécessaire à tout objet. Elle y aura ainsi révélé une condition d'activité et de puissance, un facteur du devenir, une force. « Le prétendu épiphénomène entraîne des phénomènes nouveaux, des existences et des actions qui, sans lui, n'eussent pas vu la lumière. » C'est sous le rapport de la causalité

(1) *Morale des Idées-forces*, 1re éd. introduction.

et de *l'action*, non pas seulement de la *représentation*, que Fouillée a toujours considéré les idées. Par cela même, il a pu les envisager aussi sous le rapport de la *finalité* et il en a rétabli la dignité supérieure. « La primauté de la conscience n'est pas seulement théorique, comme exprimant la condition première de toute connaissance ; elle est aussi *pratique*, comme exprimant la condition première et le but ultime de l'action ; elle a pour conséquence le caractère *inestimable* et *incommensurable* de la personnalité consciente. » (1)

Considérée au point de vue des *objets*, la philosophie des idées-forces demeurera « une philosophie de *valeurs* se conférant l'efficacité par la conscience d'elles-mêmes ». Les Allemands divisent volontiers en trois groupes les doctrines philosophiques : 1º celles qui s'efforcent d'atteindre les objets et de les exprimer dans un système : c'est la tendance objective et systématique ; 2º celles qui ramènent tout à la théorie de la connaissance et ne prétendent pas atteindre l'existence ; 3º celles qui se contentent de valeurs subjectives, créées par le sujet doué de volonté ou de « puissance » ; telles sont les doctrines de Guyau et de Nietzsche. On a symbolisé ces trois positions philosophiques en disant que, pour la philosophie systématique et objective, il y a équation de la pensée et de la réalité : pensée = réalité ; pour les partisans de l'épistémologie, la réalité dépasse la pensée : pensée < réalité ; enfin, pour le troisième groupe, la philosophie étant l'évaluation du réel par la pensée, selon les besoins de la connaissance et de l'action, il s'ensuit que la pensée dépasse la réalité : pensée > réalité (2). N'y a-t-il aucun moyen de ramener à une synthèse la direction objective, la direction épistémologique, enfin la direction subjective prise par la philosophie de l'évaluation ? C'est ce que Fouillée a cru pour sa part, c'est ce qu'il a tenté de faire. La philosophie des idées-forces, à la fois théorique et pratique, est essentiellement la conciliation des trois points

---

(1) *Ibid.*
(2) Höffding, *Philosophes contemporains*.

de vue. « Elle pose d'abord des idées, donc des modes de *connaissance* toujours accompagnés de sentiments et d'impulsions. Ces idées sont pour elle des *valeurs*, puisqu'elles portent sur des vérités, sur des biens, sur du beau, sur de l'utile, et ces valeurs deviennent pratiques par elles-mêmes, grâce à la force de réalisation qui appartient aux idées ». (1)

La philosophie que Fouillée soutient est donc bien une philosophie d'évaluation, comme celle de Guyau et de Nietzsche, mais non d'évaluation illusoire ou artificielle, comme celle qu'imagine Zarathoustra ; elle est une philosophie de valeurs fondées sur la *connaissance* et l'*existence*, et qui, grâce à ce qu'elles contiennent de conforme au réel, ajoutent au réel et le perfectionnent. De plus, Fouillée admet une liberté créatrice de valeurs nouvelles.

Au point de vue du *rapport entre le sujet et l'objet*, la philosophie des idées-forces apparaît comme une théorie de la liberté conciliée avec le déterminisme bien entendu. Le rôle de cette philosophie aura été de rétablir, au-dessus du déterminisme mieux compris et élargi, l'idée de *puissance* indépendante, alors que le pur déterminisme réduisait la volonté à l'impuissance et à la servitude. En outre, la philosophie des idées-forces aura rétabli dans la puissance le *progrès indéfini*, qui permet à l'auto-déterminisme de se dépasser sans cesse. « Par là, semble-t-il, sont tombées les murailles où le déterminisme avait d'abord emprisonné les volontés. A un instrument de compression et d'oppression s'est substitué, par l'idée même de liberté, un instrument d'expansion et de délivrance. Cette idée révèle en nous une puissance qui enveloppe les contraires, qui réalise en nous et hors de nous une certaine indétermination ou au moins une non-détermination rendant possible l'auto-détermination. La liberté n'est pas seulement une *qualité* ou nuance des actions, elle est une causalité réelle et intelligente. Ce changement n'a pas moins d'importance que les autres

(1) *Morale des Idées-forces*, 1ʳᵉ édit., XXI.

en morale, où il entraîne la transformation de l'idée d'impératif. Si c'est là un résultat à la fois scientifique et philosophique, on ne saurait, croyons-nous, le dénier sans injustice à la doctrine des idées-forces. » (1)

En même temps qu'elle est une philosophie de la pensée et du sentiment, la doctrine de Fouillée est donc une philosophie de l'action et de la volonté. Puisque les idées elles-mêmes sont des valeurs et des causes, la pensée est déjà l'action à son début, la liberté à son début : « la théorie morale est la pratique qui commence. »

De plus, Fouillée aura définitivement établi, dans son *Platon* et son *Socrate*, puis dans *la Liberté et le Déterminisme*, que la pratique est parfois obligée de déborder la théorie ou, du moins, les *certitudes* de la théorie pour réaliser des *possibilités* et *probabilités*. L'idée qu'*il faut agir*, que *s'abstenir* serait encore agir, est elle-même une idée active. La morale pratique est une perpétuelle solution en fait des hauts problèmes de la pensée, — solution plus ou moins inexacte, mais préférable en son inexactitude à l'indifférence et à l'inertie.

Fouillée a montré aussi, dans la *Psychologie des Idées-forces*, que l'*action* détermine pour sa part le *champ* de la pensée, ses *lois* mêmes et ses *formes*. « La sélection fait le triage des idées utiles à l'espèce, des idées pratiques et praticables : nous sentons pour agir, nous pensons pour réaliser, nous nous représentons le monde actuel pour en créer un nouveau. Voilà diverses vérités que le pragmatisme contemporain a gonflées jusqu'à en faire des erreurs, comme si l'utilité de l'espèce humaine, en déterminant pour cette espèce la part qu'elle peut s'approprier dans l'infinie vérité, déterminait la vérité même et rendait vrai ce qui nous est commode ou nécessaire ! » (2) Telle que Fouillée l'a toujours soutenue, la philosophie de l'action n'est pas le culte de l'arbitraire ; elle est un effort perpétuel pour

---

(1) *Morale des Idées-forces. Ibid.*
(2) *Morale des Idées-forces*, loc. cit.

en sortir, dans l'espoir de saisir les lois du réel pour les tourner au profit de l'idéal. C'est pourquoi, au lieu de laisser à l'idée un caractère superficiel et factice, il l'a toujours représentée comme une détermination de la réalité, nécessaire pour l'action et entraînant à une action elle-même déterminée. « La lumière projetée sur les choses qu'on veut regarder n'en découvre qu'une partie pour les besoins de la vision ; cependant, comme tout voir à la fois est impossible, il faut bien se résoudre ou aux ténèbres totales ou à la vision partielle : l'ignorance est encore plus inférieure au réel que notre savoir. *Loin d'appauvrir la réalité, l'idée l'enrichit en s'y ajoutant avec sa direction propre et sa force propre.* Penser un idéal futur, c'est doter le *possible* d'un début d'*actualité* qui sera le commencement de l'actualité complète. L'essentiel est de ne pas croire qu'aucune idée particulière soit adéquate au tout réel, encore moins au tout idéal. Mais plusieurs idées qui se complètent sont plus adéquates qu'une seule : le moyen d'égaler progressivement le réel et l'idéal, c'est donc de multiplier les idées qui en expriment les diverses faces. Le dédain des idées et de la pensée, c'est le dédain de la lumière et de la vision, du son et de l'audition, de l'étendue et du tact ; c'est aussi le dédain de la science ; c'est même le dédain de l'action et du sentiment, qu'on veut en vain opposer à l'idée. Qu'est-ce, encore un coup, qu'une action aveugle, sinon une action machinale, et qu'est-ce qu'un sentiment sans idée, sinon une obscure et brute sensation dépourvue de tout élément représentatif ? L'idée est elle-même une virtualité d'action pour l'avenir, une réalité d'action pour le présent. » (1) Au point de vue philosophique, l'idée exprime la nature de la véritable activité, qui est la volonté tendant à une pleine conscience de soi et d'autrui. « La volonté ne nous a jamais paru indéterminée, inintelligible. La *raison* est *une loi interne d'expansion vers le plus grand bien conscient pour l'individu et pour le tout*. Cette loi n'est pas imposée du

---

(1) *Morale des Idées-forces. Ibid.*

dehors, mais résulte de la spontanéité même, si bien que la volonté, en prenant la conscience de soi, finit par s'unir à la conscience d'autrui pour constituer l'ordre moral. » (1)

Considérée enfin sous le rapport des *relations mutuelles qui relient les sujets conscients*, la philosophie des idées-forces apparaît comme une doctrine de l'*association libre* conciliée avec les lois du *mécanisme organique et vital*. Dans la sociologie comme ailleurs, Fouillée n'a-t-il pas montré le côté actif des idées, comment elles transforment les relations vitales en relations intelligentes et volontaires, conséquemment contractuelles ou quasi-contractuelles ? L'organisme social devient ainsi un organisme d'idées-forces et la solidarité vitale une solidarité morale. De plus, Fouillée aura fait voir comment la conception psycho-sociologique peut s'étendre au monde entier et permet de s'en former une représentation par analogie.

En s'élevant ainsi, dans toutes les parties de la philosophie, à un point de vue qui avait été négligé jusque là, la théorie des idées-forces, sans perdre son caractère propre et *sui generis*, aura transposé dans un domaine qui les dépasse, le platonisme, le kantisme et l'évolutionnisme. Mais ces doctrines y sont transfigurées et y reçoivent leur achèvement. Nous l'avons vu, les Idéaux éternellement réels de Platon et les noumènes de Kant deviennent des idées-forces en lutte pour leur *réalisation progressive*. D'autre part, l'évolutionnisme se transforme en devenant *interne* et *psychique :* il s'oriente vers un idéal qui surgit de la réalité par le moyen de la pensée. L'unité de ces systèmes si différents, Fouillée l'opère au moyen d'une conception nouvelle et propre, qui leur est extérieure et supérieure, mais où ils prennent vie, mouvement et nouvelle signification.

III. — On devra à Fouillée d'avoir, dans la *Psychologie des Idées-forces*, étendu sa théorie à toute une série d'idées, à commencer par celle du *moi*, qui, elle aussi,

(1) *Ibid.*

se réalise en se pensant, pour finir par l'idée d'*universel*. Fouillée assurait ainsi d'avance les fondements psychologiques de sa morale. « En psychologie, la question la plus essentielle est de savoir si les faits psychiques ont : 1° une vraie réalité, et laquelle ; 2° une efficacité, et de quelle espèce ; la morale à son tour, doit rechercher l'efficacité pratique des mêmes états, pour la tourner au profit du plus grand bien de l'individu et de l'humanité. « Il faut que l'idée du meilleur devienne force impulsive *dans l'expérience*, que la cause finale se fasse cause efficiente ; que le subjectif devienne objectif, que le moi tende à vivre consciemment la vie des autres et même, si on regarde assez loin, la vie universelle. Le point de vue des idées-forces, fondamental dans la science psychologique, est donc non moins fondamental dans la science morale. » (1) Celle-ci, en outre, réclame une liberté théorique et pratique qui confère à l'idéal sa plus haute valeur.

Dans la théorie de la connaissance, on devra à Fouillée la synthèse des points de vue biologique, sociologique et psychologique, l'idée étant pour lui tout ensemble un résultat de la vie, une condition de la société, enfin une condition de la connaissance et de la pratique. Dans la connaissance même, il a montré, au lieu d'un mécanisme passif, un dynamisme d'actions en concours avec les actions des choses. La *vérité* est une harmonie d'actions. Fouillée aura ainsi introduit dans l'épistémologie le point de vue définitif, où l'on ne considère pas seulement la connaissance comme action des objets (empirisme anglais) ou comme action pure du sujet (apriorisme de Kant) mais comme réciprocité d'action et causalité entre le sujet et l'objet, répondant à la loi d'égalité d'action et de réaction dans le monde physique, à la catégorie suprême de la causalité réciproque en métaphysique. Fouillée, annonçant le pragmatisme, l'aura replacé à son vrai rang en le conciliant avec la théorie kantienne sur la spontanéité de la pensée, avec la théorie de Spencer et de Guyau sur la

(1) *Ibid.*

pensée comme instrument d'abord individuel, puis héréditaire de la vie, surtout de la vie sociale.

En éthique, on devra à Fouillée les deux grandes doctrines de l'« altruisme intellectuel » et de l'« idéal persuasif » substituées au froid et rigide « impératif catégorique ». On lui devra en même temps la réconciliation de la morale antique et de la morale moderne par la théorie scientifique des biens ou valeurs ; on lui devra enfin la conception de la moralité comme étant, en son dernier fond, une exertion et assertion de la volonté de conscience universelle, une « **création** » due à cette volonté.

Dans les **questions d'enseignement et d'éducation**, on saura toujours gré à Fouillée d'avoir soutenu la haute culture philosophique, littéraire et scientifique, d'avoir combattu le verbalisme, l'érudition vaine à l'allemande, l'idolâtrie de la grammaire et de l'histoire ; on lui saura gré, surtout, d'avoir soutenu et magnifiquement développé la conception des « humanités scientifiques » par opposition aux abus de la *spécialisation* scientifique, des détails minuscules et terre à terre, comme aussi aux abus de l'érudition *encyclopédique*. Fouillée a fait voir que les sciences sont éducatrices par la « dose d'humanité » et de culture *générale* ou *libérale* qu'elles renferment.

La sociologie devra à Fouillée : 1° la conception si compréhensive de la société comme *organisme contractuel*, où les idées-forces, les *idéaux* deviennent un élément essentiel de la dynamique sociale et où l'*autodéterminisme collectif* permet à la collectivité un progrès perpétuel ; 2° l'élargissement du *solidarisme* par l'idée du contrat implicite et du *quasi-contrat* ; 3° la grande théorie de la *justice réparative*, qui domine tous les systèmes sociaux ; 4° l'application des idées-forces à l'histoire et la subordination du matérialisme historique à un *idéalisme historique* qui devient de plus en plus vrai à mesure que les sociétés, se civilisant davantage, vivent d'une vie plus intellectuelle.

La sociologie juridique lui devra la conception du

droit comme résultant de l'*idée* même du droit, — liberté égale pour tous, — et de l'action de cette idée sur la volonté humaine. Cette conception du droit comme idée active transcende et complète, sans les exclure, la théorie du droit comme suprême *puissance* collective et la théorie du droit comme suprême *intérêt* collectif.

Les socialistes, — que Fouillée a en partie aidés et qui, nous l'avons vu, lui empruntèrent tant d'idées sur la justice réparative, sur le caractère à la fois organique et contractuel, vital et moral de la société, — devront lui être reconnaissants des critiques qu'il a dirigées contre la partie utopique de leurs systèmes, contre l'exclusivisme de certains rêves collectivistes et communistes, où l'individu, dépouillé de son importance légitime, se trouve trop complètement absorbé dans la masse. Du moins Fouillée aura-t-il l'honneur d'avoir montré, par son propre exemple, qu'une synthèse est nécessaire entre l'individualisme bien entendu et le socialisme bien entendu.

Dans la psychologie des peuples, Fouillée aura ouvert la grande voie : il a écrit le premier travail d'ensemble, en même temps qu'il faisait plus particulièrement du peuple français une étude pénétrante et un portrait d'une rare ressemblance, soit dans l'*Idée moderne du droit*, soit dans la *Psychologie du peuple français*, soit dans la *France au point de vue moral*, soit enfin dans l'*Esquisse d'une Psychologie des peuples européens*. Rassemblez tous les documents sur le caractère français et tous les traits psychologiques qu'il a prodigués en ces livres, vous aurez certainement la plus vivante physionomie de notre nation, avec ses défauts comme avec ses qualités.

La sociologie politique trouvera à son tour dans l'idée de la patrie comme organisme contractuel une conception directrice, d'où résultent simultanément la nécessité d'institutions vraiment *organiques* et celle d'institutions vraiment *libres*, flexibles comme les volontés contractantes dont elles expriment les rapports.

La statique des corps organisés et la dynamique des volontés toujours mouvantes doivent être également assurées chez une nation, notamment par les deux assemblées régulatrices du Sénat et de la Chambre, l'une plus organique, l'autre plus contractuelle.

En un mot, pour tout résumer en brèves formules : méthode de conciliation par synthèse, par moyens-termes, par équivalents et concepts-limites ; théorie des idées-forces et de la volonté de conscience ; théorie de l'intelligibilité ; théorie de la liberté produite pratiquement par l'idée ; conception psycho-sociologique du monde ; en morale, théories de l'altruisme intellectuel et du *Cogito ergo sumus*, théorie de l'idéal persuasif et hiérarchie des valeurs ; en sociologie, théories de l'organisme contractuel, du contrat implicite et de la justice réparative, voilà, si nous ne nous trompons, les diverses et convergentes doctrines auxquelles le nom de Fouillée demeurera attaché.

IV. — Comme il fut grand penseur, il fut grand écrivain. Sa prose ample, fluide, toute d'inspiration, coulant de source sans effort, souvent imagée et poétique, soulevée comme par un souffle d'en haut en même temps qu'animée d'une vie intérieure, suit avec souplesse tous les mouvements de la pensée, passe par tous les tons, depuis la simplicité familière jusqu'à « la sublimité des accents de la haute philosophie » (1). Le style de Ravaisson, aux périodes savamment construites, n'est pas sans affinité avec l'architecture ; la forme imagée et plastique de M. Bergson rappelle la statuaire et la peinture ; la prose non moins imagée et séductrice, mais bien plus touchante, de Jean-Marie Guyau est toute pénétrée de poésie intime et, tandis que Ravaisson et M. Bergson ne trahissent point leur âme dans leurs ouvrages, Guyau nous livre la sienne tout entière ; enfin Fouillée a la chaleur, l'élan et les figures de l'éloquence du cœur au service de la pensée.

---

(1) M. L. Weber. Etude déjà citée sur la *Morale des Idées-forces*. *Revue de métaphysique*, 1909.

Ces quatre grands philosophes et écrivains français conserveront chacun leur physionomie personnelle. Parmi eux, celui qu'on rattachera tout naturellement à la tradition platonicienne et plotinienne, ce sera, croyons-nous, Alfred Fouillée. « On ne peut qu'admirer, a-t-on dit, cette manière abondante et vivante, ce talent toujours éloquent et jeune, cette intelligence si élevée et si riche, si ingénieuse et si généreuse. Les qualités de l'écrivain et sa méthode répondent à merveille au contenu même de sa doctrine : dans cette morale de la conciliation et de la bonté, on sent l'œuvre d'un homme capable entre tous d'équité intellectuelle et de sympathie pour tous les aspects de la pensée comme de l'âme humaine... Très soucieuse de ne pas perdre contact avec son temps, sa pensée, si merveilleusement intelligente et souple, est la plus hospitalière et la plus sympathiquement compréhensive qui soit. » (1) Toutes ces qualités faisaient de lui, comme on l'a encore écrit à propos de son livre sur le *Socialisme*, « l'esprit le mieux doué sans doute de notre temps, toujours jeune, toujours fort et ardent, et enthousiaste malgré le poids des années et de la souffrance. » (2)

« M. Fouillée, a dit un critique, est d'instinct un conciliateur ; cela tient en partie à l'extrême ouverture de son esprit. Il a reçu dans cet esprit toutes les philosophies du passé, toutes les influences du présent, tous les problèmes enfin. Il n'y a pas de philosophe plus complet que lui, aujourd'hui que semble prévaloir au sein de la philosophie même la division des questions et du travail... Il a abordé tous les chapitres essentiels de la philosophie ; puis la sociologie l'a attiré : questions philosophiques et questions sociales se disputent cette extraordinaire activité d'esprit ou plutôt se la partagent sans l'épuiser. Au contact de cette multiplicité de sujets et de difficultés, la philosophie de M. Fouillée s'est éprouvée et précisée de plus en plus. M. Fouillée ne conteste aucune des affirmations

(1) Parodi, *Le Problème moral*, p. 144.
(2) Parodi, *Revue philosophique*, juin 1910.

du positivisme et de l'évolutionnisme, mais il montre l'insuffisance de leurs solutions. On a comparé son attitude philosophique à l'égard de Spencer à celle de Leibniz à l'égard de Descartes... Au mécanisme de Descartes, Leibniz superpose le dynamisme ; de même, M. Fouillée demande qu'au nombre des facteurs de l'évolution universelle on fasse une place à l'idée, à l'état de conscience. Sa philosophie rentre dans un courant qui a entraîné tant de grandes philosophies européennes vers les solutions à la fois monistes et idéalistes... M. Fouillée a un talent prestigieux, poétique et imaginatif. C'est sa vigueur et son agilité dialectique qui se sont accentuées dans ces dernières années (1880-1890). Les discussions de MM. Renouvier et Fouillée ont eu une grandeur épique. Jamais adversaires ne furent plus différents et plus égaux... Comme on devra à Taine de mieux comprendre l'importance du *fait*, on devra à Fouillée de mieux comprendre la force des idées. » (1)

Fouillée s'est toujours joint à ceux qui conseillent aux philosophes de rester fidèles à cette qualité française, la clarté ; il entendait par là la clarté vraie et scientifique, qui n'exclut pas l'art, mais qui repousse à la fois la rhétorique et la scolastique des formules. Il en a donné lui-même l'exemple, en même temps que la définition. « Il y a, dit-il, une clarté de surface ; il y en a une autre de fond, qu'on a ingénieusement appelée la clarté à trois dimensions. Ce n'est pas être clair que de supprimer les difficultés et les obscurités des choses, quand ces difficultés et ces obscurités existent : si vous êtes sur le bord de la mer, il ne faut pas prétendre en montrer le fond comme vous montreriez celui d'un ruisseau tapissé de petits cailloux ; il ne faut pas vous contenter de faire miroiter à la surface un rayon de lumière et dire : — Voilà l'Océan. » (2)

(1) M. Raymond Thamin, dans la grande *Histoire de la littérature française*, publiée sous la direction de M. Petit de Julleville (A. Colin).
(2) *L'Enseignement au point de vue national*, p. 306.

Comme les idées originales, les formules incisives et frappantes abondent chez Fouillée ; il y joint les images brillantes qui, au lieu d'être des ornements, ajoutent de la force à la pensée. Il distinguait lui-même deux sortes d'images, les unes suggestives, les autres significatives. Les premières, si fréquentes et si belles chez M. Bergson, ont pour but d'évoquer, au moyen de représentations très matérielles et même spatiales, des états d'âme qui n'existent que dans la durée et qui se fondent les uns dans les autres : c'est une sorte de paradoxe dans le style. Les images significatives, au contraire, sont des comparaisons qui établissent des rapports exacts entre le physique et le mental ; ces comparaisons semblaient à Fouillée de véritables raisons ; aussi, de même que Guyau, il les prodiguait dans sa prose, comme de vraies *lumina sententiarum*.

Il approuvait le mot de Flaubert : « L'art est une justice supérieure », mais il ajoutait que l'art est aussi une « générosité supérieure ». Non seulement, disait-il, l'artiste et l'écrivain doivent mettre chaque chose ou chaque idée à leur place et à leur juste rang ; mais ils doivent leur communiquer une vie supérieure et surabondante. C'est la règle qu'il suivit toujours lui-même en écrivant, et qui fut aussi celle de Guyau. Ces deux philosophes ont nourri généreusement leurs écrits de leur propre sève, se donnant tout entiers aux idées qu'ils voulaient faire vivre. Tous deux, chacun à sa manière, l'un plus éloquent, l'autre plus poète, ont mérité de devenir classiques, si l'art classique consiste dans la vérité des pensées, dans la sincérité des sentiments, dans la justesse, la lucidité et l'éclat du style.

A ce point de vue, les pages de *Platon* sur l'amour, sur le sourire comme symbole de la bonté, sur la bonté comme principe suprême de la philosophie, la conclusion de *la Liberté et le Déterminisme*, avec le mythe de Prométhée qui la termine, l'étude sur la morale spiritualiste et la conclusion de la *Critique des systèmes de morale contemporains*, les pages sur la vie de Guyau et surtout sur sa mort dans *la Morale, l'art et la religion selon Guyau*, l'introduction et la conclusion de l'*Evolutionnisme des idées-forces*, la conclusion de la *Morale des idées-forces*, mériteront toujours, semble-t-il, d'être citées à côté des pages les plus inspirées et les plus nobles des écrivains français. Quant au fond, si on veut choisir dans les œuvres si nombreuses de Fouillée, les *Etudes platoniciennes* qui forment la conclusion du *Platon*, le livre sur *la Liberté et le Déterminisme*, la *Critique des systèmes de morale contemporains*, l'*Evolutionnisme des idées-forces*, la *Science sociale contemporaine*, la *Psychologie des idées-forces* et la *Morale des idées-forces* resteront, à notre avis, les chefs-d'œuvre les plus complets du philosophe, ceux où, d'un bout à l'autre, le fond et la forme se soutiennent et donnent le sentiment d'une inépuisable richesse, toujours prête à se prodiguer.

V. — Métaphysicien, psychologue, moraliste, éducateur, sociologue, Fouillée fut un philosophe « intégral ». Sa doctrine des idées-forces est, encore un coup, une philosophie d'*action* en même temps que de haute spéculation. Elle nous a offert les avantages du pragmatisme sans en avoir les désavantages, puisqu'elle donne à l'action toute sa part sans enlever la sienne à la pensée. Elle est ainsi doublement réconfortante, et pour l'intelligence et pour la volonté. Elle réserve tous les droits de la science, elle réserve tous ceux de la philosophie. En faisant de l'idée la *conscience de l'énergie qui anime la réalité même*, elle promet à l'homme un *progrès indéfini* par le moyen des idées et par le moyen des actes où ces idées se réalisent. Elle est, comme le répétait Fouillée lui-même, une « philosophie de l'espérance », et elle est aussi, par ses dernières conclusions métaphysiques ou morales, une philosophie de la « bonté ».

N'ayant rien d'exclusif, ouverte à tout comme l'est l'intelligence même, elle peut tout recevoir en son sein, elle ne considère rien d'intelligible ou d'actif comme lui étant étranger. Nous y avons montré une synthèse déjà très compréhensive du naturalisme et de l'idéalisme, de l'intellectualisme et du volontarisme, du rationalisme et du pragmatisme, du criticisme et du platonisme, du pluralisme monadiste et du monisme alexandrin ou spinoziste ; elle appelle, pour se compléter, des synthèses nouvelles, plus larges encore, s'il est possible, mais qui seront toujours des systèmes d'idées et, par cela même, de forces directrices pour la pensée et pour l'action.

Alfred Fouillée croyait et aimait à dire que « l'eau fécondante est faite pour couler et déborder, que les souffles vivifiants sont faits pour se dilater et se répandre à l'infini » ; c'est pourquoi, tant qu'il vécut, il livra à tous le fond de sa pensée et de son cœur, persuadé que « la sincérité dans la recherche et la constance dans le travail ne peuvent être stériles ». Fouillée et Guyau eurent en commun la plénitude, la surabondance même des idées et, comme conséquence, l'expansion libérale, généreuse, communicative :

> Comment garder l'idée ? Il en est de si belles
> Que, malgré nous, nos cœurs s'entr'ouvent devant elles
> Pour leur livrer passage et les montrer au jour :
> La pensée est en nous large comme l'amour. (1)

Fouillée et Guyau demeurèrent étroitement unis dans la vie ; un critique allemand a dit avec raison que « ces deux génies demeureront de même, après la mort, inséparables dans toutes les mémoires ».

L'œuvre de Fouillée, comme celle de Guyau, est éminemment française d'inspiration, parce qu'elle exprime et justifie rationnellement une des convictions les plus fondamentales du peuple français : la foi aux idées, la persuasion que la philosophie et la science, si elles ne sont pas tout dans la vie des nations, y ont cependant et y doivent avoir de plus en plus la fonction directrice. Ce fut la croyance du siècle de la

(1) Guyau, *Vers d'un philosophe*.

Révolution. Si les autres peuples n'ont pas eu tort d'insister sur la force des traditions, de la vie inconsciente, de la vie matérielle dans le développement progressif de l'humanité, niera-t-on pour cela que la France ait eu raison de se fier à la philosophie et à la science, de croire que les idées, si on les considère en leurs résultats les plus ultimes à travers l'histoire, peuvent « mener le monde » ? Fouillée a toujours insisté, dans tous ses ouvrages, sur ce rôle légitime de l'intelligence, sans jamais nier pour cela la part du vouloir, la nécessité et la fécondité de l'action pour les peuples comme pour les individus. Aussi son œuvre généreuse, toujours jeune d'inspiration, restera-t-elle éminemment éducatrice pour la jeunesse, surtout française, avec laquelle elle est en constante communion d'idées et de sentiments. Elle est, ainsi que l'œuvre de Guyau, animée de cet optimisme éclairé, de cette flamme d'espoir indomptable qui est comme l'âme de la jeunesse. Fouillée disait souvent que « **toute nation a besoin, pour agir et produire, de rester jeune au sein même de sa maturité et, pour cela, de garder précieusement en soi tous les éléments de force, de courage, de magnanimité et d'enthousiasme ;** » par son ampleur, sa profondeur et son élévation, par sa variété cohérente et vivante, par ses hauts enseignements moraux et sociaux, l'œuvre d'Alfred Fouillée a été et restera une mine d'idées, — et d'idées-forces.

BIBLIOGRAPHIE

1. *La Philosophie de Platon*, 2 volumes in-8°, 630, 750 pages. Paris, Ladrange, 1869. Présenté en manuscrit au concours ouvert par l'Académie des sciences morales et politiques en 1867 sur la *Théorie des Idées*, ce travail obtint la première récompense. Publié en 1869, il fut couronné par l'Académie française (prix Bordin) en 1871. — 2e édition revue et augmentée, 4 volumes in-18, Hachette, 1888-1889. — T. I, *Théorie des idées et de l'amour* ; xvi-342 pages. — T. II, *Esthétique, morale et religion platoniciennes*, 378 pages. — T. III, *Histoire du platonisme et de ses rapports avec le christianisme*, 395 pages. — T. IV, *Essais de philosophie platonicienne*, xxvii-296 pages.

2. *La Liberté et le Déterminisme*, 1 vol. in-8°, vi-441 p., Ladrange, 1872. — 2e édition augmentée, Paris, Alcan, 1883. — 8e édition, Alcan, 1911, avec une préface nouvelle où l'auteur marque lui-même la place de son livre dans le mouvement contemporain.

3. *Platonis Hippias minor, sive socratica contra liberum arbitrium argumenta*. 1 volume in-8°, 72 pages. Paris, Ladrange, 1872.

4. *La Philosophie de Socrate*, 2 volumes in-8°, xx-432 et 562 pages. Paris, Ladrange, 1874. Présenté en manuscrit au concours ouvert par l'Académie des sciences morales et politiques en 1868 sur *Socrate considéré surtout comme métaphysicien* (prix Victor Cousin), ce travail obtint la première récompense.

5. *Histoire générale de la philosophie*, 1 volume in-8°, xvii-550 pages. Paris, Delagrave, 1875. — 2e éd., revue et corrigée, 1891. — 11e éd., augmentée de chapitres sur la philosophie contemporaine, 1910.

6. *Extraits des grands philosophes*, 1 volume in-8°, 600 pages. Paris, Delagrave, 1877. — 4e édition, 1911.

7. *L'idée moderne du droit en Allemagne, en Angleterre et en France*, 1 volume in-18, viii-364 pages. Paris, Hachette, 1878. — 2e édition, revue et corrigée, 1883. — 5e édition 1904.

8. *La science sociale contemporaine*, 1 volume in-18, xiii-424 pages. Paris, Hachette, 1880. — 2e édition revue et corrigée, 1883. — 6e édition, 1910, avec une importante préface nouvelle sur le mouvement sociologique.

9. *Critique des systèmes de morale contemporains*, 1 volume in-8° xv-410 pages. Paris, G. Baillère, 1883. — 2e édition, Paris, Alcan, 1887. — 7e édition, 1911, avec une préface nouvelle.

10. *La propriété sociale et la démocratie*, 1 volume in-18, ix-294 pages. Paris, Hachette, 1884. — 2e édition, revue et augmentée, in-12 Paris, Hachette, 1895. — 3e édition, in-18, Félix Alcan, 1905.

11. *La morale, l'art et la religion d'après Guyau*, 1 volume in-8°, viii-198 pages. Paris, Alcan, 1889. — 11e édition, augmentée d'études sur les œuvres posthumes et l'influence de Guyau, avec notice biographique et portrait de Guyau, ix-251 pages. Paris, Félix Alcan, 1911.

12. *L'avenir de la métaphysique fondée sur l'expérience*, 1 volume in-8°, xvi-304 pages. Paris, Alcan, publié à la fin de l'année 1888 avec le millésime 1889.

13. *L'évolutionnisme des Idées-forces*, 1 volume in-8°, xciv-306 pages Paris, Alcan, 1890. — 5e édition, 1911, avec une préface où Fouillée précise le rôle de sa philosophie.

14. *L'enseignement au point de vue national*, 1 volume in-18, xviii-451 pages. Hachette, 1891. — 2e éd. 1910, avec préface nouvelle.

Diverses éditions classiques de la *République* de Cicéron, du *Gorgias*, du *Phédon*, des *Extraits* de Platon, du *Discours de la Méthode*, de la *Logique de Port-Royal*, etc., publiées chez Belin et Delagrave.

15. *Descartes*, 1 volume in-12, 207 pages. Paris, Hachette et Cie. 1893. (Fait partie de la collection *Les Grands écrivains français*.)

16. *La psychologie des Idées-forces*, 2 volumes in-8°, XL-365 et 415 pages. Paris, Félix Alcan, 1893, 3ᵉ éd. avec préface nouvelle, 1912.

17. *Pages choisies de J.-M. Guyau*, 1 volume in-12. Paris, Colin et Cie, 1895. — 5ᵉ édition, 1911.

18. *Tempérament et caractère selon les individus, les sexes et les races*, 1 volume in-8°, XX-378 pages. Alcan, 1895. — 3ᵉ édition, 1902.

19. *Le mouvement idéaliste et la réaction contre la science positive*, 1 volume in-8, LXVIII-351 pages, Alcan, 1895. — 3ᵉ édition, 1913.

20. *Le mouvement positiviste et la conception sociologique du monde*, 1 volume in-8°, 379 pages. Alcan, 1896. 2ᵉ édition, 1897.

21. *Psychologie du peuple français*, 1 volume in-8°, IV-391 pages. Paris, Félix Alcan, 1898. — 3ᵉ édition, 1904.

22. *Les études classiques et la démocratie*, 1 volume in-12, VII-251 pages. Paris, Armand Colin, 1898.

23. *La France au point de vue moral*, 1 volume, in-8°, VI-416 pages. Paris, Félix Alcan, 1900. 5ᵉ éd. et préface nouvelle, 1911.

24. *La réforme de l'enseignement par la philosophie*, 1 volume in-12, VI-214 pages. Paris, Armand Colin, 1901.

25. *La conception morale et civique de l'enseignement*, 1 volume in-18. (Éditions de la *Revue bleue*.)

26. *Nietzsche et l'immoralisme*, 1 volume in-8°, Alcan, 1902. 2ᵉ éd. 1904.

27. *Esquisse psychologique des peuples européens*, 1 volume in-8°. Paris, Félix Alcan, 1903. — 3ᵉ édition, 1905.

28. *Le moralisme de Kant et l'amoralisme contemporain*, 1 volume in-8°, XXIII-375 pages. Paris, Félix Alcan, 1905. — 2ᵉ édition, 1906.

29. *Les éléments sociologiques de la morale*, 1 volume in-8°, XII-379 pages. Paris, Félix Alcan, 1905. — 2ᵉ édition, 1906.

30. *La morale des Idées-forces*, 1 vol. in-8°. Alcan, 1907, 2ᵉ éd. 1908.

31. *Le socialisme et la sociologie réformiste*, Alcan, 1 vol. in-8°, 1909, 2ᵉ éd. 1910.

32. *La démocratie politique et sociale en France*. Alcan, 1 volume in-8°, 1910, 2ᵉ éd. 1911.

33. *La Pensée et les nouvelles écoles anti-intellectualistes*. Alcan, 1 volume in-8°, 1911, 2ᵉ éd. 1912.

34. Fouillée a écrit aussi une belle et longue introduction à la nouvelle édition du livre de Michelet, *Le prêtre, la femme et la famille* (Calmann-Lévy).

COLLABORATIONS DIVERSES :

Revue des Deux-Mondes, depuis 1873.
Revue philosophique, depuis 1883.
Revue de métaphysique et de morale.
Revue internationale de sociologie.
Revue bleue.
Revue scientifique.
Revue politique et parlementaire, *Documents du progrès*, *Journal des Débats*, *Le Temps*, etc.

Collaborateur et membre de la commission de l'*International Journal of Ethics*, Philadelphie et Londres, depuis 1891.

Les principales parties de divers ouvrages de Fouillée ont paru d'abord dans la *Revue des Deux-Mondes* et dans la *Revue philosophique*, par exemple les chapitres les plus importants de la *Critique des systèmes de morale contemporains*, de l'*Avenir de la métaphysique*, de l'*Évolutionnisme des Idées-forces*, de la *Psychologie des Idées-forces*, etc.

Pour avoir la date exacte des diverses doctrines mises en avant par Fouillée et reprises plus tard par d'autres philosophes, il faut se reporter à ses articles de la *Revue des Deux-Mondes* et de la *Revue philosophique*.

TABLE DES MATIÈRES

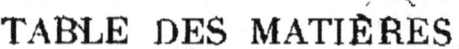

PORTRAIT.
PRÉFACE... V
INTRODUCTION.. VII

PREMIÈRE PARTIE
LA PHILOSOPHIE DES IDÉES-FORCES.

CHAPITRE PREMIER. — *La Méthode philosophique*.......... 1
   Analyse réflexive et synthèse conciliatrice.
CHAPITRE II. — *Les études platoniciennes*................ 19
   Le principe d'universelle intelligibilité et le principe d'universelle volonté.
CHAPITRE III. — *Les études platoniciennes* (suite)........ 27
   La théorie de l'amour et le principe universel de l'amabilité.
CHAPITRE IV. — *La liberté et le Déterminisme*............ 34
CHAPITRE V. — *La volonté de puissance et la volonté de conscience*. Fouillée devance et dépasse Nietzsche........ 49
CHAPITRE VI. — *L'évolutionnisme des Idées-Forces*........ 58
CHAPITRE VII. — *Caractère relatif de la Finalité et de la Contingence*. Les systèmes indéterministes................ 81
CHAPITRE VIII. — *Psychologie des Idées-Forces*........... 92
CHAPITRE IX. — *L'épistémologie de Fouillée. Il devance et dépasse le pragmatisme*.............................. 101
CHAPITRE X. — *La morale des Idées-Forces*................ 114

DEUXIÈME PARTIE
SOCIOLOGIE DES IDÉES-FORCES.

CHAPITRE PREMIER. — *Sociologie théorique et pratique*..... 132
CHAPITRE II. — *L'Idée-Force du droit*.................... 146
CHAPITRE III. — *La sociologie réformiste et le socialisme*... 153
CHAPITRE IV. — *La sociologie politique*.................. 166
CHAPITRE V. — *Science des caractères et psychologie des peuples*. 170
CHAPITRE VI. — *Science de l'éducation*................... 174

TROISIÈME PARTIE
COSMOLOGIE ET RELIGION DES IDÉES-FORCES.

CHAPITRE PREMIER. — *Cosmologie des Idées-Forces*......... 181
CHAPITRE II. — *Religion des Idées-Forces*................ 186
CHAPITRE III. — *Influence de la doctrine des Idées-Forces*.. 204
CHAPITRE IV. — *Conclusion générale sur l'œuvre de Fouillée*.. 223
BIBLIOGRAPHIE.. 241

Orléans, Imp. H. Tessier.

www.ingramcontent.com/pod-product-compliance
Lightning Source LLC
Chambersburg PA
CBHW062236180426
43200CB00035B/1794